CW01151595

Fädernas gudasaga

av
Viktor Rydberg

Ulwencreutz Media

©Ulwencreutz Media 2015
ISBN 978-1-329-37364-8

Till läsaren.

Bör första gången öfverlämnas härmed i den svenska ungdomens händer vår folkstams myter som ett sammanhängande helt. En närmare undersökning har visat, att de bildat en fortlöpande saga, hvari hvarje myt, äfven om den i sin uppkomst var fristående, blifvit införlifvad som länk i en kedja, hvilken börjar med världens, gudarnes och människoslägtets upphof och ändar med Ragnarök och världsförnyelsen. Dessa kedjans yttersta länkar sammanknytas genom myterna om världens lefnadsåldrar, om urfäderna och de händelser, som i deras dagar timade. Det första människoparet och de närmaste slägtleden efter det lefva i en kulturlös oskulds- och fridsålder. En af vanagudarne sändes förmänskligad till Midgard för att undervisa människorna. Han blir germanfolkets förste präst och lärare. Han efterträdes af den förste domaren (Sköld-Borgar), och denne af den förste konungen (Halfdan-Mannus). Dennes tre söner åter varda de nu i tre grenar sig skiljande germanfolkens förste stamkonungar. Med deras öden afslutas den mytiska urhistorien, men för att fortsättas i hjältedikter om deras afkomlingar, hvilka dikter utlöpa i den egentliga historien. Alla mytologier, i hvilka berättelser om urfäder ingå, hafva ställt desse i närmaste förbindelse med gudarne. Himmelens och underjordens heliga makter värna skapelsen och människorna, sina skyddslingar, mot fiendtliga väsen och länka, i umgänge med urfaderna, händelsernas gång.

Därigenom få de vigtigare mytiska tilldragelserna med nödvändighet en kronologisk ordning, emedan en sådan med nödvändighet råder i berättelsen om de hvarandra följande urfäderna. Gudarnes gärningar och öden under Sköld-Borgars styrelse måste hafva timat före deras gärningar och öden under Hålfdans, och dessa åter före dem, som tilldrogo sig i Hålfdans söners dagar. På samma sätt hafva de indiske arierna skilt mällan de händelser i guda- och människovärlden, som egde rum före, under och efter deras urfäder Manus och Brigus lefnad; de iraniske arierna mällan dem i urpatriarken Jimas och i följande patriarkers tid; de helleniske arierna mällan dem i guldåldern under Kronos' styrelse, dem i silfveråldern, då världsspiran öfvergår till Zeus, samt dem i koppar- och järnåldrarne, likasom åter inom dessa senare mällan de mytiska tilldragelserna i

Kadmos' och Jasons tider och dem, som följa hvarandra intill det trojanska krigets. När Ovidius ville besjunga alla förvandlingar den antika my- tologien omtalar, kunde han fördenskull göra detta i episk- kronologisk ordning, börjande med kaos och slutande med Caesar. öfver allt, där ett folk är i besittning af sagor med heligt anseende, ärfda från slägte till slägte, sammanknyta sig dessa efter hand och likasom af sig själfva, på grund af fantasi- och föreställningslifvets behof af ordning och sammanhang. Det kräfves icke hög bildning för att detta förlopp skall ega rum.

Hos finnar och bulgarer ha, likaväl som hos arier, arfsägner sammanlänkat sig i episka kedjor. Det fordras ej häller en utvecklad kultur i detta ords moderna mening, för att religiösa och sedliga föreställningar af öfverraskande höghet yppa sig i ett folks mytiska sägner vid sidan af föreställningar, som synas oss barnsliga. Det är en etnologisk erfarenhet, gjord hos olika folkraser, hos minkopéer och indianer såväl som hos Rigveda-arier och germaner, och bör minst förvåna oss hos desse senare, hvilkas hedniska kultur var en poetisk. Det är gifvet, att det högsta och bästa de förnummo fick uttryck i deras diktkonst, särskildt i den religiösa. Det torde knappt behöfva tilläggas, att ett folks religion, när den icke föråldrats, står högre än massan af den religionens bekännare, emedan den afspeglar den idealare sidan af folkets lif. De germaniska myterna äro af mycket olika ålder. Några af de här meddelade härstamma, såsom den jämförande mytgranskningen kan bevisa, från den fornariska tiden. Till dem höra myterna om en brytning mällan gudarne och naturkonstnärerna, en häraf uppkommen fimbulvinter och åtgärder, som vidtogos för att undan denna rädda hvad skapelsen hade bäst för ett kommande saligt världstidehvarf. Andra myter tillhöra en långt senare tid, några möjligen hedendomens sista århundraden. Men alltefterom de uppkommit, hafva de som nya länkar knutits till den redan för handen varande episka kedjan. Med afseende på skälen och bevisen för riktigheten af den framställning jag här lämnar af vår mytologis epos, har jag att hänvisa till "Undersökningar i germanisk Mytologi", hvaraf första delen utkom år 1886, och hvars andra del är under utarbetning.

4

Stockholm i November 1887

Viktor Rydberg.

I
VÄRLDSSKAPELSEN

1 - Kaos. Världsträdet.

Den värld, i hvilken vi lefva, är icke af evighet. Den har haft en början och skall få ett slut. Det har varit en tidernas morgon. Då

"fanns ej sand, ej sjö,
ej svala böljor,
jord var icke,
ej himmel där ofvan"

men rymden fanns, ett tomt ofantligt svalg — Ginnungagap.

Och en trefald af krafter fanns, som inträdde i Ginnungagap och verkade där: kölden, värmen och den skapande visdomen.

De uppstego ur källor af okändt ursprung. Norr om Ginnungagap upprann köldens källa, Hvergelmer, och inhöljde rymden åt detta håll i frostiga töcken. Den nejden kallas därför Nifelheim (töckenvärlden). Söder om Ginnungagap upprann värmens källa, som sedan blifvit kallad Urds. Mellan dem båda, midt under Ginnungagap, upprann den skapande visdomens källa, om hvilken blifvit sagdt, att hennes djup är sådant, att icke ens Odens tanke kan mäta det. Den källan blef sedan kallad Mimers.

Ur Hvergelmer brusade dimsvepta köldvågor in i Ginnungagap och mötte där värmeböljorna från söder. Genom deras strid och blandning uppstodo de grundämnen, af hvilka den första världen bildades.

I rymdens afgrund, där den skapande visdomens källa upprinner, låg fröet till Yggdrasil, världsträdet. Det spirade och sände ut rötter genom de tre krafternas källor, och dess sammanflätade oräkneliga rottrådar vordo stommen till den grund, hvarpå underjorden hvilar. Under långa världsåldrar lyfte sig trädets stam allt högre och sköt grenknippor öfver hvarandra, på hvilka de olika världarna, allt eftersom de skapades, fingo sina underlag. För mänskliga ögon är Yggdrasil osynligt. Det kallas äfven Mimerträdet.

2 - Urvarelserna

Skaparkraften ur visdomskällan genomträngde grundämnena och ur deras jäsning uppkom ett lefvande väsen, urkon Audumla. Hon närde sig af de lifsfrön, som i grundämnena förefunnos, och frigjorde ur deras stelnade föreningar en i dem dold gudomlig lifsform. Detta tillgick så, att när Audumla slickade deras rimfrost och sälta, framkom så småningom, likasom löst af hennes tunga, en mänsklig skepnad ur den steniga grunden; denvar skön att skåda och af väldig storlek. En gudomsande bodde i honom, och han vardt stamfader till de gudar, som intill denna tidsålders slut styra och skydda människornas värld. Denne, den äldste af tidehvarfvens gudar, hette Bure och blef fader till Bur och farfader till Oden och hans bröder.

Men det uppkom i urvärlden ännu en varelse: den ofantlige jätten Ymer. Etterdroppar, som utslungades af Hvergelmers köldvågor, samlade sig, växte och vordo till honom. Med fyra munnar sög han fyra mjölkströmmar ur Audumlas spenar. De närde honom med lifsfrön af olika art, hvilka gjorde honom till fader åt olika ätter, framspirande ur olika lemmar af hans kropp. Så fram växte under hans vänstra arm man och mö, från hvilka en vacker och gudavänlig jätteätt har kommit; men hans fötter födde med hvarandra de fördärfliga rimtursarnes fader Trudgelmer, ett vidunder med tre hufvuden. Trudgelmer födde — likasom sin fader utan kvinna — sonen Bergelmer.

Bland de ädla väsen, som härstamma från Ymer, äro den vise Mimer och hans syster Beisla, samt de tre ödesdiserna, systrarna Urd, Verdande och Skuld de förnämsta.

3 - Underjorden. Burs söner. Urtidskonstnärerna. Odens själfuppoffring

Underjorden är den äldsta delen af skapelsen och var bebodd och smyckad, långt innan jorden inrättades till bostad åt människosläktet, ja, innan Asgard vardt bebyggdt af asagudarne. Underjorden består af två mycket olika områden, åtskilda af en hög bergskedja med stupande väggar. Bergskedjan kallas Nidafjället. Norr om henne ligger det dystra, kalla, gyttjiga och töckenhöljda Nifelhel, där förut Nifelheim var i Kaos. Uppe på fjällslätten återfinnes källan Hvergelmer, ur hvilken en mängd floder strömma ned mot norr och söder.

Söder om Nidafjället utbreder sig ett land af obeskriflig härlighet med blomsterfält och lundar, aldrig härjade af frost och vinter. Detta land delas i två riken, Mimers rike och ödesdisernas. Mimers är beläget öfver det forna Ginnungagap, rundt omkring den skapande visdomens källa, som i honom fick sin vårdare och väktare.

Det andra riket är beläget kring värmekällan, och denna har fått till sina väktare de tre nornorna eller ödesdiserna, Urd och hennes systrar. Tillsammans kallas Mimers och Urds riken för Hel. Underjorden utgöres således af Hel och Nifelhel.

Midt öfver underjorden hvilar på Yggdrasils grenar jordens skifva. Men det dröjde länge, innan hon blef till en värld, beboelig för människor. Der dvaldes under långa tidsåldrar jätten Ymer och hans fötters flerhöfdade barn. Det var en värld uppfylld af vanskapliga och vilda jätteväsen.

Medan det såg så ut på jordens yta, bodde i underjordens evigt gröna riken de äldste gudarne fredligt och lyckligt tillsammans med Mimer, ödesdiserna och andra medlemmar af samma ädla jättesläkt. Bures son Bur vardt där gift med Mimers syster Beisla, som födde med honom tre söner. Den äldste af de tre är Oden, känd äfven under många andra namn. Han blef stamfader för asarnes gudasläkt. Den andre är den milde Höner, känd äfven under namnet Vee. Den tredje är Lodur, "uppflammaren", som äfven kallas Vile. Höner och Lodur blefvo stamfäder för vanernas gudasläkt.

Mimer, väktaren vid den skapande visdomens källa, drack hvarje morgon af dess kraft- och kunskapsförlänande mjöd, den dyrbaraste och ljufvaste saften i skapelsen, och begåfvades därigenom med danareförmåga och djup visdom. Han födde sju söner, som fingo åtnjuta samma dryck och blefvo, likasom fadern och i faderns tjänst, personliga skaparkrafter, naturverkmästare och storsmeder, som smidde gräs och örter och underbara smycken af eld eller guld eller andra grundämnen.

Det var af ödet bestämdt, att Oden och hans ättlingar icke skulle stanna i underjorden; de voro utsedde att behärska världar där ofvanför. Oden uppsteg i världsträdet för att från dess höjd öfverskåda de riken, som blifvit honom tilldelade, och han såg, huru jordens rund innehades af den vanskaplige Ymer och dennes fötters ohyggliga afkomma. Ung och oerfaren var Oden ännu, och han kände, att han af egen kraft ej förmådde rensa jorden från dessa vidunder och uppfylla de andra plikter, hvilka väntade honom som världars styresman. En dryck ur visdomskällan kunde förhjälpa honom härtill; men Mimer, källans djupsinnige väktare, vägrade honom drycken, innan han bevisat sig den värdig genom själfuppoffring. Då gaf Oden sig själf till offer åt sin lifsuppgift. Nio dygn dvaldes han i det vindfarna trädet utan föda och dryck, sårad med spjut, offrad åt Oden, offrad åt sig själf, blickande nedåt, bedjande under tårar om den styrka han saknade, och lyssnande till den runosång, som förnams ur djupet, tills han vanmäktig nedsjönk ur Yggdrasils krona. Då gaf honom Mimer den efterlängtade drycken och lärde honom nio underbart verkande sånger. Och Odens krafter utvecklade sig sedan rikligen; han vardt stor i kunskap och skaparemakt.

4 - Rimtursarnes undergång. Vakten vid Hvergelmer.

Nu kände han sig i stånd att utföra det verk han hade i sinnet: att befria jorden från urgiganterna. Hans bröder Höner och Lodur förenade sig med honom till företagets fullgörande. De dödade Ymer genom att öppna hans halsådror. Ur såret frambrusade en blodström, som växte till ett haf, hvari urjättens vanskapliga och onda afföda drunknade.

Tillintetgjorda vordo dessa vidunder, rimtursarne, likväl icke. Döden tillintetgör intet. Deras själar fortlefde och nedstego till underjorden. Där funno de, norr om Nidafjället, i Nifelhel, ett land, som med sitt mörker, sina frostiga dimmor och stinkande träsk anstod dem. Där byggde de sig en sal och vordo under tidernas lopp farliga grannar till Mimers rike. Till rimtursarnes släkt höra sjukdomsandarne. De bo i Nifelhel, äfven de. Bland dem äro tramarne (onda vättar), Morn (själavåndan), Tope (vanvettet), Ope (den skakande gråten) och Otåle (den rastlösa oron).

Till skydd mot rimtursarne uppställde gudarne och Mimer en vakt vid Hvergelmers källa på gränsen mot Nifelhel. Till höfdingar för vakten utvaldes alfen Ivalde och hans tre söner, sedan de svurit gudarne trohetsed.

Ivaldes söner voro tappre stridsmän och skicklige konstnärer, som af Mimer själf fått lära smideskonstens hemligheter. En af de tre, Valand (Völund), var i synnerhet en utmärkt verkmästare, jämförlig med den ypperste smeden bland Mimers söner, Sindre. Valands bröder hette Egil och Slagfinn. De voro förträfflige hågskyttar och skidlöpare.

5 - Värdskapelsen fortsättes

Ur det blodhaf, som betäckte jorden, lyfte Oden och hans bröder de inunder liggande grunderna så, att i midten uppstod det land, som kallas Midgard, och på randen af jordskifvan det land, hvars norra och östra delar heta Jotunheim. Mellan Midgard och Jotunheim ligger en bred bottenfördjupning, hvari blodböljorna samlade sig och bildade det kring Midgard på alla sidor sig utbredande hafvet.

De fördränkte urgiganterna hade icke alla varit af samma vanskaplighet. Denna hade minskats med hvarje släkte. Bland Bergelmers barn och barnbarn funnos äfven sådana, som voro välskapade och syntes mindre vilda än deras fäder. Mot desse yngre jättar visade sig Oden miskundsam och lät dem rädda sig ur böljorna upp på kusten af Jotunheim, som de och deras afkomlingar därefter bebyggde. En af dem var jättemön Gullveig.

För henne fingo gudinnorna vänskap. En annan var jätteynglingen Loke, till hvilken Oden fann välbehag, emedan han var vacker, snarfyndig, kvick och munter. Gudarne anade icke, huru farliga vänner Gullveig och Loke voro.

Ymers lemmar blefvo byggnadsämnen till världsskapelsens fortsättande. Men därtill kräfdes många och flitiga händer. Då samlade sig de äldste höghelige gudarne och Mimer och de andre naturverkmästarne till möten och satte sig å tingsstolar och rådgjorde såväl om byggnadsplanen som om många och goda arbetares anskaffande. Och vordo de enige därom, att Mimer skulle vara höfdingen för alla dessa, samt att han med bistånd af eldväsendet Durin, som äfven kallas Surt, skulle gifva tillvara åt en skara svartalfer och dvärgar, som hade att biträda vid arbetets utförande. Så skedde äfven. De lifsfrön, ur hvilka Mimer och Durin med sin skaparekonst framkallade dvärgarnes och svartalfernas slöjdskickliga släkten, förefunnos i Ymers blod och lemmar. Mimer skapade dvärgarne; Durin-Surt skapade svartalferna, som därför kallas hans söner.

Och nu vardt en liflig verksamhet på underjordens Idaslätter. Gudar och urtidskonstnärer, dvärgar och svartalfer byggde ässjor samt smidde och slöjdade de verktyg, som till arbetets fullbordande erfordrades, och de konstverk och smycken, med hvilka skapelsen skulle prydas.

Enligt den rådgärd för världsinrättningen, hvarom gudarne och naturverkmästarne blifvit enige, skulle en himmel hvälfva sig öfver världsalltet, och under honom skulle dag och natt, sol och måne vandra i fastställd ordning utstakade banor för att mäta tiden och fördela den mellan verksamhet och hvila. Himlahvalfvet gjordes af Ymers hufvudskål och af hans hjärna de stormmoln, som drifva därunder.

Mimer hade en dotter Natt, mörk till hyn men skön till dragen och huld till lynnet, värdig att varda hvad hon blef: gudars moder. Med morgonrodnadsalfen Delling, som är höfding i östra delen af Mimers rike, födde hon sonen Dag, som blef ljusalfernas stamfader. Åt Natt och Dag gjorde urtidskonstnärerna charer, ty det var på makternas tingsplats beslutadt, att den mörka Mimerdottern och hennes ljuse, fagre son skulle skiftevis fara genom underjordens östra hästdörrar upp på himmelen och återvända genom dess portar i väster, där aftonrodnadens herre, Billing, fick sig land anvisadt. Dags char infattades med ädelstenar. Hans häst heter Skinfaxe ("den medskinande mank"). Natts häst heter Rimfaxe ("den med rim-mank"). Om dagen betar han underjordsfältens gräs, beströdt med honungsdagg, som faller från Yggdrasils nedersta, rikt lummiga grenknippa.

Fördenskull tuggar han under färden en fradga, som, när den om morgonen droppar från hans mule, blir till en äringsgifvande dagg, befruktande jordens dalar.

Med Lodur hade Natt två sköna barn, Måne och Sol, om hvilka var å makternas rådstämma beslutadt, att de skulle föra öfver himmelen de af eld och guld smidda charer, som tillverkats i underjordssmedjorna för att lysa världen. Sinnrika inrättningar voro af urtidskonstnärerna uppfunna för att skydda soldisen, när hon åker, mot charens brännande strålar, och för att svalka hästarne, som draga den. Soldisens skydd är en vid charen fästad sköld, som heter Svalin. Fölle han bort, skulle soldisen förbrännas och charen från sin väg störta ned mot jorden och antända den. Å hästarnes remtyg är under deras bogar fästad en inrättning, som blåser svalka öfver dem. Hästarna heta Arvak ("den tidigt vakne") och Allsvinn ("den mycket raske"). På Arvaks öron och Allsvinns hofvar ristade naturverkmästarne goda runor.

Af Ymers benbyggnad bildade makterna jordens berg. Af hans kött, som var mättadt med Audumlas näringsrika safter, beslöt man göra fruktbärande mull och utbreda den öfver Midgårds kala stenmarker.

6 - Världskvarnen

För detta ändamål — och äfven för andra — byggde urtidskonstnärerna en ofantlig kvarn, Grotte. "Skärens kvarn", "stormarnes kvarn" kallas hon äfven. Dess bjälklag restes i underjorden på Nidafjället rundt omkring källan Hvergelmer, som är moderkällan till alla världens vatten, till underjordens, jordens och himmelens. Från Hvergelmer komma de, och dit, efter fullbordadt kretslopp, återvända de. Medels en från hafvets botten genom jorden gående ränna underhålles den ständiga förbindelsen mellan Hvergelmer och oceanen. Under denna ränna lades kvarnstenarne på sitt bjälklag så, att den rörlige stenens öga står midt öfver källan. Genom kvarnstensögat brusa fördenskull vattnen till och från Hvergelmer. Ebb uppkommer i hafvet, när vattnen nedstörta genom kvarnstensögat; flod i hafvet uppkommer, när vattnen genom samma öppning stötas upp igen. Den kringgående kvarnstenen förorsakar den af seglare fruktade malströmmen, en hvirfvel i oceanen, som pilsnabbt suger skeppen till sig och drager dem ned i djupet, stundom äfven slungar dem ur djupet tillbaka.

Grottes rörliga kvarnsten kringvrides af nio jättekvinnor, som vandra utefter jordens rand och skjuta kvarnens ofantliga vridstång framför sig.

På denna kvarn lades Ymers lemmar och maldes. Det slags mjöl, som däraf uppkom, var den mull och sand, som hafvet allt sedan för till kusterna af Midgard, och hvarmed vikarna och strandbräddarna uppgrundas för att förr eller senare varda grönskande fält. Af Ymers kött skapades de äldsta lagren af mull, de som betäckte Midgards stengrund, när Oden ock hans bröder upplyfte dem ur Ymers blod. Mullen är bördig, emedan den härleder sig ifrån Audumlas mjölk, och sålunda kunde Midgård betäckas med växtlighet.

Detta skedde, då soldisen på sin char för första gången körde upp på den nyskapade himmelen och höljde jorden i välgörande strålars ljus. Då spirade örter ur mullen, och efter hand fick jorden skogarnes och blomsterfältens gröna skrud och vardt sådan, att den längre fram kunde bebos af människor. Såsom bostad för vårt släkte kallas Midgård dess "sal", dess "hus", byggdt åt oss af Burs söner,

> de som det härliga
> Midgård skapat;
> sol sken sunnan
> å "salens" stenar;
> då vardt grunden grodd
> med gröna örter.

Till kvarnens vårdare utsågo gudarne två af sin krets, vanaguden Fröj, skördarnes herre, fruktbarhetens beskyddare, samt Lodur, "uppflammaren". Å Fröjs vägnar ombesörjes mälden af hans tjänare Byggver och Bejla. Lodur öfvervakar kvarnens regelmässiga gång, och under honom stå de nio jättekvinnor, som skjuta framför sig kvarnens vridstång. Lodur kallas fördenskull äfven Mundelföre ("han som låter kringföra vridstången").

Sedan Ymers kött blifvit förvandladt till mull, kom ordningen till Trudgelmers och därefter till Bergelmers. Det är Bergelmers lemmar, som i vår nuvarande tidsålder malas af världskvarnen. En af den yngre jättesläktens äldre män, den mångkunnige Vaftrudner, sade i en visdomstäflan, som han hade med Oden, att han minns, när Bergelmer lades å kvarnen - det var hans äldsta minne; men Trudgelmer och Ymer minns han icke. Dem hade han blott hört omtalas.

Kvarnen tjänar äfven ett annat ändamål. Med hennes vridstång kringföres ej endast hennes rörliga sten, utan äfven stjärnehvalfvet. Det är stjärnehvalfvets rörelse, som Lodur, Månes och Sols fader, har att öfvervaka.

Ännu ett annat och mycket viktigt ändamål har världskvarnen uppfyllt. Hon är den heliga, med hemlighetsfulla krafter begåfvade gnideldens upphof. Eld hade funnits dessförinnan och alltifrån begynnelsen; men elden är af många slag, och den renaste och förträffligaste uppkom icke, förrän Grottes stenar gnedos mot hvarandra. Ditintills hade denna rena eld varit fördold i grundämnena utan att visa sig för gudarnes ögon; men nu framlockades han af gnidningen.

Och i och med honom framföddes underbart den gud, som är den heliga elden personliggjord, nämligen "den hvitaste", den mest skinande af gudar, Heimdall. Han föddes i skepnaden af ett det skönaste barn. Hans öden som barn och yngling skola sedan omtalas. Han kallas son af nio mödrar, emedan de nio jättekvinnor, som draga världskvarnen, frambringade honom genom sitt arbete med vridstången, som således var världens första eldborr.

7 - Världskapelsen fullbordas

Det var bestämdt, att Oden och hans ättlingar, asagudarne, skulle äga rike och borgar i den öfversta grenknippan af Yggdrasil, medan vanagudarne skulle fortfarande bebygga underjorden. Denna bestämmelse hade sin grund i de båda gudasläkternas olika skaplynne. Oden var född med krigisk håg och lust för ingripande, äfventyrliga och kraftansträngande gärningar, och detta hans lynne öfvergick också på hans ättlingar, som alla, äfven den milde Balder, voro burne till strids- och segergudar. Dagar kunde komma, när världsbyggnaden hotades af förstörelsens makter, och det vore då nödigt att i Yggdrasils höga krona, med utsikt åt alla håll, hvarifrån fara vore att vänta, äga en världsbeskyddande vakt af slagfärdige hjältegudar. Fördenskull beslöto makterna att uppe i Yggdrasil, högt öfver den väg, som Måne på sina rundresor i rymden färdas, grundlägga och ordna den värld, som efter sina bebyggare kallas Asgard.

Vanagudarne, den blide Höners släkt, äro äfven sin fader like och hafva hans håg för fredlig verksamhet. Deras kall är att upprätthålla den regelmässiga, lagstadgade gången af världsförloppet; asarnes är att försvara den mot fiender. Däri ligger den egentliga skillnaden mellan dessa gudasläkters uppgifter. Det är fördenskull vanagudar, som ombesörja stjärnehimmelens och tidvattnets regelbundna rörelser, samt det jämna mellan år, måneskiften, natt och dag fördelade tidsförloppet. Det är vanagudar, som sörja för såddens framgång och lycklig årsväxt, och det är de, som med kärlekshand knyta man vid kvinna och tillse, att till släktenas kedja fogas länk efter länk. Men där ett kraftigt ingripande till skydd och värn är behöfligt, där uppträda asagudarne. Dock visa äfven vanagudarne hjältemod, när det fordras.

Eftersom nu asarne borde hafva bostäder sådana, att de från dem kunde öfverskåda och försvara världen, så gällde det att skapa det högt belägna Asgard och en säker förbindelseled mellan Asgard och underjorden. Urtidskonstnärerna byggde fördenskull bron Bifrost, som från norr till söder beskrifver en stor båge genom rymden. Bifrosts ene broände är lagd på den nordliga randen af underjorden; den andre på den sydliga. Från dessa sina brohufvuden, som äro väl befästade och förskansade och tecknade med skyddsrunor, går Bifrost förbi jordskifvans rand och utanför densamma upp till Yggdrasils högsta grenknippa, hvari Asgards mark med sina gyllne lundar hvilar. Här uppe byggde urtidskonstnärerna Valhalls oerhördt stora och praktfulla sal åt Oden, samt vidsträckta och härliga borgar äfven åt de andre asagudarne. Till Valhall hör ett

utkikstorn, Lidskjalf, hvarifrån asarne hafva utsikt öfver Midgård och Jotunheim och öfver underjordens randbälte, ty underjordens skifva är mycket större än jordens och skjuter på alla sidor långt fram om henne ut i världsrymden. Underjordens randbälte ligger fördenskull under öppen himmel. Det är på det bältet vanagudarne och alferna bo, vanerna på den västra sidan, alferna på den östra. Underjorden kallas också Jormungrund (storgrunden), emedan hon är större än jorden, som, sedd från Lidskjalf, skymmer endast hennes mellersta del. Men hvad i den skymda delen försiggår, får Oden veta genom sina kloka korpar, Hugin och Munin, som dagligen flyga öfver Jormungrund.

Bron Bifrost är för gudarne behöflig. Väl äga de hästar, hvilka kunna simma igenom lufthafvet, som är "gudarnes fjärd"; men en häst simmar ej så snabbt och ledigt som han springer, och lufthafvets bredd är stor och dess strömningar starka. Fördenskull begagna sig gudarne dagligen af den märkvärdiga bron.

Öfver Asgard utbreder Yggdrasil på ett för gudarne synligt sätt sina öfversta bladrika grenar, behängda med frukter, hvilkas beskaffenhet längre fram skall omtalas. Än högre upp är det ställe i världsrymden, där himmelens alla vatten - utdunstningarna från hafvet och sjöarne och från Yggdrasils krona - samla sig. Vattnen, medan de befinna sig därstädes, äro mättade med ett ämne, som kallas vaferämne eller "svart skräckglans" och är detsamma som ger åt åskmolnen deras mörka metalliska färg. Det kan antändas och blir då till snabba fladdrande sicksacklågor, som träffa sitt mål med medveten säkerhet. Stället, där de vaferladdade vattnen samlas, kallas Eiktyrner, "ekstingaren", emedan de därifrån utgående åskmolnens blixtar ofta slå ned i Midgards ekar. Från Eiktyrner nedbrusar en älf, som med sina vaferutdunstande böljor slår en skyddande gördel kring Asgard. Om vaferdimmorna öfver älfven antändas, liknar den en

17

hvirflande eldflod. Öfver älfven leder en fallbrygga till den underbara Asgardsporten, ett af urtidskonstnärernas mästerverk.

Högst i världsträdet dväljes den guldglänsande hanen Gullenkamme, ett vartecken af asagudarnes vaksamhet och vård om världens trygghet.

II
URTIDENS FRIDSÅLDER

8 - Fredsförbundet. Gudaklenoderna.

Det nyskapade, med växtlighet prydda Midgard låg nu i sitt vårlifs fägring och var en syn, som fröjdade äfven gudarnes blickar. Jotunheimsmakterna, som hemsöka jorden med frost och torka, med hvirfvelvindar och öfversvämningar, höllo sig ännu stilla och lämnade Midgård i ro; de voro icke starka nog att våga ett angrepp på gudarnes skapelse. Jättesläkten, som ur Ymers blodhaf fått rädda sig upp på kusten af Jotunheim, var ännu fåtalig och bemöttes af gudarne med vänlighet. Ingenting störde världsinrättningens regelbundna gång. Årstiderna aflöste hvarandra i stadgad tid, världskvarnen stod upprätt på sitt bjälklag; mullen, som hon malde, var rikligt blandad med guld, och hon kringvreds under välsignelsebringande sånger. Polstjärnan stod i den världsåldern öfverst på himmelen, och himlahvalfvet hade icke den sneda ställning det sedan fick.

Till betryggande af världens frid beslöts, att alla varelsesläkter skulle ingå förbund och gifva asarne gisslan. Från Vanaheim sändes som gisslan till Asgard vanaguden Njord, som upptogs i asarnes släkt och alltsedan bor bland dem, men ofta besöker sin gamla odalborg, Noatun, belägen bakom västerhavet vid en strand, där svanar sjunga. Oden gifte sig med hans syster Frigg. Mimerdottern Natt är äfven Njords och Friggs moder.

Med Mimer utbytte Oden panter på ömsesidig vänskap, som ej heller någonsin vardt bruten. Af alferna, bland hvilka Ivalde och hans söner voro höfdingar, kräfde och fick han trohetsed. Äfven Jotunheim hade ställt gisslan genom Gullveig, jättemön, och Loke, jätteynglingen. Båda fingo vistas i Asgard, där Gullveig blef upptagen i Friggs hofstat. För den kvicke och snabbtänkte

Loke, som var en genomlistig hycklare och låtsade största tjänstvillighet, fattade Oden sådan vänskap, att han blandade blod med honom och lofvade att icke smaka mjöd, utan att det frambures till dem båda. Å sin sida fick Jotunheim gisslan från asarne. Med en vacker och gudavänlig jättekvinna - äfven sådana funnos i Jotunheim - hade Oden födt en son, Tyr, som sedan blef stridsmännens gud. Tyrs moder vardt gift med jätten Hymer, och Oden lät Tyr under hans uppväxtår stanna som fosterson i Hymers gård. När därefter Oden fick med Frigg sonen Tor, lät han äfven denne uppfostras i Jotunheim. Foster föräldrarna voro jätten Vingner och hans hustru Lora.

Det var i fridsålderns dagar Mimers söner och alferna smidde åt gudarne de härliga klenoder, som pryda Asgard och lända gudarne till gagn och värn. Allt hvad gudarne behöfde eller önskade af gyllene smycken och vapen och husgeråd smiddes åt dem i Mimersönernas eller Ivaldesönernas smedjor. Fridsåldern var en guldålder tillika. Det föddes väl icke ett asa- eller vanabarn, som icke fick någon dyrbar klenod eller gagnerikt konstverk från Mimers söner eller Ivaldes. Nog är det från dem som Tor, Odens och Friggs starkaste son, fick charen, hvari han åker bland åskmolnen, och starkhetsbältet, som han spänner kring sin midja - och från dem som Balder, Odens och Friggs älskligaste son, fick skeppet Ringhorne. Bland vanerna var det tillåtligt, att broder gifte sig med syster. Vanaguden Njord födde med en syster två barn: Fröj, som blef årsväxtens gud, och Fröja, som blef kärlekens och fruktsamhetens och är den skönaste af alla gudinnor. Af Mimers söner fick Fröj en gåfva och af Ivaldes söner en annan, hvilka sedan skola omtalas. Åt Fröja smidde fyra underjordskonstnärer det vackraste kvinnosmycke i världen, bröstsmycket Brisingamen. Åt Njord smiddes den bästa af alla stridsyxor; åt flere af gudinnorna och diserna falk- och svanehammar; åt Heimdall en stridslur, som kan höras öfver hela världen, men som Mimer tagit i förvar och gömt i världsträdets djupaste skugga, tills den af honom motsedda dagen kommer, då den varder behöflig. Märkvärdigt bland klenoder var ock det tafvelspel af guld, hvarmed gudarne under fridsåldern lekte; tafvelspelet kunde vara motspelare själf och flytta sina brickor. Men den viktigaste af urtidssmedernas gåfvor till gudarne voro föryngringsäpplena, "asarnes läkemedel mot ålderdom". De förärades till Idun, Ivaldes dotter, som vardt upptagen i Asgard. Då de förvaras af henne, äga de sin kraft, men annars icke.

9 - Människoskapelsen

Oden, Höner och Lodur kommo till det härliga Midgård, som de skapat, och vandrade där. Mycket var där att se och fröjda sig åt;

men något saknades ändå: varelser, som kunde glädja sig åt Midgård som åt ett välprydt hem, och tacka dem, som förlänat dem hemmet. Gudarne gingo utefter stranden af det nordliga hafvet, där detta drager sig söder ut kring Aurvangalandet ("Lerslättlandet", sydligaste delen af skandinaviska halfön). Där sågo de på stranden två träd och beslöto omdana dem till likhet med den skepnad de själfva buro och att göra dem till medvetna varelser. Det ena trädet kallas Ask, det andra Embla. Lodur lossade dem från deras förbindelse med jorden och gaf dem förmåga att röra och föra sig efter inre driffjädrar; han förvandlade deras kalla safter till varmt blod och omformade dem till afbilder af gudarne. Höner gaf dem mänskligt jag med medvetande och vilja. Oden gaf dem den yppersta gåfvan: anden. Så skapades det första människoparet: Ask, mannen, och Embla, kvinnan.

Vackra att skåda, men nakna och blyga stodo de inför gudarne. Då afklädde sig Oden sina egna praktfulla kläder och klädde med dem Ask och Embla. Och de tyckte sig ståtliga, när de fått dräkter.

Hvad som skedde vid det första människoparets skapelse upprepas i viss mån vid hvarje människas. De båda träden Ask och Embla hade uppspirat ur ollon, som världs-asken Yggdrasil fällt till jorden. Och äfven med deras afkomlingar är förhållandet detsamma. Grundämnet till hvarje människa skjuter skott, blommar och mognar till frukt å den världsomskyggande askens grenar. Yggdrasil är "människoberedaren". När en sådan frukt mognat, faller den ned i Fensalar ("de gyttjiga dammarnes salar"), som är Höners land och hans dotter Friggs odalmarker.

Där ligga dock frukterna icke ouppmärksammade. Storkarne, som äro Höners fåglar - själf kallas han fördenskull "Långben" och "Träskkonung" - ser dem och flyger med dem till kvinnor, som trängta att smekas af små barnahänder. Lodur, uppflammaren och eldborrens herre, bär dem å eld i modersskötet och ger dem där hvad han gaf Ask och Embla: rörelseförmågan, det varma blodet och gudaskepnaden. Höner sänder dem själen, Oden anden. Dock sänder dem Höner själen icke efter eget godtfinnande. Oräkneliga själar invänta sin födelse till tidslifvet, och det är att välja bland dem och välja mödrar åt dem. Valet tillkommer ödesdisen Urd, som, emedan de, som bida att varda mödrar, äro många och de väntande ofödda själarna än flere, måste hafva många underordnade nornor, som förrätta åt henne denna tjänst. Några af dessa nornor äro af asasläkt, andra af alfernas stam, andra äro döttrar af Mimersonen Dvalin. Till den moder, som en sådan norna utkorat åt en barnasjäl, sändes denna genom Höner. Så kommer hvarje människa till världen: en frukt från världsträdet, omdanad af en trefald gudomliga makter och utkorad af Urd till det moderssköte hon fått, den lefnadsställning, hvari hon hamnar, och de öden hon har att genomlefva. Urd ger henne äfven en osynlig skyddsande genom lifvet, en underordnad norna, som kallas fylgia eller haminga.

Ask och Embla födde barn, och deras afkomlingar förökade sig i det fruktbara Aurvangalandet. De kände icke eldens bruk, de hade inga sädeskorn att så, de förstodo ej att skaffa fram malmer ur jorden, än mindre att smida sådana. Samhällsband och lagar kände de icke; ej heller andra gudar än de tre, som skapat deras första föräldrar. Lagar behöfde de dock till en början icke, ty de voro rättsinnade och godhjärtade. Men de voro också lätt förledda, och det kom en tid, då en frestarinna till det onda uppträdde ibland dem. För att odla och stärka deras anlag till det goda, för att upplysa dem och binda dem vid sig med heliga band, fattade fördenskull gudarne det beslut att sända dem en uppfostrare och lärare.

10 - Heimdall kulturbringaren

Till människornas lärare utsågs den rena och heliga eldens gud Heimdall, kort efter det att han blifvit född. Huru det tillgick med hans födelse är förut omtaladt. Han räknas till vanernas släkt, emedan han genom de nio mödrarna vid världskvarnens vridstång bragtes i dagen å underjordens västra randbälte, på andra sidan världshafvet, där vanerna bo.

För sitt viktiga kall måste barnet utrustas med styrka, visdom och härdighet. Man gaf det fördenskull att dricka samma tre safter, som vattna världsträdets rötter, nämligen safterna i de tre underjordskällorna.

Urds källa har ett silfverhvitt vatten, hvari svanar simma och öfver hvilket Yggdrasil hvälfver evigt gröna bladmassor. Allt, som kommer i beröring med den källans vatten, får en skinande hvit färg och stärkes underbart, ty vattnet ger världsalltet dess fysiska lif och kallas därför "jordens kraft". Barnet fick först en dryck därur.

Därefter fördes det till Mimers källa. Denna är sirad med en sjufaldig infattning af guld, och diktens sådd växer kring dess säfomkransade rand. Mimer gaf åt barnet en dryck af sin källas mjöd, som gömmer skaparkraft, skaldeingifvelse och visdom.

Barnet fördes därifrån till Hvergelmers källa och fick dricka dess kyliga, härdande vatten.

Vid stranden af Vanaheim gjordes en båt i ordning för Heimdalls färd till Midgard. Båten sirades med guldringar och andra prydnader, och i den lades gossen, medan han efter de undfångna dryckerna slumrade. Hans hufvud hvilade på en sädeskärfve. Det är från den som alla sädeskorn i Midgård hafva sitt upphof. Bredvid honom lades eldborren, med hvilken den heliga gnidelden kan vinnas, och rundt omkring honom de verktyg, som kräfvas för all slags slöjd, samt vapen och smycken.

Därefter sköts båten ut i hafvet, för att själf söka den väg, som ödesdiserna för honom utstakat. Några säga, att den drogs af ett svanepar, och att svanar icke funnos i Midgård före dem, som kommo dit med Heimdall. Alla svanar härstamma från det par, som simmar i Urds källa.

Det hände en dag, att människor, som stodo på stranden af Aurvangalandet, sågo en båt nalkas utan att vara drifven af åror. (Segel voro på den tiden okända.) Båten gick in i en liten vik vid stranden, och det befanns, att en späd gosse sof i den, och att den innehöll en mängd märkvärdiga och vackra ting, som voro för folket okända. Barnet upptogs och vårdades med största kärlek och ömhet; kärfven tillvaratogs, och så äfven de öfriga tingen, ehuru det bland dem var sådana, till hvilkas bruk ej var lätt att gissa.

Hvem gossen var och hvarifrån han kom, visste människorna icke. Emedan han kommit med en sädeskärfve till deras land, kallade de honom Skef ("kärfve"). Så växte han upp hos detta folk och blef ännu i unga år deras undervisare och lärare i åkerbruk och alla slöjder, tidsrunor och evighetsrunor (världslig kunskap och religiös). Sedan han vuxit upp till yngling, gjorde de honom till sin styresman och kallade honom Rig ("höfding").

Heimdall lärde människorna att plöja och baka, slöjda och smida, spinna och väfva, rista runor och läsa. Han lärde dem att tämja husdjur och att rida, att uppföra timrade boningar och knyta familjeband och samhällsband. Han lärde dem att nyttja bågen, yxan och spjutet till jakt och till värn mot urtidens vilddjur. Han undervisade dem i nornornas stadgar för ett rättrådigt lif och hvad de skulle göra för att vinna ynnest hos de mäktige, välvillige gudarne. Af Heimdall fingo människorna veta gudarnes namn och olika värf. Han lät dem åt gudarne uppföra altaren och tempel, framkallade med eldborren den rena eld, som ensam är värdig att brinna i deras tjänst, och förestafvade de böner och heliga sånger, som alltsedan från människoläppar ljudit till makternas lof.

En gång, då Heimdall vandrade gröna stigar utefter hafvets strand, kom han till en stuga, behodd af Ae och Edda. Han mottogs gästvänligt och stannade i tre dygn. Nio månader därefter föddes hos hjonelaget sonen Träl. Heimdall besökte sedan Aves och Ammas välburgna hem; när nio månader förflutit, föddes där sonen Karl. Därifrån gick Heimdall till en prydlig gård; där bodde stamfadern och stammodern till de sedan så ryktbara släkter, som kallas skilfingar eller ynglingar, sköldungar, hildingar och budlungar. Heimdall stannade tre dygn;

nio månader därefter föddes i det hemmet en son med ljusa lockar, röda kinder och djärft blickande ögon. Han vardt höfding med tiden och folkets domare. Folket kallade honom Borgar ("beskyddaren") och Sköld ("den värnande").

Sålunda helgade och stadfäste Heimdall de tre stånden, de ofries, de fribornes och de högbornes. Alla tre ärades med gudomlig börd, på samma gång som de hafva mänsklig. De gjordes af honom till halfsyskon och ålades därmed att vänligt och billigt bemöta hvarandra. Fördenskull kallas de tre stånden "Heimdalls heliga ätter".

Heimdall lefde länge som människa bland våra urfäder och underkastade sig den allmänna människolotten att åldras och dö. Han hade anordnat, att hans lik skulle bäras ned till den lilla vik, där han som barn landat. Det var om vintertiden. När det sörjande folket kom dit ned med den döde, såg det med förvåning, att samma farkost, hvarmed Heimdall som barn blifvit förd till Aurvangalandet, återkommit. Den ringprydde båten låg där glänsande af rimfrost och is och ifrig att få sätta ut på hafvet igen. Heimdalls lik nedlades i båten, och de tacksamma människorna hopade omkring honom dyrbara smiden, ej färre än dem, med hvilka han anländt. När allt var färdigt, gick farkosten ut i hafvet och försvann vid synranden.

Den återvände till Vanaheim. Här afkläddes Heimdall sin åldrade människoform och vardt till en strålande gudayngling. Oden upptog honom i Asgard och i sin familjekrets. Sköld-Borgar efterträdde honom som höfding och domare i Aurvangalandet.

11 - De af Heimdall utlärda heliga runorna

Den heliga runkunskap, hvaraf Heimdall lärt människorna så mycket, som är dem nyttigt att veta, var först i Mimers ägo. Han hade den likväl icke af sig själf, utan hade hämtat den ur visdomskällan, som han vaktar under världsträdets mellersta rot. Genom själfuppoffring i sin ungdom hade, såsom redan är omtaladt, Oden fått en dryck därur, samt nio runosånger, som innehålla hemliga välgörande krafter och kallas fimbulsånger. Bland dem må följande omtalas:

Hugrunornas fimbulsång, som förhjälper till kunskap och visdom;

Hjälprunornas, som underlätta barnens inträde i världen och häfva sorger och bekymmer;

Läkerunornas, som förläna läkande kraft;

Brimrunornas, som rensa luften från skadelystna väsen och gifva makt öfver vind och våg, när det gäller att frälsa seglare ur sjönöd, samt makt öfver elden, när han antändt människoboningar;

Målrunornas, som återgifva talförmåga åt stumme och förstummade;

Segerrunornas fimbulsång, som uppstämmes, när man går en fiendtlig här till mötes. Då lyfta stridsmännen sina sköldar till jämnhöjd med öfverläppen och sjunga med dämpad stämma, så att de mångas röster sammansmälta till ett doft brus, likt bränningarnas i hafvet, och om de då höra Oden blanda sin stämma däri, då veta de, att han förlänar dem seger. Då "sjunger han under deras sköldar", och de varda herrar på slagfältet.

Hugrunorna äro af mångfaldigt slag och innehålla både jordisk och andlig visdom. De hafva varit eftersträfvade af män och kvinnor, högättade och lågättade. Så äfven Läkerunorna, som gått i arf hos somliga höfdingeätter. En bön om detta slags runor ljuder så: "Hel eder, asagudar! Hel eder, asynjor! Hel dig, månggagnande Fold (jordgudinnan Frigg)! Måtten I gifva oss ordets makt och andens odling och läkande händer, medan vi lefva!"

Om Heimdalls sonson, Borgar-Skölds son Halfdan, har det sjungits, att han, den unge,

> "lärde sig runor,
> evighetsrunor
> och jordelifsrunor;
> han lärde sig sedan
> att människor frälsa,
> döfva svärds-egg,
> lugna hafvet,
> fågelsång tyda,

> dämpa eldar,
> sona och döfva,
> sorger häfva."

Åtgärder vordo i urtiden träffade att sprida dessa välgörande runor bland alla varelseslägter. Oden utbredde dem bland asarne; alfen Dain och Mimersonen Dvalin, som fått lära dem af Mimer, spredo dem bland alfer och dvärgar, Genom Heimdall kommo de till människorna. Den goda gåfvan, blandad i heligt mjöd, sändes vida vägar, "och sedan är den bland asar, bland alfer, bland visa vaner och bland människors barn". Ej heller jättarne vordo lottlösa. De vordo ju upptagne, äfven de, i urtidens fridsförbund, och Mimer sände dem runor, hvilka grundlagt den kunskap, som finnes hos Jotunheimssläkten och sedan af den blifvit illa brukad.

12 - Asagudarne

Den vakt af stridbare gudar, som tagit bostäder på Yggdrasils öfre grenknippa i Asgard för att därifrån öfvervaka och skydda världen, äro desse:

Oden, allfadern och tidsåldrarnas fader. Sedan ofridsåldern kommit i världen, kallas han äfven valfader ("de på valplatsen fallnes fader"), härfader, segerfader, och han bär därjämte många andra namn. Hans växt är majestätisk, hans panna hög, hans ögonbryn starkt tecknade, hans anletsdrag ädla, hans blick tankfull och grubblande. Sedan han, drifven af kunskapsträngtan, försänkte sitt ena öga i Mimers visdomsbrunn, är han enögd, och då han uppenbarat sig bland människor, har han visat sig med det lytet, när han velat låta förstå, hvem han är. Då uppträder han vanligen ock i sid hatt och höljd i en vid blå kappa. Men i sin egen sal, bland gudar och einheriar (döde och till Oden upptagne hjältar), synes han skön och utan lyte och, ehuru tankediger, så blid, att alla med glädje skåda upp till hans vördnadsbjudande anlete. Hans skägg faller ned öfver hans bröst.

Han äger en åttafotad häst, Sleipner, den ypperste af alla springare. Denne hade han icke i begynnelsen, utan fick den genom en händelse, som sedan skall omtalas. I sadeln på Sleipner och följd af sina ulfhundar Gere och Freke jagar han stundom nattetid genom luftrymderna, för att rensa dem från de skadliga väsen, som kallas gifer och tunridor och äro af rimtursarnes och sjukdomsandarnes släkt. Oden är världens beskyddare samt folkens och samhällenas högste styresman. Men han är icke världshändelsernas enväldige länkare. Och ehuru han är den kunnigaste bland gudar, dröjde det länge, innan hans tanke trängde ned i tingens upphof och tingens slutmål. Det var fördenskull han så länge var den djupe grubblaren. Ödet har delat världsmakten med honom och förbehållit den större andelen åt sig själf. Denna okända makt har sina ombud i de tre höga ödesdiserna, Urd och hennes systrar. Det är de, icke Oden, som kora till lif och gifva lagar och bestämma lefnadshändelserna och lifslängden för dem, som de till lif korat. Dock äro åt Oden förbehållna stora företrädesrättigheter, förutan hvilka han icke skulle vara den härskare han är. Han, men icke nornorna, har att bestämma öfver fältslagens utgång, att gifva seger och utse dem, som skola falla i striden. Ty utan denna rätt kunde han icke vara staternas och folkens herre, sedan stridsåldern kom i världen. Och han är öfverdomaren i den domstol, som dagligen sitter vid Urds källa och dömer de döda, allt efter deras sinnelag och gärningar, till salighet eller osalighet. Svaghetssynder dömer han mildt.

Han är böjd att ursäkta mans och kvinnas felsteg, när icke äktenskapstrohetens band slitas, och ehuru han varnar mot öfverflödigt drickande, är han öfverseende mot dem, som skåda flitigt i dryckeshornet, när intet annat faller dem till last. Men illvillige lögnare, förrädare, nidingar, äktenskapsbrytare, helgedomsskändare fördömer han till rättvisa straff. Han älskar mildhet och hatar grymhet, och under sina vandringar bland människor har han pröfvat dem och utdelat redan i detta lifvet åt den hårdhjärtade näpst och åt den barmhärtige belöning. Goda sedelärorhar han gifvit människornas barn. "Hel de gifvande!" har han ropat till dem, utanför hvilkas dörrar vandraren står hungrig och förfrusen. Själf en visdomssökare, som genomletat världarna och gästat fiendtliga jätteväsen för att finna sanningar, uppmanar han enhvar att odla sitt vett. Det gläder honom, när de dödlige stifta vänskap och troget bevara den. Han varnar mot öfvermod, och han vill, att en man skall föredraga fattigdom med själfständighet framför välmåga med beroende. Feghet hatar han, mannamod älskar han. "Glad och god skall en man vara, medan han går sin död till mötes."

Många bekymmer har Oden att bära för världens och människornas skull. Men hans tyngste tanke är väl den, att han icke är fullkomligt tadelfri. Dess större hugnad blef det honom, att han vardt fader till den syndfrie Balder. Så länge denne oskyldige gud blomstrade i ungdomskraft, fruktade Oden icke för sin makts och sin världs framtid; men när Balder tynade, intogs han af dystra aningar, och när Balder dött, hade han fått visshet om en bidande undergång, men ock fått tröst därför.

Ingen vet hvad han hviskade i den döde Balders öra; kanske var det den tröstens ord, ty Balder skall återkomma och ett rättfärdighetens rike grundläggas. För goda ändamål har Oden tillgripit medel, som han själf beklagat. Tillfredsställd inom sig är han därför icke.

Så mild asafadern är, synes han dock för mången förskräckande. Han, som, sårad med spjut, offrade sig själf för att kunna varda Midgårds danare och människosläktets fader, har därmed gifvit de dödlige ett föredöme, och han fordrar, att den enskilde skall, då fara hotar, gifva sitt lif för folket. Däraf kommer, att man offrat människor åt honom för samhällets bästa och ej velat alldeles afstå därifrån, ehuru han själf förkunnat, att bättre är att icke bedja alls, än att blota öfver höfvan, och att han ser till den offrandes hjärtelag, ej till offergåfvans beskaffenhet.

Hög och gåtfull har han alltid stått för sina tillbedjare. Han kan skämta vid mjödet, ja, äfven inför människorna skämta med sig själf; men detta är krusningar på ytan af en ande, hvars djup griper med aningsfull vördnad.

Tor son af Oden och Frigg. I hans skaplynne ligger ingen dunkel gåta. Det skaplynnet är klart som en genomskinlig källas vatten.

Tor har breda skuldror och ståtlig kroppsbyggnad, hvars resning och lemmar nogsamt visa hans ofantliga styrka. Bland gudarne finnes ingen så stark som han. På denna väldiga kropp är ett ungdomligt hufvud med blondt hår och ljusa skäggfjun, omgifvande ett ansikte, som uttrycker öppenhet och ärlighet, trofasthet och, oaktadt den skarpa blicken, äfven mycken godlynthet, när han icke vredgas och brusar upp, hvilket lätt händer, om någonting lågt och elakt retar honom. Tor är den luftrensande och välgörande åskans gud. När rymden är kvalmig och den torkande jorden längtar efter regn, far han ut på sin af bockarne Tanngnyst och Tanngrisner dragna vagn genom de från Eiktyrner utseglande med vaferdimmor och vatten laddade molnen. Då tändas vaferdimmorna och varda till blixtar, och vattnet nedstörtar i befruktande skurar.

Om Tors hammare och starkhetsbälte och hans många äfventyr med jättarne skall längre fram talas. Han är Midgårds värnare mot Jotunheims-makterna och är den flitige plöjarens gode vän. Till trälen, som arbetar på åkern och i skogen, ser Tor med blida ögon. Missaktas den ofrie och betungade af andra, så är Tor honom alltid bevågen och i domen öfver de döde talar han väl för honom och förordar, att hans mödor må lönas med salighetens lott. Därför säges det, att "Tor äger trälarne, men Oden jarlarne". Oden älskar honom högt, och han var alltid sin faders trogne son. Stor och stark som han är, kräfver han mycket både af mat och dryck, och hans dryckeshorn är det största i Asgard. Han är gift med Sif, som är af alfernas stam. Han har två söner, Mode och Magne, som brås på sin fader. Innan han vardt gift med Sif, födde han Magne med jättekvinnan Järnsaxa, som också är en af Heimdalls nio mödrar. Den omisstänksamme Tor trodde länge, att Loke var hederlig och pålitlig, ty denne var ju Odens ungdomsvän och upptagen af honom i Asgard. Tor var, som de andre gudarne, road af Lokes infall och upptåg, och tog honom stundom med sig på sina utfärder.

Men sedan Tor blifvit några gånger grundligt lurad af Loke, förlorade han allt förtroende för honom och tålde honom illa.

Balder en ljusgud, "solskifvans mäktige främjare", hvars uppgift i världsordningen var att å sin häst eller sitt luftskepp Ringhorne vara en skyddsvakt för Sol och Måne på deras färder öfver himmelen. Balder är son af Oden och Frigg. Han är den mest högvuxne bland asarne och den ojämförligt skönaste af alla gudar. Balder älskade icke kriget: han sörjde öfver, att det någonsin uppkommit. Det oaktadt var han aldrig sen att draga vapen mot den ohjälpliga ondskan. Så skön han är, så god och ädelsinnad är han äfven. Därför vardt han lofvad och älskad af alla väsen, som äro i stånd att fatta tillgifvenhet för hvad som är hjärtegodt och rent. Försonlig mot sina fiender och böjd att förlåta, var han världens fredsstiftare och milde domare.

Dömde han strängt, då stod det med den dömdes sak så illa, att domen icke kunde jämkas eller förmildras.

Människorna hafva uppkallat de hvitaste blommor efter honom, emedan de i dessas hvithet trott sig finna något, som liknade Balders pannas glans. Han blef gift med måndisen Nanna, dotter af månguden Nöckve (skeppsägaren), och hade med henne sonen Forsete.

Had en vacker yngling, till lynnet obetänksam, häftig, lättrörd, lättförledd, lidelsefull och med stormande känslor. Hans uppförande berodde af det inflytande, hvarunder han kom. En tid lät han sig leda af Balder och gjorde sig då förtjänt af allas loford; därefter lät han leda sig af Gullveig och Loke och begick då gärningar, som han djupt ångrat. Had var rikt begåfvad och en stor idrottsman. Som sångare och harpospelare kunde han röra allas hjärtan och väcka de mest skilda känslor hos åhörarne: glädje, hat, sorg och medlidande. Ett särskildt sångsätt är uppkalladt efter honom. Som simmare och näfkämpe var han oöfverträfflig och förde alla vapen väl, äfven bågen, i hvars skötande han öfverträffades endast af Valands broder Egil, väktaren vid Hvergelmers och Jotunheims vatten, samt af Egils son Ull.

Forsete Balders son och afbild, rättvisans gud, skarpsinnig i vanskliga rättsfrågors afgörande och mer än någon i stånd att förlika tvistande.

Brage den långskäggige, Valhalls skald och harpolekare, son af Oden och gift med Idun, som äger föryngringens äpplen. Ståtlig tager han sig ut, där han sitter vid dryckesbordet i Valhall, helt nära Odens högsäte, och han dväljes gärna vid mjödhornet, hvarför också den försmädlige Loke en gång kallade honom en "bänkprydare", dugligare att vara det, än att vara stridsman. Brage är vis och vältalig.

Vid offergillen i Midgård pläga många ägna fjärde skålen åt honom, sedan man förut druckit till ära för Oden, Njord och Fröj.

Bägaren, som ägnas Brage, kallas löftets bägare, ty vid den aflägges löfte om en eller annan storbragd, värdig att af skalder besjungas.

Vidar son af Oden och jättekvinnan Grid. Han är tystlåten, intager blygsamt det lägsta sätet vid gudabordet i Valhall och stiger på Odens tillsägelse upp och fyller hornet åt andra, äfven åt den föraktlige Loke, utan att visa sig kränkt af sådan tjänstgöring. Han har ett kraftigt utseende; men få äro de som ana, huru stark han är: näst Tor den starkaste af alla asagudar. Än färre anade, att det är han, den hjältemodige tigaren, som skall i Ragnarökstriden hämnas sin fallne fader.

Tyr son af Oden och den fagra jättekvinna, som vardt jätten Hymers maka, har varit Tors ledsagare på mer än en af dennes äfventyrliga färder i Jotunheim, och säkert är, att Tor icke kunde haft en modigare och pålitligare. Tyr är de i fylkingarnes led kämpande stridsmännens (ej själfva krigets) gud och en förebild för dem i uppoffring för det helas bästa. Sin djärfhet och offervillighet visade han särskildt, då han, såsom längre fram skall omtalas, lade sin högra hand som pant i Fenrersulfvens gap och fick den afbiten vid handleden. Han kämpar sedan med den vänstra. Det kan sägas, att en här utan fältherre saknar sin högra hand och kämpar vänsterhändt. Fältherrarnes förebild är Oden, som uppfunnit den viggformiga slagordningen. Soldaternas förebild är Tyr. Oden och Tyr äro som två händer, som i förening tillvinna sig segern.

Vale son af Oden och aftonrodnads-alfen Billings dotter, den "solhvita" Rind. Föddes för att på Had hämnas Balders död, som annars skulle förblifvit ohämnad. Nattgammal uppfyllde han detta kall.

Dessa gudar äro de egentliga asarne. Till dem komma såsom upptagne i Valhall tre vanagudar, Njord, Fröj och Heimdall, samt en af alfernas stam, Ull.

Njord broder till Odens maka Frigg. Han är segelvägarnes, sjöfartens, fiskets, handelns och rikedomens gud och som sådan flitigt dyrkad.

Han födde med sin syster guden Fröj och nio döttrar, bland hvilka den underbart sköna Fröja. De andra åtta äro Fröjas diser. Bland dem äro läkedomsgudinnan Eir samt Bjärt ("den lysande"), Blid ("den blida") och Frid ("den fagra"), hvilkas namn tyda på deras älsklighet. Njord är, som alla vanagudar, vänlig och gagnerik. Sänd i oskuldstiden som gisslan från vanerna till Oden, skall han mot världsålderns slut återvända "till vise vaner", där han allt fortfarande har en odalborg i Noatun ("skeppens stad"). Han vardt längre fram i tiden gift med skidlöparedisen Skade, dotter af jätten Tjasse. Tjasse är densamme som urtidskonstnären Valand, Ivaldesonen, som genom det oblidkeliga och grymma hat han fick till gudarne förvandlades till sin natur och vardt ett fördärfligt jätteväsen.

Fröj årsväxtens människovänlige herre. Hans födelse hälsades med glädje af alla ätter, utom jättarnes, och gudarne skänkte honom Alfheim i tandgåfva. Fröj vardt därigenom furste öfver alferna, bland hvilka Ivaldes tre söner voro de märkligaste. Och eftersom bruket var, att konungasöner sändes att uppfostras af deras fäders underordnade höfdingar och förtroendemän, så sändes Fröj att uppfostras hos Ivaldes söner - den blifvande skördeguden hos de naturverkmästare, som smidde världsgagnande gudaklenoder och växtlighetsmycken. Huru Valand svek sina plikter mot fostersonen, skall förtäljas sedan; likaledes huru Fröj friade till jättedottern Gerd.

– Om Fröjs skaplynne kan det vara nog att upprepa det vitsord, som Tyr i ett skaldestycke gifvit honom:

"Fröj är (efter Balders död) den bäste af bålde ryttare i asars gårdar; han kommer ingen mö och ingen mans hustru att begråta förlusten af sina kära, och han vill lösa enhvar ur hand och bojor".

Heimdall den heliga eldens gud. Om hans födelse och lefnad bland människorna är förut taladt.

Sedan han fulländat sitt viktiga kall i Midgard och blifvit upptagen i Asgard, har Oden anförtrott åt honom vakten på bron Bifrost.

Emedan den norra broänden, som ligger utanför Nifelhel i rimtursarnes grannskap, är mest hotad af gudafiender, är där en stark borg uppförd, som kallas Himmelsvärnet. Där är Heimdalls bostad. Evig natt rufvar öfver denna nejd, och de vilda vinterstormarne hafva där sitt tillhåll och sin utflyktsort. Också gäckade Loke en gång Heimdall därför, att han fått boning i ett land, där han är så utsatt för oblid väderlek. Men Heimdalls borg är väl inrättad till borgvaktens trefnad, och "i dess behagliga sal dricker Heimdall glad det goda mjöd".

Och gudarne glädjas åt sin trogne väktare, när de se honom, själf lysande med hvitaste glans, rida på sin häst Gulltopp i den yttersta Nordens svarta mörker. Heimdall behöfver mindre sömn än en fågel; han ser lika väl, natt som dag, hundra raster omkring sig, och hans hörsel är så fin, att han hör gräset växa på jorden. Mot Loke har han ständigt hyst ovilja, och genom sin skarpsynthet och oaflåtna vaksamhet har han mer än en gång omintetgjort dennes listiga anslag.

Ull. Innan Sif, den guldlockiga disen, vardt Tors maka, hade hon varit gift med Ivaldesonen Egil, den store bågskytten och skidlöparen, och med honom födt sonen Ull, som blef en mästare i sin faders idrotter och därför kallas bågeguden, jaktguden, skidguden. När Sif giftes med Tor, vardt äfven Ull upptagen i Asgard och fick gudarang. Ulls skidor äro ett konstverk från Ivaldesönernas verkstad; de kunna, i likhet med hans faders, begagnas å vatten såväl som å land, och de kunna äfven begagnas som sköld. Ull är vacker, smärt och smidig och i allo en utmärkt stridsman. Därtill kommer, att han har en härskares och styresmans egenskaper.

När i ofredens tidsålder ett krig uppkom mellan asarne och vanerna och desse senare vordo ensamme herrar i Asgard, satte de fördenskull Ull i Odens högsäte och gåfvo honom Odens namn och härskarerättigheter.

Som redan är omtaladt, vordo i oskuldstiden två varelser af jättestam upptagna i Asgard: Loke och Gullveig.

Loke och hans bröder Helblinde och Byleist äro söner af orkan- och åskjätten Farbaute ("den med fördärf slående"). Orkanens skyfall och störtskurar, som genom de uppsvällda floderna förmäla sig med hafvet gåfvo upphof åt Helblinde, som blef gift med hafsdjupets jättinna Ran. Orkanens hvirfvelvind gaf upphof åt Byleist ("den östlige stormaren"). Ett ljungeldsslag från orkanen födde Loke till världen. Hans moder är Laufey ("bladön", d. v. s. den af orkanblixten träffade trädkronan).

Det våldsamma i Farbautes skaplynne visade sig ej på ytan af hans son Lokes, så länge han gick fritt omkring i Asgard, utan först sedan han vardt i fängsel nedlagd i sin pinohåla. Därifrån åstadkommer han jordskalfven.

Det var på smygvägar han förberedde en kommande världsbrand, och till utseendet var han förledande och till laterna inställsam.

Loke var en fin iakttagare af andras skaplynne, och när han upptäckt deras svaga punkter, visste han att utlägga frestelser i enlighet med dem.

Vid sina planers uppgörande tänkte han långt framför sig och förstod inrätta dem så, att hans allra värsta såge ut att vara de fördelaktigaste och bästa. Kvickhet, lastbarhet och bottenlös elakhet förenades i hans natur.

Gullveig är Loke lik, ja, värre och, i grunden af sitt väsen, förfärligare än han. De arbetade i endräkt tillsammans på gudarnes och världens fördärf. Gullveig, som först framföddes af rimtursen Rimner, vardt tre gånger född till världen af olika jätteföräldrar och tre gånger af gudarne bränd. Det oaktadt lefver hon ännu.

Hon är en och tre på samma gång, och det är på henne den Ragnaröksiande sången (Völuspa) syftar, när den talar om "de tre förskräckliga tursamöar", hvilkas ankomst från Jotunheim gjorde slut på frids- och guldåldern.

Bland de gudinnor, som bo i Asgard, hafva här ofvanför redan omtalats Frigg, Sif, Nanna, Idun, Skade, Gerd, Fröja och Eir. Om Frigg må nämnas, att ehuru hon är god maka, likasom hon också är öm moder, har hon dock ofta sin vilja för sig och gynnar andra gunstlingar bland människors barn än Oden. Hon ingriper gärna i sin makes befattning med folkens och samhällenas öden, och det har händt, att när ett folk, hvars motståndare haft Odens ynnest, vändt sig med böner till Frigg, hon förstått ställa det så, att Oden sett sig föranlåten att skänka hennes skyddslingar segern. Oden har berömt hennes förutseende och tystlåtna klokhet. Frigg har en syster Fulla, som är hennes förtrogna och förvarar hennes smycken. Fulla är nära vän till Nanna, Balders maka. Emedan Fulla är himladrottningens syster, bär hon, till tecken af sin värdighet, ett diadem.

Asgard har många präktiga gudaborgar. Förnämst bland dem är Odens borg Valhall. Det namnet, som betyder "de på slagfälten korades hall", hade borgen icke i begynnelsen, utan fick det under ofredens världsålder sedan krig uppkommit i Midgard. Den kallas äfven Bilskirner. Det närmaste området kring Valhall heter Gladsheim, och där växer lunden Glaser, "som står med gyllne löf utanför Odens portar". Vidsträckt och guldstrålande står Valhall på Gladsheims mark. Salen, där asagudarne samlas kring sin fader och där de korade få säte kring dryckesborden, är bjälkad med spjutskaft, taklagd med silfversköldar och bonad med guldbrynjor och vapen.

Valhall har 540 stockverk och 540 portar, dessa så stora, att när en gång Ragnarökstriden kommer, skola genom hvarje port 800 einheriar (korade hjältar) på en gång tåga ut. Och dock är det endast halfva antalet einheriar, som bor i Valhall; den andra hälften koras af Fröja och bor hos henne. Einheriarne tillbringa sina dagar dels med fester, vid hvilka sköna stridsdiser, valkyriorna, räcka dem de fyllda dryckeshornen, dels med stridslekar på Asgards slätter. Drycken, som de dricka, frampressas ur världsträdets kronas saftiga blad, som innehålla mjödet från Mimers källa, blandadt med safterna från Urds källa och Hvergelmer. Vid måltiderna framsättes maten såväl för Oden som för alla hans bordvänner, men han ger sin andel till Gere och Freke, som ligga vid hans fötter.

Han lefver själf allena af mjöd, när han vistas i Valhall och icke underkastar sig andra lefnadsvillkor.

Fröjas område i Asgard heter Folkvang, och den stora praktfulla sal, hvari de kämpar, som hon korat, vistas, heter Sessrymner. Den borg, som Balder i Asgard bebodde, är Glitner; den har guldbjälkar och silfvertak.

Efter Balders förflyttning till underjorden är hans son Forsete herre i Glitner, och han själf bor i Breidablik på Glansfälten i underjorden. Minst af alla områden i världen har detta blifvit fläckadt med ondt. Tors område i Asgard heter Trudheim och Trudvang.

Flere gudar och gudinnor hafva sina borgar och odalmarker belägna annanstädes än i Asgard. Det är redan förut berättadt, att Heimdalls borg Himmelsvärnet är byggd i yttersta Norden vid Bifrosts brohufvud därstädes, och att Njords odalgård Noatun är väster om världshafvet i Vanaheim. Skade bor helst i sin faders land Trymheim, på hvars fjällsidor och slätter hon går på skidor och jagar.

Fröj vistas mest i Asgard; men det rike han behärskar är Alfheim. Ulls odalmarker, Ydalarne, äro belägna kring hans fader Egils borg, Ysäter, vid det vatten, kalladt Elivågor, Raun och Gandvik, som skiljer det stora Svitiod från Jotunheim. Dessa marker kallas Ydalarne ("bågarnes dalar"), emedan Egil och Ull äro de ypperste bågskyttarne. Vidar den tyste har också ett landområde, Vide, bevuxet med ris och högt gräs; det utgör en del af Vigrids stora slätt, på hvilken Ragnarökstriden skall utkämpas.

13 - Tors och Egils vänskap
Ivaldsläkten

Såsom den gamle jätten Vaftrudner själf sagt, ha jättarne ett ondt gry i sig, och det tjänade i längden till föga, att de hade blifvit upptagne i det fredsförbund, som makterna i oskuldstiden slöto med hvarandra.

Jättarne tillväxte och förökade sig i Jotunheim, och sedan de blifvit talrika och deras manstarka släkter fått sådana höfdingar som Hymer, Geirraud och Gymer, dröjde det icke länge, innan de lade i dagen sitt onda sinnelag mot gudarne och mot människorna, som under gudarnes hägn bebygga Midgard.

Det första förebudet till fiendskap mellan gudarne och jättarne inträffade i jätten Vingners gård. Det är förut omtaladt, att Oden hade anförtrott åt Vingner och hans hustru Lora att uppfostra Tor. Gossen visade tidigt ovanliga kroppskrafter och var redan vid tolf års ålder väldigt stark. Vanligen råder ett godt och trofast förhållande mellan föräldrar och fosterbarn; men här slutade förhållandet så, att Tor ihjälslog både Vingner och Lora.

De forntidssånger, som besjungit denna tilldragelse och omtalat dess orsak, äro förlorade; men när man betänker, huru i grunden välvillig Tor är, och att han aldrig lönat godt med ondt, samt att de allra fleste jättar visat ett otillförlitligt sinnelag, så är det troligt, att Vingner och Lora, anande i sin fosterson en framtida farlig jättefiende, ville förrädiskt bringa honom om lifvet, och att han till billigt straff härför drap dem. Säkert är, att han från Vingners gård medförde som segerbyte den stenhammare han sedan alltid nyttjat mot jättarne, utom under den korta tid, då han ägde en järnhammare, som Mimersonen Sindre smidde åt honom.

Stor syntes likväl den från Jotunheim hotande faran icke vara, så länge höfdingarne för den gränsvakt, som var uppställd mot Jotunheim, nämligen Ivalde och hans söner, höllo den trohetsed de svurit gudarne. Desse alffurstar, som fått sig vakten anförtrodd längs hela det vattendrag, som från Hvergelmers källa rinner upp till jordytan och skiljer Midgard från Jotunheim, hade växtlighetsdiser till systrar och hustrur och voro således äfven genom släktskapsband knutna till de makter, som skydda världsträdets grönska och gifva Midgardsboarne skördar.

Bland de tre Ivaldesönerna sysslade Valand mest i sin smedja, där han smidde gudasmycken och växtlighetsklenoder och därmed gagnade den sak han svurit att tjäna. Fröj, hans fosterson, vistades ofta hos honom. Det var därför de båda andra bröderna, som bevakningen af Midgards norra utkant närmast ålåg, och Egil utmärkte sig särskildt för oförtruten och tapper vakttjänst. Hans första hustru hette Groa. Han bodde med henne å Ysäter, en väl omgärdad, behagligt inredd och guldprydd borg vid Elivågor. Där fanns en under honom lydande besättning af krigiske alfer. Enär Egil och Groa länge voro utan barn, upptogo de som fosterbarn en gosse, Tjalve, och en flicka, Raskva, som de hittat i en damm.

Emedan Egil var den ypperste af alla bågskyttar, kallades han också Örvandel ("pilskötaren"). Tor, hvilken alltsom oftast besökte gränslandet för att ha ett öga på jättarne, var Egils gode vän och plägade alltid vid sådana besök taga in hos honom. Ofta plägade också Groa vistas i Tors hem, Trudvang, när Egil ensam eller med sina alfer gjorde ströftåg på Elivågor och å jättekusten.

Landet, Svitiod det stora, där bröderna bodde, var guldrikt. Dess nordligaste älfvar flöto på bäddar af guldsand. Ivalde, brödernas fader, var den förste härskaren öfver det stora Svitiod, hvaraf svearnes land är den sydligaste delen. Norr om dem behärskade Ivalde ett skidlöparefolk, skridfinnarne. Han kallas fördenskull äfven Finnkonung. Han var en väldig dryckeskämpe och lika skicklig att handtera spjutet som Egil bågen.

III
SYNDENS OCH OFRIDENS TIDSÅLDER

14 - Trolldomsrunorna

Ofvan är berättadt, huru gudarne sände Heimdall till urmänniskorna för att lära dem seder, nyttiga och prydande konster och heliga runor och runosånger.

Heimdallsrunorna - så kunna vi kalla dem - hade det ändamål att göra människorna gudfruktiga och visa, samt rättfärdiga och hjälpsamma mot hvarandra, och att förläna dem makt att kufva eld och vind, när dessa uppträdde skadligt. De voro till för att "människor frälsa, lugna hafvet, fågelsång tyda, dämpa eldar, sona och döfva (smärtor), sorger häfva". De skänkte läkekraft och tröst för jordelifvets kval och gåfvo läror för den vandel, som leder genom döden till saligheten.

Men redan i urtiden uppträdde en ond makt för att motverka och förstöra de goda inflytelser, som Heimdallsrunorna utöfvade på människosläktet. Det var en jättekvinna, Gullveig, tursen Rimners dotter, en ättelägg af frostmakterna, skapelsens fiender. Hon var vacker, hon som Loke, och upptogs likasom han i Asgard som gisslan från jättevärlden. Ur hemlighetsfulla djup i sitt eget väsen hade hon hämtat ingifvelserna till de konster, med hvilka hon kom att förföra gudar och människor. Hon förstod att gifva skadliga krafter åt föremål, som i sig själfva voro oskadliga; hon uppfann den onda sejden, hvarmed man kan trolla ofall, sjukdom och död på människor.

Från sin sejdstol utlärde hon de trollspråk, hvarmed skadefröjden alltsedan velat vålla ofred och olycka, slå med sinnesförvirring, sjukdom och död. Hon hade Lokes inställsamma later, och det dröjde länge, innan gudarne trodde henne om ondt. Hon var

Friggs tjänarinna och lyckades tillnarra sig Fröjas förtroende. Slutligen upptäcktes, hvilka onda konster hon påfunnit, och att hon sökt locka Fröja att sejda. Gudarne förfärades öfver de onda följder, som hennes trollkonster skulle få, ifall de spredes. De dömde henne att dö i eld och verkställde domen på henne. Det var svårt för lågorna att beröra henne. Och hennes hjärta, hvari hennes själ låg förborgad, kunde elden endast halfsveda, ej förbränna. Det var "urkallt" som etterdropparne, hvaraf Ymer bildats.

Loke, som åsett förbränningen, letade i hemlighet i askan, fann där det halfsvedda hjärtat och slukade det.

Det hade en underlig verkan på honom. Han kom därigenom att föda en orm till världen. Ormen kastades i hafvet och växte där med stor hast. Redan en icke lång tid därefter var han hafvets största vidunder. Och under århundradenas lopp växer han så, att han kommer att ligga i ring på hafsbottnen rundt omkring Midgard. Han kallas därför Midgardsormen. Han växer i kapp med ondskan på jorden och är fullvuxen, när fördärfvet nått sin höjd och världsförstörelsen nalkas.

Gullveigs första förbränning inträffade vid fridsålderns slut. Hvad som sedan hände henne skulle, för ordningens skull, längre fram berättas; men redan här må dock något däraf meddelas. Den döda Gullveigs själ skulle ha stannat i Nifelhel bland hennes stamfäder rimtursarne; men så stor var hennes trängtan att göra ondt, att hon väl däraf fick kraft att komma tillbaka, och hon föddes på nytt af andra jätteföräldrar. Hon uppträdde då under annat namn, och att hon var Gullveig, visste utanför Jotunheim ingen mer än hon själf och Loke.

Efter sin andra födelse kringvandrade hon i Midgard, där hon kallades Heid (ett namn, som i aflägsen forntid betydt "trollkvinna").

Likasom Heimdall gick med heliga runor från gård till gård i Aurvangalandet, gick hon från gård till gård därstädes med sina oheliga, "alltid efterlängtad af elakt kvinnfolk". Hvad ondt hon därmed gjorde kan icke mätas och icke skildras. Äfven i Asgard lyckades hon innästla sig. När gudarne upptäckt, hvem hon var, brände de henne för andra gången med samma påföljd som den förra. Loke efterletade och fann hennes hjärta obrändt i askan. Han slukade det och födde till världen Fenresulfven.

Hon pånyttföddes, och hon brändes tredje gången. Äfven då fann och slukade Loke hennes hjärta. Då födde han till världen pestjättinnan Leikin (med orätt kallad Hel), som blef drottning öfver rimtursarne och sjukdomsandarne i Nifelhel.

15 - Jättarne vilja underrätta sig om Tors styrka

Alltsedan Tor hade dräpt Vingner och Lora, gingo bland jättarne rykten, att han var omätligt stark och af obetvingligt mod. Det var för dem af vikt att få veta, huru härmed förhöll sig, och om Tor kunde vara så farlig för dem som det påstods.

Och så uppgjorde de med Loke att han skulle egga Tor att göra ett besök hos eldjätten Fjalar, höfding för Suttungs söner och mer än någon annan förfaren i trollkonster.

Fjalar och hans stam bo icke i det egentliga Jotunheim, det nordliga, utan söder ut i ett underjordiskt land med djupa och skumma dalar.

Tor, väpnad med sin hammare och följd af Loke, gaf sig på färd. Till en början var vägen den vanliga, öfver Bifrost ned till dess södra broände, samt öfver några underjordsfloder, som genomvadades. Därefter hade man att klättra ned i Fjalars "djupdalar" och fortsätta vandringen där. Den var icke af det upplifvande slaget: ingenting vackert var att se, snarare mycket, som kunde göra en kuslig till mods. Tor och Loke vandrade länge genom halfmörker, därefter genom mörker, och slutligen, när de blifvit rätt trötta, var det nästan som natt omkring dem. Dock kunde man skymta nära föremål. En skog syntes ligga tätt framför dem, och öfver den skönjde de en människoliknande skepnad, alldeles ofantligt hög.

Skogen syntes som busksnår i jämförelse med honom. I detsamma hördes brak och buller, som om en tung kropp fallit öfver en mängd träd och buskar och brutit dem, och jätteskepnaden var försvunnen. Loke blef rädd eller låtsade vara det. Bredvid sig märkte han en klippa eller hvad det kunde vara, med en bred öppning, nästan så stor som klippväggen, hvari hon var. Loke tog sin tillflykt dit in, och Tor kom efter. Inne i grottan var åt ena sidan en tämligen trång och kort gång. Dit kröp Loke in och gömde sig. Han ställde sig, som vore han alldeles förskrämd. Tor satte sig i sidogångens öppning med handen om hammarskaftet och afvaktade hvad komma kunde. Kort därefter uppstod ett besynnerligt, långdraget, snöflande och rullande dån, som vardt allt förfärligare och liknade en underjordisk åska. Marken gungade, och grottan, hvari Tor och Loke gömt sig, skälfde i sina grundvalar. Det var jordbäfning, och den blef långvarig. Med korta uppehåll förnyade sig de rullande dånen och de dem åtföljande jordskalfven hela natten. Tor själf tyckte, att detta var hemskt, helst mörkret var så tjockt, att man ej såg hand framför sig. Ändtligen var det som om mörkret förtunnats så pass, att det var möjligt att nyttja sina ögon. Då gick Tor ut och spejade, så godt det lät sig göra i dunklet på den bäfvande skogsmarken, där träden vacklade på sina rötter eller redan lågo kullslagna. Loke följde honom efter. Då upptäckte han ett par fötter, större än en storvuxen man, och vid dem ett par ben, långa i förhållande till fötterna, och en bål, hvars flåsande bröst höjde och sänkte sig, och slutligen ett hufvud, ur hvars mun och näsborrar det jordskakande dånet kom.

Helt visst var det jätten som Tor hade sett, innan han gick in i grottan. Jätten sof och snarkade. Tor vill annars aldrig slå sofvande man; men nu förekom det honom nödigt att göra ett undantag. Han lyfte hammaren och lät den med asakraft slå ned på jättens panna.

Denne grinade litet i sömnen, men pannan var hel, och han fortfor att snarka. Då spände Tor sitt starkhetsbälte hårdare kring midjan och slog än ett slag. Men utan större verkan. Han slog ett tredje. Då vaknade resen, förde handen till tinningen och mumlade, att ett blad eller barr måste fallit ned från trädet ofvanför och väckt honom. Tor kände sig häpen och visste ej annat än fråga, hvad han hette. Han svarade, att han hette Skrymer; "men om ditt namn behöfver jag ej spörja" sade han; "jag vet att du heter Asator".

Därpå satte han sig upp, såg sig omkring och sade: "jag lade från mig en vante, när jag skulle gå till hvila i går kväll", och därmed räckte han ut armen och tog sin vante, och Tor fick då se, att det var den som han och Loke om natten vistats i, och att sidogången var tumfingern. "Om du ämnar dig till Fjalars", tillade han, "så tag dig i akt! Där finner du män som äro svårare att ha att göra med än jag". Tor frågade närmaste vägen till Fjalars gård,och Skrymer utpekade riktningen. Därefter reste han sig med hela sin längd och var med några steg försvunnen ur Tors åsyn.

Om nu, såsom sannolikt är, Loke rådde Tor att vända om, så skämdes dock Tor att göra det, utan fann han det bättre anstå sig att fortsätta äfventyret, hvilken utgång det än finge. Mörkt eller halfmörkt var det ännu alltjämt, ty någon riktig dager har Fjalars rike aldrig.

När de gått ett drygt stycke väg, skymtade framför dem en den största byggnad, mer högrest, tycktes det, än Valhall. Snart stodo de framför porten till omgärdningen. Den kunde Tor ej få upp; men han kröp in mellan spjälarna i stängslet, och Loke följde honom. Nu sågo de framför sig en väl upplyst sal, hvars dörr var uppslagen, och de stego in. Fjalar satt där i högsätet, och på bänkar kring väggarna sutto hans fränder och husfolk.

Så långa som Skrymer voro de på långt när icke; men de flesta likväl så stora, att Tor i jämförelse med dem torde liknat en halfvuxen pojke. De båda färdemännen gingo fram och hälsade höfdingen. Denne bjöd dem välkomne och sporde hvad piltarne hette. Tor och Loke sade sina namn. Borden gjordes i ordning för en måltid, hvari de främmande bjödos att deltaga. Medan man spisade, föll talet på idrotter. Fjalar berömde sina män där i salen för skicklighet i hvarjehanda sådana, och frågade, i hvilka idrotter gästerna voro bäst öfvade. Loke svarade, att han trodde sig innehafva konsten att äta fort och mycket; i öfrigt vore han icke idrottsman. Fjalar skrattade och sade: "midt emot dig vid bordet har du min tjänsteman Loge. Han öfvar samma konst och kunnen I nu kappas". Där frambars ett aflångt fat, fylldt med kött, och ställdes mellan dem tvärs öfver bordet.

Båda åto nu allt hvad de förmådde och möttes midt i fatet. Då hade Loke ätit allt köttet på sin hälft af detsamma; men Loge både köttet och benen och fatet dessutom. Fjalar sporde nu Tor i hvilka idrotter han vore förfaren. Tor svarade, att han där hemma i Asgard gällde för att vara en god brottare och ansågs äfven kunna lyfta tung börda och dricka försvarligt. Då fylldes mjödhornen öfver lag.

Framför Tor stod ett, som ej var större än de andres. Desse tömde sina i botten; men Tor, fast han drack så mycket han orkade, kunde knappt se, att mjödet i hans horn hade sjunkit något.

Detta förtröt honom i hans själ, och han fann sig liten och obetydlig i jämförelse med dessa jättar.

Sedan man hvilat sig på måltiden, sade Fjalar: "Tor talade om, att han kan lyfta tung börda. Släpp in min katt i salen, och låt oss se, om Tor kan lyfta honom. Här är detta en lek för barn." I detsamma kom en stor grå katt fram på golfvet. Tor tyckte nog, att Fjalar förnärmade honom med ett sådant förslag; men nu förekom han sig själf så ringa, att han teg och gjorde som Fjalar ville. Han lade sin hand under magen på katten och lyfte; men allt eftersom han lyfte, sköt katten rygg, och högre upp kunde han icke få honom, än att katten stod med tre af sina fötter kvar på golfvet. "Det kommer sig däraf", sade Fjalar, "att Tor är så lågvuxen. Annars hade det väl lyckats. Nu lär Tor efter egen utsago vara en skicklig brottare, och jag önskar se honom bevisa det. Med någon af mina män här inne vill jag dock icke, att han försöker sina krafter; ty då skulle det gå honom illa. Men ropa in min fostermor Elle!"

I detsamma inträdde i salen en käring, som såg mycket ålderstigen och skröplig ut. Tor skulle vägrat att brottas med henne, men hon grep tag i honom och han måste.

Han fann, att hon var vådligt stark; ju fastare han tog i, dess fastare stod hon. Knep mot henne ville han dock icke nyttja, för att få henne omkull. Men Elle kunde ej heller med ärliga medel besegra Tor; då satte hon "käringkrok" för honom och fick honom ned på ett knä. Fjalar sade nu, att brottningen skulle upphöra, och de båda motståndarne släppte hvarandra. Tor vardt djupt nedslagen och väntade att bli beskrattad af Fjalars män. Men underligt nog sutto desse och sågo helt häpne ut.

Förödmjukad som han var, ville Tor lämna Fjalars borg genast; men denne bad honom och Loke stanna kvar till följande morgon, och de bemöttes allt intill sin affärd med uppmärksamhet och aktning. Ingen skämtade med deras underlägsenhet. När de följande morgon begåfvo sig på väg, följde dem Fjalar ett stycke, och så uppfylld var han af förvåning och beundran öfver hvad Tor uträttat, att han icke kunde tiga med sanningen.

Han visade Tor en klippa, som hade tre fyrkantiga djup.

"Där ser du", sade han, "märken af dina tre hammarslag. De träffade berget, men icke mitt hufvud, ty jag är mästare i synvillor. Synvillor var det mesta, som du hos mig erfarit. Loge, som åt i kapp med Loke, är min tjänare eldslågan. Hornet, hvarur du drack, stod i hafvet, men det såg du icke. Katten, som du lyfte, var Midgardsormen; det såg du ej heller. Den gamla, med hvilken du brottades, och som icke utan knep kunde vinna en half seger öfver dig, är ålderdomen, som besegrar den starkaste. Nu skiljas vi åt, och jag önskar icke att se dig mer som gäst, ty du blir farlig för oss alla. Men kommer du, så är jag mästare nog i trolska konster för att kunna med sådana värna min borg." Efter dessa ord försvann Fjalar. Tor och Loke återvände till Asgard.

Från en senare tid förtäljes denna sägen så, att icke blott Loke, utan äfven Tjalve och Raskva, Egils fosterbarn, följde Tor på färden till Fjalar, som i den berättelsen kallas Utgardaloke, samt att Tjalve bar Tors matsäck, tills de första natten lade sig att hvila i Skrymers vante. Under natten inträffade den af Skrymers snarkningar orsakade jordbäfningen. Då Tor fram mot morgonen gick ut och fick se jätten, ville han slå ihjälhonom; men denne vaknade i detsamma och frågade, om Tor ville hafva honom till reskamrat. Därtill jakade Tor. Skrymer föreslog, att de skulle förena sin vägkost, och då Tor därtill samtyckte, lade Skrymer all maten i en påse och bar den på ryggen. Sedan vandrade de tillsammans hela dagen och lade sig om kvällen att hvila under en stor ek. Skrymer somnade. Tor tog då matpåsen och skulle öppna den, men kunde icke få upp knutarne. Då vredgades han, grep sin hammare och slog Skrymer i hufvudet. Skrymer vaknade och frågade, om ett blad fallit ned på honom.

Därefter somnade han åter. När Tor vid midnattstid hörde honom snarka, tog han hammaren och slog honom midt i hjässan. Skrymer vaknade och frågade, om ett ollon fallit ned på honom.

Sedan han fram på morgonen åter börjat snarka, sprang Tor upp, svingade hammaren, slog jätten i tinningen och märkte, att hammaren sjönk ned ända till skaftet. Skrymer vaknade och förmodade, att något ris fallit ned på honom från trädet. Därefter åtskildes de, sedan Skrymer utpekat vägen till Utgardaloke och sökt skrämma Tor för de farlige kämparne därstädes.

Vid de täflingar, som sedan ägde rum i borgen, uppträdde äfven Tjalve och täflade i kappspringning med en liten pilt, som hette Huge. Tjalve besegrades, ty Huge var jättehöfdingens hug (tanke), som hann till målet förr än han. Om Tor säges det, att han vid dryckestäflingen drack så mycket, att hafvet märkbart sjönk, ehuru detta föga syntes i hornet.

16 - Tors färd till jätten Hymer

Asagudarne voro en dag samlade till ett festligt samkväm, där man vid måltiden pröfvade och fann behag i steken af vildt, som jagats och fångats i skogen. Mycket vardt drucket, medan denna rätt förtärdes, och under inflytandet af det rikliga drickandet kommo nya tankar och förslag att omordas.

Så framställdes den mening, att de makter, som upptagits i fredsförbundet med asarne, voro underordnade och hade att visa dem sin undersåtliga vördnad genom att, åtminstone en gång om året, mottaga dem i sina boningar och där sörja för godt underhåll.

Tanken slog an, och innan man steg upp från bordet, hade man med lottning afgjort, hvem som vore lämpligast att börja hos. Lotten hade gifvit tillkänna, att hafsjätten Öger skulle bli gudarnes förste värd och att han hade råd att bjuda dem riklig undfägnad. Det beslöts också, att Öger skulle därom genast underrättas; Tor spände för sin char och for dit. Öger satt på sin klippborg ute i hafvet, när asaguden kom. Tor frambar ärendet i befallande ton och med en skarp blick in i jättens ögon. Öger svarade icke nej till ärendet; men han var förnärmad af Tors uppträdande och uppgjorde genast sin hämndeplan. Han ville, sade han, gärna emottaga asarne i sin borg och bjuda dem det mjöd han förstod att brygga; men för att mjödet skulle varda så rikligt som en sådan fest kräfde och han själf önskade, behöfde han en mycket större bryggkittel än han nu ägde. Han angaf måtten, som voro mycket stora, och torde sagt sig vara öfvertygad, att Asator skulle kunna anskaffa den. När det skett, vore asarne välkomne till honom vid den tid på året, då linet bärgas. Med det beskedet återvände Tor till Asgard och meddelade det till sina fränder. Men en kittel, så stor som den Öger önskade, fanns icke i Asgard, och man undrade, om en sådan fanns i hela världen. Kitteln kunde visserligen beställas hos underjordskonstnärerna; men Tyr tog sin vän Tor afsides och sade sig kunna ge råd. "Du vet", sade han, "att jag är styfson och fosterson till jätten Hymer, som bor å andra sidan Elivågor i yttersta Norden. En kittel så stor som den du lofvat Öger finns hos honom." — "Men hur kan man få den?" — "Endast med list, min vän", sade Tyr; "vi måste begifva oss dit och försöka." Tor, som älskade äfventyr, fann det behagligare att följa detta råd än att bedja konstnärerna om hjälp.

Detta var just hvad Öger uträknat. Han visste, att Hymer, och han allena, hade en kittel af de angifna måtten, och att Tor, för att anskaffa den, måste göra en färd till denne ytterst farlige frostjätte, känd för att vara "storm-ögd". Den, som är stormögd, kan, när han riktar vredgad blick på någonting, urladda ur ögonen en förstörande kraft; men är urladdningen gjord, dröjer det en tid, innan hans ögon återfå tillräckligt ämne därtill.

Tyr kände till den saken och bad Tor vara på sin vakt och lyda de råd, som de nog skulle få af husmodern på stället, Tyrs moder.

Från Asgard till Elivågor, där Egils borg, Ysäter, är belägen, är det för Tor en dagsresa, när han åker efter sina bockar. Han tog Tyr med sig på sin char.

Människorna i Midgard hörde åskan dåna, och deras fält fingo uppfriskande skurar, där asarne foro fram. Mot kvällen anlände de till Ysäter och välkomnades af Egil och Groa. Bockarne afselades, och charen ställdes in mellan de väggar, där den vid Tors besök alltid har sin plats. Tor far aldrig efter sitt bockspann öfver Elivågor, utan vadar öfver detta vattendrag, och han färdas alltid till fots i Jotunheim.

Medan han är där, vakta alfkrigarne i Ysäter hans dragare och resedon. Tor är en ypperlig vadare, och intet vattendrag, hur djupt det må vara, hindrar honom, ty han har den egenskapen, att i mån af vattnets djup växer hans egen höjd, så att vattnet aldrig når honom högre än till starkhetsbältet, fast det händer, att böljorna, om sjögången är stark, kunna slå honom upp mot skuldrorna. När han kommit i land, återfår hans kropp sin vanliga längd.

Tor gaf sig denna gången icke tid att stanna och förpläga sig hos Egil. Han begaf sig med Tyr öfver Elivågor, sedan han, som vanligt, uppryckt en rönn vid stranden, för att hafva den till staf under vadandet.

Sedan de gått, kom Loke till Egils borg, i hvilket föregifvet ärende är okändt, och emottogs gästvänligt.

Kvällsmat skulle nu beredas, och som Tors bockar funnos att tillgå, beslöt man, att den ene af dem skulle slaktas.

Detta kan utan fara ske, om man blott iakttager, att den slaktade bockens ben blifva i oskadadt skick nedlagda på det afflådda skinnet, ty när Tor svänger sin hammare öfver lämningarna och signar dem, står bocken upp igen, lika stark och kry som någonsin.

Vid kvällsmaten pratade Loke med fostersonen på stället, den unge Tjalve, och narrade honom att med knifven klyfva ett af bockens lårben för den läckra märgens skull. I god tid, och innan Tor och Tyr återkommit från Jotunheim, begaf sig Loke därifrån.

Från Elivågor är det ett tämligen långt stycke väg genom skogvuxna klyftor och förbi berg, i hvilkas hålor de jättar, som höra till Hymers släkt, ha sina bostäder. Bland dessa finnas åtskillige, som ännu till utseendet likna de flerhöfdade rimtursarne. Så gjorde äfven Hymers moder.

När de båda asarne hunnit fram till gården och stigit in i salen, emottogos de vänligt med välkomsthornet af Tyrs vackra och guldprydda moder. Hymer själf var ute på jakt. Salen var stor och uppbars af väldiga stenpelare. På en pelare vid gafveln hängde åtta kittlar. En af dem var den eftersökte.

Emot aftonen, när Hymer väntades hem, rådde hans hustru Tor att med Tyr gömma sig bakom gafvelpelaren, där kittlarne hängde, ty, sade hon, "min man är ofta icke just vänlig mot gäster, och han är snar till vrede".

Där sutto de, när Hymer, sent om kvällen, inträdde i salen. Ispiggar skramlade kring honom, och hans kindskägg var fruset. Husfrun hälsade honom välkommen från jakten och meddelade den glada nyheten, att sonen Tyr, den länge väntade, kommit på besök. Så till vida var allt godt, men då hon tillade: "med honom har Tor, människornas vän, kommit hit", fingo Hymers stygga ögon det utseende, som bådade urladdning. Då sade den kloka kvinnan: "se bort till gafvelpelaren! där bakom gömma de sig." Hymer såg dit och kraften i hans ögon bröt ut med sådan våldsamhet, att pelaren, så tjock han var, brast itu och kittlarne gingo sönder och föllo i golfvet. Blott en, den största och hårdast smidde, förblef hel. Nu trädde asarne fram och hälsade, och den gamle jätten mätte med blicken sin ätts ryktbare fiende, Midgårds värnare, från hjässan till fotabjället. Och utföll den mönstringen så, att Hymer tyckte det vara bäst för sig själf att visa sig höflig och uppfylla en värds skyldigheter. Tre oxar slaktades och kokades till kvällsmaten. Af dem åt Tor ensam upp de två. Det förtröt Hymer, och han kunde icke låta bli att säga: "i morgon få vi lefva af den föda, som vi kunna fånga oss ute." Följande morgon föreslog Tor, att de skulle fara ut på fiske, och frågade hvad slags agn hans värd nyttjade.

Hymer, som hade stora och vildsinta jättetjurar i sin hjord, sade: "gå till min hjord, om du törs, och tag dig agn där af en oxe". Tor gick till skogen och kom snart tillbaka med hufvudet af en svart tjur; ej heller nu kunde Hymer undertrycka sin förargelse. Så gingo de ner till Elivågor med sina fiskedon. Hymer lösgjorde en båt och satte sig till årorna, Tor tog plats på aktertoften. När de rott ett stycke ut på fjärden, lade Hymer upp årorna. Tor ville att de skulle ro längre ut; men det vägrade jätten bestämdt, troligen därför att å motsatta kusten bodde jättefienden Egil, som plägade på skidor göra färder å vattnet, väpnad med en båge, hvars pilar icke förfelade sitt mål. Det var därför rådligast att icke våga sig för långt från jättestranden.

Hymer och Tor firade ut sina fiskelinor. Hymer hade god fiskelycka och drog på en gång upp två hvalar.

Tor hade fästat tjurhufvudet på sin krok och fick ett väldigt napp. Det var Midgardsormen, som slukat agnet.

Han var redan då ett vidunder af förfärande storlek och styrka, ehuru på långt när icke så stor, som han till slut skall bli. Tor halade in linan, fast ormen stretade emot, och han fick det fula hufvudet upp mot relingen.

Hans ena hand höll linan; den andra ryckte hammaren ur starkhetsbältet och gaf ormen ett slag i skallen. Det var ett hårdt slag, och ormen tjöt och vältrade sig, så att det genljöd ur djupet och jorden skalf. Men lös kom han och sjönk åter ned i hafvet. Nästa slag af Tors hammar får han icke förr än i Ragnarökstriden.

När efter slutadt fiske Hymer rodde tillbaka med sin gäst, satt han dolsk vid årorna och sade icke ett ord. Några vilja veta, att när Tor med sin hammar slog Midgardsormen i hufvudet, afskar Hymer hans fiskelina, så att Midgardsormen på det sättet kom lös, samt att Tor i förargelse häröfver gaf Hymer en örfil, så att han föll omkull i båten. Huru än härmed förhöll sig, visst är, att Hymer var vid dåligt lynne. När de kommit i land, frågade han, om Tor ville bära hvalarne upp till gården eller göra fast båten. Tor tog båten, men band den icke vid stranden, utan bar den med ösvatten och åror hela vägen upp till jättens sal. Däri gjorde Tor klokt, ty på det sättet betryggade han sig obehindrad återfärd öfver Elivågor. När de kommit hem, ville jätten se andra prof på Tors styrka. Det sista profvet han begärde var att se, om Tor kunde lyfta hans store bryggkittel och bära den ut ur salen. Det var nog Tyr, som lockade Hymer att föreslå det profvet. Själf gjorde Tyr två försök att lyfta den, men fick den ej ur fläcken.

Tor grep tag i kittelns rand och spände fötterna därvid så hårdt mot golfvet, att han trampade igenom det.

Kitteln lyfte han upp på sitt hufvud och bar den så ut ur salen. Tyr följde honom och de kommo icke igen. När de läto vänta på sig, anade Hymer oråd och skyndade ut. De båda asarne hade så brådt om, att de sprungit ett godt stycke, innan de sågo sig om. Då märkte de, att de voro förföljda. En hel jätteskara kom rusande ut ur sina hålor och följde Hymer. Då måste Tor lyfta ned kitteln och taga sin hammare. Tyr bistod honom manligt, och lyktade striden så, att angriparne stupade. Därefter kommo asarne oantastade öfver Elivågor till Egils borg.

Här mottogos de med glädje. Tor signade sin slaktade bock med hammaren och han stod upp, bockspannet spändes för charen, och med den lyckligt förvärfvade kitteln skulle nu färden fortsättas till Asgard. Men långt hade de icke åkt, förrän den ene bocken blef lam i ena benet. Tor for tillbaka till Egils borg och förhörde sig om hvad som kunnat vålla detta. Tjalve bekände då, att han klufvit den ena lårpipan för märgens skull. Tor var mycket vred och kräfde af Egil vederlag för skadan.

Dock gick vreden sin kos, när han såg, huru bedröfvad hans vän var öfver Tjalves oförståndiga gärning. "Tag", sade Egil, "mina fosterbarn i vederlag; något bättre kan jag väl icke ge dig." Och Tor tog Tjalve och Raskva i böter, så nämligen, att han vardt deras fosterfader och lät Tjalve få del af sina egna bragders heder.

17 - Tors fälttåg mot jätten Geirraud

För den, som iakttog tidens tecken, var det tydligt, att jättarne vordo med hvarje år, som gick, djärfvare och farligare. Egil med sina alfer hade mycket att göra för att hålla dem inom deras gränser.

Allt som oftast for han på sina skidor omkring å de stormiga, töckenhöljda och trolska Elivågor för att utspeja deras företag.

Två svåra envigen hade han haft att bestå, det ena med jätten Koll, det andra med hans vilda och starka syster Sela, och lyckats fälla dem båda. Han och hans alfer voro hjärtligt hatade af jättarne för den trägna och käcka vakttjänst de höllo. Ej minst var Egil en nagel i ögat på jätten Geirraud, höfding för en talrik och stridslysten jättestam och fader till de ryktbara jättinnorna Greip och Gjalp. Loke, som, med och utan gudarnes vetskap, ej sällan uppsökte sina fränder i Jotunheim och rådgjorde med dem, blef ense med Gjalp och Greip om en plan till Egils och hans alfers fördärf och, om möjligt, äfven till Tors.

I Asgard talade Loke med Tor om Geirraud och hans folk som om mycket farliga jättar, hvilka det vore alldeles nödvändigt att näpsa. Tor borde, menade Loke, göra ett ordentligt fälttåg emot dem, följd af Egil och hans stridsmän. "Men akta dig att göra det", sade han, "om du icke tror dig god nog till företaget, ty farligt är det."

Tor lät Loke icke länge egga sig att uppsöka "de brådbranta fjällaltarnes tempelpräst" Geirraud. Han bad Loke skaffa noggranna underrättelser om vägen till Geirrauds gård, och denne gaf honom beskrifning på en väg, om hvilken han försäkrade, att en truppstyrka kunde på den framtränga utan att möta trånga pass eller svåra vattendrag. "Gröna stigar", sade han, "ligga till Geirrauds väggar." Tor körde då till Egils borg, och när han mot aftonen kommit dit och omtalat sitt uppsåt att i spetsen för borgens stridsmän uppsöka Geirraud och hans släkt för att tukta dem, vardt det mycken fröjd bland Egils kämpar, och de rustade sig att följande morgon vara färdiga till uttåget.

På utsatt tid bröto de upp och satte öfver Elivågor, Tor vadande, Egil och Tjalve på skidor, de öfriga i båtar, och ryckte till fots in i Jotunheim på den väg, som Loke hade anvisat. Loke var icke med; det aktade han sig visligen för. Ej heller saknades han af någon, ty han stred på långt när icke så käckt med vapen som med sin skarpa, mångordiga och lögnaktiga tunga. Men hvad Tor icke anade var, att Loke låtit Geirraud veta, att asaguden och hans stridsmän vore att vänta. Jättarne beredde sig på att mottaga dem, och ett försåt var planlagdt på den af Loke förordade vägen. Jättekvinnor höllo utkik från bergen och hastade till sina män för att underrätta dem om fiendernas framryckande.

Vägen såg till en början lofvande ut, och äfven vädret var drägligt. Efter hand ändrade sig detta.

Man kom in i en fjälltrakt, som tedde sig allt vildare och hemskare, och i samma mån slog vädret om och vardt ohyggligt. Stormvindar frambrusade mellan bergen, svarta molnmassor seglade utefter fjällsidorna, och skurar af hagel störtade ned. Och när dalen gjorde en krök, sågo Tor och hans kämpar framför sig en älf, i hvilken digra strömmar, svällande af hagelskurarne, nedvältrade från bergen med fräsande isvatten och stängde deras väg.

För Tor, om han varit ensam, hade detta ej utgjort hinder, ehuru det äfven om honom gäller, att han vid vadande måste anstränga sig i mån af forsens våldsamhet.

Men för hans kämpar såg det värre ut. Här i de hvirflande vattenmassorna kunde Egil och Tjalve icke bruka sina skidor, och deras alfkämpar icke sin simkonst. Tor fick röna, att Loke var en bedräglig vägvisare. Han hade sagt, att ingen älf stängde den af honom angifna leden.

Det gällde nu att finna ett vadställe för stridsmännen, och det var ingen lätt sak. Tor gick ut i älfven och undersökte bottnen med tillhjälp af sin staf, "väghjälpens träd". Han fann ett vadställe och anvisade det. Själf beslöt han gå fram i det djupa vattnet där nedanför.

Han såg med nöje, att Egil och Tjalve och deras kämpar icke visade tveksamhet. Med god förtröstan stego de i vattnet, och vadandet började. Tor gick lugn och trygg, men måste ha blicken riktad ej endast på forsen och på sina ledsagare, utan ock på motsatta stranden och landet där bortom, ty det tycktes honom, att det myllrade någonting mörkt där borta, som kunde vara en annalkande jätteskara.

Ofvanför fjällbranterna, hvarifrån skummande strömmar vräkte sig ner i älfven och ökade dess vattenöfverflöd, såg han jättinnor stå, som nog bidrogo därtill. Det var Greip och Gjalp och deras leksystrar.

Alfkämparne satte med kraft fötterna mot älfbottnen, och som stafvar nyttjade de sina spjut, som de strömledes sköto ned mot den steniga bottnen. De flockade sig tillsammans till ömsesidig hjälp, så godt som vadställets smalhet tillät det. Främst gick Egil. I midten af de andre den hurtige Tjalve.

Klangen af spjuten, när deras metallbroddade ändar stötte mot bottenstenarne, blandade sig med dånet af hvirflarne, som brusade kring älfvens klippblock. Men floden steg oupphörligt i höjd och våldsamhet.

Tor själf, den storvuxne Odenssonen, märkte, att han måste använda sin inneboende förmåga att skjuta i höjd i mån af vattnets ökade djup. Mycket värre var det för Egil och hans stridsmän. Strömgången vardt för strid för spjuten, som de stödde sig mot. Hvirflarne ville beröfva dem fotfäste och lyfta dem med sig, vattnet höll på att växa dem öfver hufvudet, och det yrande skummet slog hvita dok öfver deras hjälmar. Så kom en hafsflodsvällande bölja, som de icke kunde motstå; hon nådde själfve Tor till skuldrorna. Egil, "vinddrifven i flodmarkens drifvors (de hvitskummiga vågornas) storm", störtade mot asagudens axlar och slog armarne kring hans hals. Tjalve och de andra stridsmännen lyftes på en och samma gång af den sjudande böljan; de grepo tag i hvarandra och drefvos i en knippa ned emot Tor. Tjalve fick ett duktigt grepp i hans starkhetsbälte och räddade därmed sig och de andra. Så många af dem, som fingo rum, hängde sig i starkhetsbältet rundt omkring guden; de andre höllo fast i kamraterna. Med Egil på sina skuldror och med en mängd af kämpar kring sin midja och i släptåg vadade Midgårds värnare, den väldige Asator, genom vilda flöden. Geirrauds jätteskara hade nu hunnit ned mot stranden. Jättarne hade fördröjt sig något föratt njuta det skådespel, som alfkämparnes kamp med flodhvirflarne beredde dem och som de väntade skola slutas med dessas undergång. Men nu, när de sågo dem räddade ur "flodmarkens drifvor", rusade de med vilda skrän fram till älfkanten och svängde i luften sina stenbeväpnade slungor. Men nu hade också Tor hunnit i smult vatten. Hans kämpar voro på fötter igen; Egils båge klingade; slungstenarne möttes af susande spjut och hvinande pilar. Blott några steg, och skarorna drabbade samman bröst mot bröst, och öfver vimlet af de stridande lyfte sig och föll i täta slag Tors hammare. Det var en hård strid, hvari jättarne ådagalade trotsigt mod, och mången alfkämpe fick minnesbetor. Men den slutade med Midgardsvännernas seger.

Asahammaren krossade hvad den träffade, och hvad som efter striden återstod af Geirrauds utsända skara flydde uppåt dalens klyftor tillbaka till sin höfdings gård. Tor och hans vänner Egils "med idrottsinne borna skräckskara", drog djupare in i Jotunheim, ledsagade af jättekvinnors vilda tjut uppe ifrån fjällbranterna.

Så kommo de ändtligen till Geirrauds gård. Inne i hans bergsalar var allt hans husfolk, alla de från striden undkomne jättarne, samt

Greip och Gjalp och andra starka och vildsinnade jättinnor samlade. När man hunnit fram, räckte Tor sin staf, den ur skogen uppryckta rönnen, till Egil för att han skulle använda den som vapen, ty här förestode ett handgänge, hvari "stridsladans rågs stänglar" (kogrets pilar) ej kunde vara till gagn. Så ryckte Tor upp den tunga stendörren, och han och Egil inträdde främst och jämsides i jättens dryckessal.

Geirraud, som stod i sitt högsäte vid salens motsatta gafvel, slungade mot Tor en glödgad järnbult med sådan fart, att Egil raglade vid luftdraget; men Tor mötte med sin hammare järnet i flykten och sände det tillbaka så, att det genomborrade Geirraud och slog in i bergväggen bakom honom. Efter Tor och Egil stormade alferna in i salen. Det blef blodig kamp och svår trängsel. Egil svängde "väghjälpens träd", Tor hammaren. Gjalp och Greip störtade sig mot Odenssonen och brottades med honom; för att varda dem lös måste han göra ett grepp, som bräckte deras ryggben. Alla bergsalens inneboar lågo slagna, innan segervinnarne lämnade Geirrauds gård, och utan vidare äfventyr tågade de tillbaka genom Jotunheim och kommo till Egils borg, där de höllo ett muntert gille, innan Tor på sin char for genom luften till Asgard.

Loke, bedragaren, borde råkat illa ut. Men nu, likasom då han ställdes till rätta för att han hade narrat Tjalve, visste han att med hal tunga och skenfagra ursäkter fria sig från straff.

18 - Tors hammare var stulen

Tor har haft två hammare. Den som hittills blifvit omtalad är ett godt konstverk, gjordt af hårdaste sten, blankfejadt och skinande och laddadt med vafereld i gryet.

Men som det sedan visade sig, hade den icke alla upptänkliga goda egenskaper. Denne äldre hammare har, likasom den yngre, varit kallad Mjölner ("krossaren").

Tor hade under någon af sina utflykter lagt sig att sofva. När han vaknade, var hans hammare försvunnen. Det var en obehaglig upptäckt. Himmelens och jordens säkerhet berodde på detta vapen. Tor kände sig så förfärad, att han skälfde, hvilket annars icke plär hända honom. Han letade på marken rundt omkring, men gagnlöst.

Farligt var det också att tala om förlusten. Ty om jättarne finge veta om den, skulle den öka deras mod och mana dem till angrepp på Midgård. Men tiga och intet göra var också farligt. Så beslöt Tor att meddela den fyndige och rådsnabbe Loke hemligheten. Icke därför att Tor just trodde på honom.

Men Loke hade skäl att ställa sig väl med Tor och skingra det misstroende denne hade anledningar att hysa. "Märk, Loke, hvad jag nu mäler", sade Tor, "och hvad ingen i himmelen eller på jorden vet: från asaguden är hammaren stulen." "Dettorde hjälpas", sade Loke, "om du kan ställa det så, att jag får låna Fröjas fjäderham." De gingo då till Folkvang och trädde in i Fröjas sal, och Tor bad henne om lånet. Kär, som Tor är, för alla gudar och människor, svarade Fröja, att hon gärna lånade honom den, vore den aldrig så dyrbar. Loke iklädde sig fjäderskruden och flög med susande vingslag ur Asgard till Jotunheim. Det är sannolikt, att han på förhand visste, hvem som stulit hammaren, ty han tog raka vägen till jätten Tryms gård. Trym, turshöfdingen, satt på sin utkiksskulle utanför gården, snodde guldband åt sina hundar och kammade sina hästars manar. Loke och han voro gamla bekanta, och Trym begrep, i hvilket ärende han kom. "Hur står det till hos asar och alfer, och hvarför kommer du nu till Jotunheim?" sporde han. "Det står illa till hos asar och alfer", sade Loke, "och det är väl du, som gömt Tors hammare?" Det erkände Trym genast, ehuru han förtegat det för alla andra. Tors hammare duger icke i hvilken hand som helst, och den hade för tjufven intet annat värde än det vederlag han kunde få för dess återlämnande. "Jag har", sade Trym, "gömt hammaren åtta raster nere i jorden och ingen får den, som icke hitförer Fröja som min brud." Med detta besked flög Loke till Asgard. Tor stod på borgens gård och väntade otålig och lät icke Loke sätta sig, innan han omtalat ärendets utgång. "Säg det i luften", sade han, "ty ofta är den sittandes tal föga pålitligt, och den hvilandes ord fulla af lögn." Loke frambar sitt ärende. Tor gick då till Fröja, omtalade för henne, hur det var, och bad henne för gudars och människors bästa att kläda sig i bruddräkt och sitta upp i hans char och följa honom till Trym.

Men vid blotta tanken på en så ovärdig brudgum häfde sig Fröjas barm så häftigt, att länkarne i hennes bröstsmycke Brisingamen brusto. Hon ville icke höra ett ord mer därom. Då måste gudarådet sammankallas: asarne gingo till tings och asynjorna till rådstämma för att besluta om hvad som skulle göras. Heimdall stod upp och föreslog, att Tor skulle klädas i brudlin och smyckas med Brisingamen och föras till Trym, som om han vore Fröja. Tor stod därefter upp och sade, att det ville han visst icke göra; han skulle bli utskämd och kallas en karlkvinna, om han läte kläda sig i bruddräkt. Loke stod då upp och sade till Tor: "hämtar du icke din hammare, då varda jättarne herrar i Asgard." Tor lät då bekväma sig därtill, och asynjorna klädde honom till brud. Hans blonda skäggfjun klipptes bort, hans hår sattes upp efter kvinnobruk och pryddes med band och spetsar, man påtog honom en veckrik klädning, vid bältet fästes en nyckelknippa, och bröstet pryddes med Fröjas Brisingamen. Tor var ung och vacker och smärt om midjan. En ståtligare brud kunde man knappt få se; men väl mycket bred öfver härdarne var den väldiga ungmön. Detta var en lek i Lokes smak, och han bad att få följa med, klädd som brudtärna. Tors bockar drefvos hem från betet på de saftiga Asgardsängarne och spändes i sina skaklar. Den, som fått sitt lårben skadadt, var längesedan läkt genom helande konst och galdersång.

Färden gick snabbt, men med blixt och brak, ty Tor var i sin bruddräkt icke vid bästa lynne. När Trym såg dem komma, befallde han sina jättar att bona sal och bänkar och duka bord. "Mycket har jag som fröjdar mitt hjärta, rika skatter och många smycken, kor med guldhorn och svarta oxar; Fröja allena saknade jag. Fören nu in i salen Fröja, min brud, dottern af Njord från Noatun!"

Så skedde med högtidlighet. Tidigt på aftonen satt man kring bordet vid fyllda fat och dryckeshorn. Bruden satt vid jättehöfdingens ena sida, och Trym såg förälskad på henne; å andra sidan hade han brudtärnan. Men förvånad vardt Trym öfver Fröjas matlust. Tor förstod sig icke på att vara behagsjuk. Han åt ensam upp en hel oxe, åtta laxar och alla de sötsaker, som uppdukats för fruntimren, och han sköljde ned det med tre mål mjöd.

Trym hviskade till brudtärnan, att han aldrig i sin lefnad sett en ungmö äta och dricka så mycket på en gång. Loke sade det vara väl förklarligt, ty Fröja hade så längtat till Jotunheim, att hon hungrat och törstat i åtta dygn. Längre fram på aftonen ville Trym kyssa sin utkorade. Han lutade sig emot henne under det fina brudfloret, men flög häpen tillbaka och sade till brudtärnan:

"Hvad Fröjas ögon kunna ge skarpa blickar! Det var som brann det eld i dem!" "Det är varmaste kärlekseld", försäkrade Loke, "hon har trånat till dig så, att hon icke sofvit på åtta dygn."

Så kom kvällen, och vigseln skulle äga rum. Då befallde Trym, jättehöfdingen: "Bären in hammaren Mjölner till brudens vigning och lägg den i hennes knä!

Vig oss sedan samman med löfte och ed!" Hammaren bars in. Då log Tor i sitt hjärta. Den lades i hans knä. Då grep han om den, och hvad som sedan skedde behöfver icke sägas. Han drap hammartjufven och hela hans släkt. Med Mjölner i brudbältet återvände han till Asgard.

19 - Huru Asgård fick sin vallgördel och Oden sin häst

Trym hade velat få Fröja till sig i Jotunheim. Det var många jättar som ville det. Men olyckliga hade gudar och människor varit, om de urtida frostmakternas afkomma fått kärlekens och fruktsamhetens gudinna i sitt våld.

En dag fingo gudarne veta, att en jätte sagt, att om han finge Fröja och sol och måne, så skulle han i gengäld uppföra kring Asgard en vall, som frostmakter och jättar aldrig kunde öfverstiga, äfven om de eröfrat hela den öfriga världen. Han hade tillsagt, att han kunde göra det på tre halfår. Det var Loke som omtalade detta för asarne, och han tyckte att förslaget var värdt att tänka på; man kunde ju låta jätten bygga vallen; sen vore det tid att se till, huru man skulle ställa med den äskade arbetslönen.

Asarne öfvervägde förslaget, dock hvarken i afsikt att bedraga jätten eller utlämna Fröja; och de läto genom Loke jätten veta, att de gingo in på hans anbud, om han kunde göra vallen färdig på en vinter utan någon annans hjälp; men om det efter sista vinterdagen fattades något på vallen, skulle han ingen lön ha.

Jätten antog förslaget på det villkor, att han finge begagna sin häst Svadelfare till arbetet. Loke tillstyrkte det, och det medgafs honom. Gudarne voro öfvertygade, att han icke skulle hinna med arbetet på utsatt tid. Då hade de utan kostnad fått en del af vallen uppförd, och den kunde ju fortsättas af andra händer efteråt.

Öfverenskommelsen bekräftades med ed, och jätten försäkrades om trygg vistelse i Asgard.

Första vinterdag började arbetet. Det hvilade hvarken natt eller dag. Om natten drog Svadelfare grus och sten, och asarne häpnade öfver de lass han orkade med.

Om dagen byggde jätten på vallen, och det gick med otrolig raskhet. Asarne började varda ängsliga, att arbetet skulle medhinnas, och Loke gick och fröjdade sig i sitt hjärta åt deras bekymmer. Då endast tre dagar voro kvar af vintern, var vallen så nära färdig, att knappt mer på densamma fattades än hvad som borde fattas till plats för porten. Då kommo asarne att tänka på att Loke, ehuru han upptagits i Asgard, var en jätte och mer än en gång gifvit dåliga råd och gjort sig skyldig till tvetydiga gärningar, ja till rent skadliga, ehuru man skyllt dem mer på okynne och kitslighet än på elakhet. Loke märkte, att hans trygghet i Asgard stod på spel och hade snart grubblat ut, huru han skulle ställa det så, att asarne, i stället för att vredgas på honom, skulle få skäl att tacka honom. Samma afton, då byggmästaren for ut efter sten med sin häst Svadelfare, kom ett sto springande från skogen och vrenskade åt hästen. Hästen blef vild, slet sig lös och sprang efter. Hela den natten måste arbetet hvila, och nästa dag var det ingen sten att bygga med. Stort bättre gick det ej de andra dagarne. Då jätten såg, att hans sak var förlorad, blef han ursinnig och rusade till strids mot gudarne. Därmed hade han själf förspillt den trygghet, som blifvit honom lofvad;

Tor ställde sig i hans väg och krossade hans hufvud. Hvem stoet var, vet Loke bäst. Han födde någon tid därefter ett gråhvitt föl med åtta fötter, som vardt den bäste häst i världen. Oden rider honom och han heter Sleipner. Sedan dess var Loke djupt föraktad af gudarne; men han gick fritt omkring som förut i Asgard, och ingen kunde vederlägga honom, då han sade, att han gjort gudarne de största tjänster genom att skaffa Asgard en för jättarne oöfverstiglig vallgördel och Oden den snabbaste och bäste af alla hästar. Sleipner kan hoppa öfver höga murar, och han är den ende, som kan spränga öfver vaferlågor.

Det återstod att i vallen insätta en lämplig port. Den borde varda ett konstverk af första ordningen, och gudarne ämnade därom vidtala underjordssmederna eller Ivaldes söner. Porten var icke färdig, när jätten Rungner, såsom sedan skall berättas, kom till Asgard. Men den kom snart därefter till stånd och är ett underbart verk.

20 - Täflingen mellan urtidskonstnärerna

Loke utfunderade en plan, som såg mycket förmånlig ut för asarne, men skulle draga de största olyckor öfver dem och världen.

Valand, Ivaldes son, hade nyligen smidt utomordentliga konstverk och skänkt dem till asarne: det ena var spjutet Gungner, som han förärade Oden; det andra var skeppet Skidbladner, som han gaf åt sin fosterson Fröj, Njords son och alffurstarnes höfding. Skeppet Skidbladner har alltid medvind; det kan hopvecklas som en duk och hållas i handen, ehuru det annars är så stort, att det kan bära samtliga asar, med allt hvad de behöfva för ett ledungståg, genom lufthafvet.

Valand hade gjort än ett konstverk som beundrades. Loke hade af kitslighet klippt af håret på Ivaldedottern Sif, Valands half syster, som sedan blef gift med Tor.

Valand gjorde henne af guld lockar, som fastnade och växte som annat hår.

Loke träffade någon tid därefter underjordssmeden Brock och ville slå vad om sitt hufvud med honom, att hans broder Sindre, Mimers konstskickligaste son, icke kunde göra tre kostbarheter lika goda som dessa. Sindre antog vadet och gick med Brock till sin smedja. Han lade ett vildsvinsskinn i ässjan och smidde däraf galten Gullenborste. Därefter lade han guld i ässjan och smidde däraf ringen Draupner. Slutligen lade han järn i ässjan och smidde däraf den yngre Mjölner, järnhammaren.

Brock skötte blåsbälgen, medan dessa saker tillverkades, och han oroades då hela tiden af en geting, som surrade kring honom och stack honom på hand och hals. Värst blef getingen, då järnet var lagdt i ässjan. Då stack han Brock mellan ögonen, så att blod rann och han släppte bälgen. Däraf fick hammaren det fel, att skaftet vardt något för kort. Getingen var den okynnige Loke. I öfverenskommelsen ingick, att underjordssmederna skulle, i likhet med Valand, förära asarne de smidda klenoderna.

Oden fick ringen Draupner, som har den egenskapen, att han hvar nionde natt framföder åtta ringar lika tunga som han själf. Fröj fick Gullenborste, som är af största gagn för växtlighet och åkerbruk. Tor fick järnhammaren, som försäkrades hafva den äldre hammarens goda egenskaper och dessutom den ovärderliga, att den icke kunde förloras, ty den återkomme i sin ägares hand, när helst han ville det, antingen han kastat till måls med den eller tappat den eller bestulits på den. Äfventyret med jätten Trym hade nyligen bevisat, huru viktig den egenskapen var.

Sindres gåfvor öfverlämnades till gudarne genom Brock, som begärde deras dom i det med Loke föreliggande vadet. Loke skröt med, att han, för att skaffa gudarne dessa dyrbarheter, satt sitt hufvud på spel. Vore det nu så, att Sindres smiden förklarades vara bättre än Valands, så hade han, Loke förlorat vad och hufvud.

Eftersom gudarne voro klenodernas ägare och de ende, som kunde pröfva deras värde, måste de åtaga sig domen och låta veta, att de efter fullgjord pröfning skulle afkunna den.

Loke var glad åt sitt påhitt. För sitt hufvud hyste han ingen rädsla. Men hvad han var säker på var, att huru än domen utfölle, skulle den väcka hätskhet mellan de täflande konstnärerna inbördes samt fiendskap åtminstone hos den tappande sidan mot gudarne.

Ditintills hade asarne och de store smederna varit vänner och de senare uppbjudit hela sin skicklighet för att gifva Asgard världsskyddande konstverk och sköna smycken. Hädanefter skulle förhållandet efter Lokes uträkning varda ett helt annat. Alldeles viss var han om att i fall Valand tappade, skulle det stå gudarne dyrt. Han hade noga iakttagit denne Ivaldesons skaplynne.

Valand var trofast och hängifven, så länge hans rättskänsla eller stolthet icke sårats, men annars oblidkelig och hänsynslöst hämndgirig.

21 - Järnhammaren prövas

Oden, iklädd guldhjälm, for ut att profrida Sleipner, den åttafotade hästen. Sleipner simmade med ditintills icke sedd snabbhet i lufthafvet. Han var uppenbarligen den bäste hästen i Asgard. Oden tog vägen öfver Jotunheim och såg ned på jättarnes bygder. Då hörde han där nedifrån en röst, som ropade: "Hvem är du med guldhjälmen? Det är en god häst du har." Den som ropade så var Rungner, som ansågs vara Jotunheims väldigaste kämpe, en jättarnes Tor. Rungner var Jotunheims-åskans herre vid denna tid - Farbaute, Lokes fader, hade varit det före honom - och hade en skinande häst, Gullfaxe, med hvilken han var i stånd att rida bland stormmolnen, och en till vigg formad hen (brynsten), som var ett farligt kastvapen. Egils träffande pilar fruktade han icke, och vakten vid Elivågor hejdade honom svårligen, ty han red så högt han ville öfver Egils borg. Dock hade Egil, likasom äfven Valand, i någon mån förmågan att med galdersång tillbakadrifva stormmolnen, som kommo från Jotunheim; men att städse passa på, när Rungner kom, var icke lätt. Hitintills hade dock Rungner aktat sig för att sammandrabba med Asator. Men i Jotunheim gick det rykte, att han var Tor vuxen.

Oden ropade ned till Rungner, som stod bredvid sin häst: "Så god häst som min finns icke i Jotunheim; det håller jag mitt hufvud på." "Det skola vi fresta", svarade Rungner och hoppade upp på Gullfaxe. Oden svängde om åt Asgard till, och det vardt nu en kapplöpning mellan Sleipner och Gullfaxe, och så ifrig var Rungner, att han knappast märkte hvar han var, när han, strax bakom Oden, sprängde in i Asgard genom den öppning i borgvallen, som var lämnad för den ännu icke insatta porten. Ryttarne hejdade sig utanför Valhallsdörrarna, och Rungner kände nog sin ställning betänklig; men när asarne gingo fram och bjödo den oväntade gästen in att dricka, och när han ej såg Tor ibland dem, blef han käck till lynnet, som vanligt, och steg in och satte sig på anvisad plats vid dryckesbordet. Här ställdes Tors stora dryckeshorn framför honom, och han tömde det i ett andedrag gång på gång. Ju mer han drack, dess stormodigare och skrytsammare vardt han.

Han kunde dricka ut så mycket mjöd som fanns i Asgard, sade han; och man borde tacka honom, om han icke bröte ned Asgardssalarne och sloge ihjäl asarne och toge Fröja med sig till Jotunheim. Asarne hade länge roligt af hans skryt, och Fröja själf ifyllde hornet åt honom; men när de ledsnat vid det, kallade de på Tor, som varit på en utfärd och nu hemkom. Tor steg in och frågade, huru det kom sig, att en jätte satt inne i Valhall, och hvem som gifvit Rungner säkerhet att vara där.

Rungner antog då en annan ton och sade, att Oden själf inbjudit honom, och att han stod under hans beskydd; men, tillade han, är det så, att du vill strida i ärlig kamp med mig, så svarar jag icke nej. Här saknar jag min sköld och min hen, och du vill nog icke dräpa vapenlös man. Men möt mig på min egen mark, i Griotunagard, om du har lust. Tor antog utmaningen, dag för tvekampen bestämdes, och det vardt öfverenskommet, att hvardera fick hafva en man med sig. Rungner red därefter hem på sin Gullfaxe. Hans kappridt med Oden och äfventyr i Valhall och det beslutade mötet omtalades mycket i Jotunheim, och alla jättar voro ense om, att det var dem af stor vikt, hvem som blefve segraren.

Det borde nu afgöras, hvem Rungner skulle ha till stridsbroder i det beramade mötet. Man väntade, att Tor skulle utvälja någon af de allra starkaste asagudarne eller också Egil till sin. Jättarne kommo på den tanken, att de mot denne skulle uppställa en gestalt, som genom sin oerhörda storlek och sitt förskräckande utseende kunde redan på afstånd ådraga sig asarnes akt och sänka deras mod.

Fördenskull gjorde de af ler ett otäckt beläte, som reste sig till en otrolig höjd, och för att gifva det själ och lif, insatte de hjärtat af ett sto i dess bröst och sjöngo trollsånger öfver det, tills det fick sinnen, medvetande och makt öfver sina lemmar. Lerjätten kallade de Mockerkalve och väntade stort gagn af honom.

Tor for till Egils borg vid Elivågor och satte in sitt bockspann där, såsom hans vana var. Tor var ensam, och det är sannolikt, att han räknat på att få Egil med till stridsmötet. Men Egil var ute på sin vakttjänst å Elivågor och kom icke hem den kvällen. Groa hade han skickat till Asgard. Tjalve erbjöd sig att i Egils ställe följa Tor, som tyckte om hans anbud och antog det, ehuru Tjalve ännu var väl ung för en tvekamp, sådan som här kunde väntas. Följande morgon satte de öfver Elivågor. Där stormade hårdt och rådde hisklig köld.

Regn och hagel piskade ned genom vägförvillande töcken, som drefvo öfver vattnet, och Tor tyckte, medan han vadade och hade den å skidor gående Tjalve vid sin sida, att Egil, i det väder som rådde, hade en hård tjänst att förrätta. Han sågs icke till, och långt kunde man ej heller se framför sig.

Tor och Tjalve stego i land å Jotunheimsstranden och gingo fram mot det öfverenskomna stället för mötet.

Innan de hunnit fram till Griotunagard, skönjde de Mockerkalves ofantliga skepnad resa sig mot synranden. Slik jätte hade Tor dittills hvarken sett eller hört omtalas, och han var bekymrad, huru det skulle gå med fostersonen. Hunne Tor i god tid att fälla Rungner, kunde han komma Tjalve till hjälp. Annars såge det illa ut.

De gingo vidare och funno nu Rungner med sköld och hen stå vid Mockerkalves sida. Rungners sköld var af sten och omtalad som mycket hård. Hård som sten var äfven Rungner själf. Så snart de fått godt sikte på hvarandra, lyfte Rungner henen och Tor järnhammaren. Båda siktade väl, den ene mot den andres panna. Hammaren och henen möttes med blixt och brak, och henen brast i stycken. Ett af styckena for med sådan kraft i hufvudet på Tor, att han föll till jorden med hensplinten fastsittande i pannan. Järnhammaren träffade Rungner i hufvudskålen, krossade hans hjärna och återvände mellan den å marken utsträckte Tors fingrar. Mockerkalve och Tjalve stodo ensamme kvar å stridsplatsen.

Detta var icke så farligt för Tjalve som det såg ut, ty blotta åsynen af Tor hade försatt lerjätten i sådan skrämsel, att han icke mäktade lyfta arm och vapen, utan skedde det med honom något, som ej gärna kan omtalas, men stundom sker med skrämda barn. En pil från Tjalves båge genomborrade hans stohjärta, och lerbelätet störtade tillsammans. Mockerkalve var fallen, och det kan sägas: med föga heder. Tor var icke värre sårad, än att han snart stod på fötter igen, men henen var kvar i såret. Så ändade tvekampen å Griotunagard.

På återvägen funno de Egil, men i ett bedröfligt tillstånd. Han var så medtagen af sin långa färd i köld och oväder, att Tor kom just lagom för att bispringa den vanmäktige. Tor satte honom i den korgsäck, hvari han på ryggen plägade bära sin vägkost, och på det sättet bar han sin vän öfver Elivågor genom töcken och snöstorm till Egils borg, där han omvårdade honom, så att han åter kom till krafter. Men en tå hade Egil ohjälpligt förfrusit. Tor afbröt den och kastade den upp mot himlahvalfvet, med önskan att den skulle bli en vacker stjärna till heder för bågskytten. Och tån vardt till den stjärna, som sedan kallats "Örvandils tå" och lyser som vore den en stråle af solen.

När Tor återkommit till Trudvang, fann han Groa där. Denna växtlighetsdis var mer än de flesta kunnig i de läkande runornas konst och sjöng nu goda galdersånger öfver Tors panna. När denne märkte, att henen började lossna, blef han glad och berättade hvad som händt Egil: att han var hemkommen i godt behåll, fast han mist en tå, som nu lyste bland himmelens klaraste stjärnor, samt att han snart vore att vänta i Trudvang, för att hämta Groa. Då vardt Groa så glad, att hon glömde galdersångens fortsättning. Henen är därför kvar i Tors panna, men märkes ej och är ej till vanprydnad.

Att stjärnan kallas Örvandils tå beror därpå, att Egil, såsom redan är nämndt, bär binamnet Örvandil ("den med pilen skickligt sysslande").

Den af Sindre smidde järnhammaren hade nu visat, hvad den dugde till. Efterhand pröfvades också de andra klenoderna och jämfördes med hvarandra. Asarne ville hafva rundlig tid att göra flere rön, innan de fällde den vanskliga domen i det af Loke gjorda vadet. De började väl också tycka, att domen, huru den utfölle, vore en betänklig gärning. Emellertid inträffade något, som här nedan skall förtäljas och gjorde saken än vanskligare.

22 - Mjödet i Byrges källa
Oden hos Fjalar

Det är förut sagdt, att det rena oblandade mjödet i skaparkraftens och visdomens källa ursprungligen innehades af Mimer allena. Det är den dyrbaraste saften och den mest eftertrådda i världen, och, som omtaladt är, var det endast med själfuppoffring, böner och tårar, som Oden i sin ungdom fick en dryck däraf.

Men det inträffade en dag, att uppe i Svitiod det kalla, som var Ivaldes rike, upptäcktes i skogen, ej långt från hans egen borg, en källa, kallad Byrger, hvars källsprång vid hennes uppkomst och under hennes första dagar måtte haft någon gemenskap med Mimers, ty ehuru hon ej förlänade visdom, skänkte hon dock diktkonst och glädje. Ivalde hemlighöll upptäckten och skickade, när natten inbrutit, två af sina hemmavarande yngsta barn, flickan Bil och gossen Hjuke, med en så till Byrger för att ösa och hemföra dess mjöd.

Men barnen återkommo icke. Månen hade gått upp, när de voro vid källan, och månguden såg dem, när de öste mjödet. Han och Ivalde voro icke vänner. Ivalde hade i urtiden bortfört en af mångudens döttrar, Hildegun, och utan hennes faders samtycke gift sig med henne.

Månguden straffade nu dotterrofvet med att taga till sig Bil och Hjuke, när de, bärande den mjödfyllda sån, voro på väg till hemmet. Mjödet tog han äfven. Barnen behandlade han med ömhet; de voro hans dotterbarn.

Bil fick en asynjas värdighet.

Det tagna mjödet förvarades i månens skeppsliknande silfverchar. Asarne underrättades om fyndet.

Det måtte haft den egenskapen, att det föga minskades, när man drack däraf, det tyckes hafva räckt genom långa tider.

Oden inbjöds att njuta af månsnäckans mjöd och kom ofta dit, efter förrättadt dagsvärf, när charen sakta sjönk ned mot västerns rand. Charen kallas då Söckvabäck, "det sig sänkande skeppet". Sittande där, mottog Oden ur Bils hand i gyllene bägare den härliga drycken, medan lufthafvets svala böljor susade öfver och under honom.

Äfven Brage inbjöds dit och fick där dricka den saft, som gjort honom till skald, vältalare och visdomsman.

Ivalde vardt högligen förbittrad öfver den förlust han gjort. Att månguden tagit de båda barnen till sig kunde betraktas som en rättvis vedergällning; men att han beröfvat honom mjödet, denna ypperliga skatt, det fyllde honom med hämndbegär.

När måncharen sjunkit djupt under jordens västra rand, ligger dess väg tvärs igenom underjorden hän emot öster till de hästdörrar, genom hvilka den sedan far upp igen på himmelen.

Ivalde, som hade sin af gudarne anförtrodda vaktpost vid den underjordiska delen af Elivågor mot Nifelheims rimtursar, kunde från sin högtbelägna borg se måncharen hvarje dygn färdas denna väg.

Han planlade ett bakhåll för den, öfverföll den och röfvade dess mjödförråd. Sin vaktpost öfvergaf han och svek därmed den ed han svurit gudarne. Och för att mjödet icke återigen skulle falla i deras händer, skyndade han att föra det ned i eldjätten Fjalars djupa och mörka dalar och anförtro det åt honom att förvaras i det innersta af hans bergsalar. Det blef öfverenskommet, att Ivalde skulle gifta sig med Fjalars dotter Gunnlöd och att de skulle äga mjödet tillsammans. Ivalde hade därmed för alltid gjort sig till gudafiende. Han lämnade Fjalar för att sluta förbund med Jotunheimsjättar, men skulle på fastställd dag återkomma och fira bröllopet med Gunnlöd.

Dock, Oden är icke obekant med hvad som föregår i mörkret där nere i Fjalars rike. Hans korpar Hugin och Munin flyga dagligen öfver Jormungrund (underjorden), och de se ej endast hvad som händer i dess sköna och ljusa ängder; de utspana äfven hvad som sker i det töckniga Nifelheim och i de dunkla djupdalar, som behärskas af Suttung, såsom Fjalar också kallas. Där och i Nifelheim äro korparne utsatta för faror, och Oden fruktar, att det kan gå dem illa; men hittills har deras klokhet skyddat dem, och hvarje afton ha de återkommit till Valhall, satt sig på asafaderns axlar och mält i hans öra hvad de utforskat. Det var väl genom dem som Oden fick veta, hvar Ivalde dolt mjödet, och när hans bröllop med Gunalöd skulle stå. Det bor dagskygga dvärgar i Fjalars land, som förrätta trältjänst åt honom och hans släkt. En af dem var Fjalars dörrvaktare. Han lofvade att vara Oden till hjälp i det äfventyr, som han nu gick att fresta.

Dagen kom, då Ivalde skulle fira sitt bröllop med Gunnlöd. Fjalars fränder voro samlade i hans upplysta salar, och gäster, hörande till rimtursarnes släkt, hade kommit dit från Jotunheim. En gyllene stol var för den väntade brudgummen framsatt midt emot Fjalars högsäte vid dryckesbordet.

Bröllopsfesten skulle också vara en förbundsfest mellan Ivalde och de gudafiendtliga makterna. Det rådde stor fröjd bland dessa, och de tyckte sig hafva ljusa utsikter nu till att kunna störta asarne och ödelägga Midgård. Vakten, som gudarne uppställt vid Hvergelmer, var af Ivalde öfvergifven, och Ivalde själf var en väldig kämpe, väl ägnad att föra Jotunheimsskarorna till kamp. Han var känd som den ypperste af alla spjutkämpar, lika ryktbar för den idrotten som hans son Valand för sin smideskonst och hans andre son Egil för sin skicklighet som bågskytt och skidlöpare.

Brudgummen kom i god tid. Upp slogos dörrarna, som skilde den starka belysningen inne i eldjättens salar från mörkret, som rufvar öfver hans dalars djup, och in trädde den ståtlige Ivalde och hälsades och fördes till sin gyllene stol.

Men hedersgästen var icke den han såg ut att vara. Han var Oden, som iklädt sig Ivaldes skepnad.

Oden hade stigit ned i Suttungsrikets dystra afgrunder och vandrat fram öfver samma villsamma marker, där Tor en gång hade sina äfventyr med Skrymer. Oden hade icke svårt att finna vägen genom mörkret, ty han hade till ledsagare Heimdall, som ser hundra raster framför sig genom den svartaste natt. Heimdall medförde sin eldborr, som har blixtens borrande och klyfvande kraft, när dess ägare sätter den mot bergets grund. När de hunnit fram emot det fjäll, som är Fjalars borg, skildes gudarne åt. Heimdall steg upp på fjällborgens tak. Hans öra, som kan höra gräset växa, kunde också höra allt, som föregick där nere. Den dagskygge salväktaren stod utanför fjälldörrarna, såg genom mörkret Oden komma och öppnade för honom.

Där inne firades sedan en munter fest.

Brudgummen var gladlynt och ordrik, och aldrig hade gästerna hört en man, som lade sina ord så väl och hade att förtälja så mycket som var värdt att lyssna till. Men det gällde för Oden på samma gång att yttra sig med mycken varsamhet, ty ett oförsiktigt ord var farligt och hans hufvud stod på spel.

Varsamhet var till en början icke så svår att iakttaga; men det blef svårare sedan.

Under festens fortgång vardt brudgummen till ära hans dryckeshorn iskänkt med den dyrbara saften ur Byrgers källa. Hornet räcktes honom af bruden, Gunnlöd, som var en vacker och älsklig jättemö.

Sedan skreds till vigseln, och på den heliga ringen svuro Oden och Gunnlöd hvarandra trohetens ed.

Den glada festen fortsattes, och hornen fylldes flitigt, isynnerhet brudgummens. Ivalde var känd ej allena som den ypperste spjutkämpen, utan ock som en dryckeskämpe, jämngod med Rungner och i den idrotten kommande närmast Tor. Däraf hade han ock fått till binamn "Stordrickaren" (Svigder, Svegder). För att i allo uppföra sig som Ivalde måste Oden fördenskull dricka mycket, mer än han ville. Besinningstjufvens häger, som stjäl förstånd och sans, sväfvade öfver hans dryck, och han vardt, efter hvad han själf omtalat, "drucken, mycket drucken hos Fjalars".

Då var det icke godt att väga sina ord, och öfver Odens läppar kommo nu sådana, som de mindre druckne bland gästerna funno besynnerliga, för att vara yttrade aflvalde, och som fram på natten, när de efter festens slut öfvervägde dem, ingåfvo dem misstankar.

Gillet afslutades ändtligen, och Oden och Gunnlöd begåfvo sig till brudgemaket. Därifrån gick en gång genom fjället till det dyrbara Byrgermjödets förvaringsrum.

Gunnlöd visade Oden denne skattkammare, och Heimdall, som lyssnade därofvanför och hörde hvad de sade, satte eldborren till dess tak. Gunnlöd hade gifvit sin make hela sitt hjärta och tagit på heligt allvar den trohet hon honom svurit. Oden yppade sig för henne och slöt den hängifna i sin famn. Med hennes hjälp stod han nu vid sitt mål och i besittning af mjödet. Heimdalls eldborr öppnade honom en hålväg upp igenom berget. Men utan strid kom han ej därifrån. Hans ovarsamma ord hade burit frukt; en broder till Gunnlöd hade hållits vaken af de tankar, som de orden väckt hos honom, och kom, då allt var färdigt till flykt, in i bergkammaren, där Oden och Gunnlöd voro. Oden måste kämpa och fälla honom.

Allt det öfriga, som skedde därinne, är numera höljdt i dunkel; men själf har Oden sagt, att utan Gunnlöds bistånd hade han aldrig kommit ut ur jättegården. Nu kom han ut, och i örnhamn flög han med Byrgers mjöd upp genom hålgången, som Heimdalls eldborr öppnat, ur Fjalars skumma värld genom ljusa rymder till det skimrande Asgard.

Men Gunnlöd, den goda kvinnan, satt där nere och grät öfver sin fallne broder och öfver förlusten af den make hon gifvit sitt trogna hjärta.

Aldrig talade Oden sedan om Gunnlöd utan i tillgifna, tacksamma och självförebrående ord.

Men öfver den lyckligt utförda bragden gladde sig alltid hans håg. Han skänkte af det vunna mjödet till gudar och människor. De barn, som komma till världen för att varda visdomsmän och skalder, få, innan de inträda i jordelifvet, smaka det, och de bära det sedan inom sig som i en källa, hvarur ingifvelsen till ädla, hugstärkande, andelifvande sånger kommer. Från Byrgers mjöd stammar i Midgard den skaldekonst, som lifvar till hjältegärningar och ger tröst åt sorgen.

Ivalde, den rätte brudgummen, kom icke långt efter Oden till Fjalars borg. Men in kom han aldrig. Då den salvaktande dvärgen såg den anländande mannen, sprang han emot honom och sade, att Oden var därinne. Ivalde tyckte sig se, att ingången till berget stod öppen, ty ljus strömmade där emot honom.

Dit skyndade han nu, men föll i ett af dvärgen lagdt försåt och vardt aldrig synlig mer. Några säga att han krossades under stenblock, som nedvräktes från berget.

23 - Domen över Valands konstverk

Dagen var nu inne, då gudarne skulle afkunna dom i målet mellan Sindre och Loke. Den egentliga frågan var den, om Loke tappat vadet och förbrutit sitt hufvud till Sindre eller icke. Också hade Sindres broder Brock infunnit sig i god tid på gudarnes tingsplats för att där på stället taga Lokes hufvud, ifall domen tillstadde det. Loke var icke älskad af Mimer och hans underjordskonstnärer. De visste, att han åsyftade gudarnes fall, världsträdets förhärjande och världens undergång.

Domen måste stödja sig på en oväldig och sakkunnig jämförelse mellan Sindres konstverk och Valands.

Vore Valands bättre än Sindres, så hade Loke vunnit vadet; i motsatt fall hade han tappat det. Brock var en vältalig sakförare för sin broders verk.

Men hvarken Valand eller någon af de andre Ivaldesönerna hade infunnit sig på tinget. De för sin del hade ju icke ingått något vad. De hade aldrig tänkt på att täfla med Sindre eller att låta en dom afkunnas öfver de klenoder, som de af vördnad och vänskap skänkt till asarne.

Gudarnes dom vardt den, att ehuru Valands smiden voro förträffliga, voro dock Sindres än mer värderika, särdeles för järnhammarens skull, som blifvit pröfvad i Tors strid med Rungner och befunnits så ypperlig.

Brock ville nu taga Lokes hufvud. Loke erkände, att han förbrutit det, men han fäste domstolens akt därpå, att vadet gällde hufvudet allena, men att han aldrig lofvat, att Sindre eller hans ombud finge skada halsen.

Halsen var Lokes egendom, och öfver den hade ingen annan än han själf rätt. Ej heller hade Brock rättighet att fördärfva hufvudet, utan blott att "taga" det. Brock invände, att han icke kunde taga hufvudet, utan att halsen skadades. Loke genmälde, att det skulle han ha tänkt på, när vadet ingicks; nu var det för sent. Gudarne hade att döma äfven i denna sak, och de dömde så, att eftersom Loke icke satt sin hals i vad, så hade Brock ingen rätt öfver den. "Med hans hufvud står det mig likväl fritt att göra hvad jag vill, om jag blott icke fördärfvar det", sade Brock förbittrad; "och det bästa jag med det kan göra är att täppa det gap, hvarifrån lögn och smädelse flyta." Brock tog upp en knif och en tråd och ville sticka hål på Lokes läppar för att sy ihop hans mun.

Men Loke förstod att göra sig så pass hård, att knifven icke bet. Då ropade Brock på Sindres syl. Och är det ett bevis på hvilka utomordentliga konstverk Sindres verktyg voro, att sylen på kallelse genast kom från hans underjordssmedja till Asgård och stannade i Brocks hand.

Brock hopsydde Lokes läppar och gick bort, föga glad åt ärendets utgång. Lokes läppar vordo snart åter fria; men ärren efter Sindres syl gingo aldrig bort. Munnen fick det fula utseende, som anstår en försmädares, och Lokes fagra utseende var från den dagen skämdt.

Domen öfver Ivaldesönernas smiden vardt inom kort bekant i alla världar och uppfyllde Ivaldesönernas fiender med skadeglädje. Men Sindre själf kände väl ingen glädje öfver sin seger. Han var bedragen på segerpriset, och han ansåg, att domen skulle hafva farliga följder, ty Valands lynne och Valands krafter kände han från den tid, när denne gjorde sina lärospån i Sindres smedja.

24 - Försöken att försona Valand
Ivaldesönernas flykt

Fröj vistades hos sin fosterfader Valand, när de båda underrättelserna kommo till Ivaldesönerna, att Oden vållat deras faders död och att Valands smiden blifvit jämförda med Sindres och underkända.

Valand och Egil möttes och rådgjorde, men sade till andra ingenting. Ej heller begärde de af Oden böter för sin faders död. Valand var, som vanligt vänlig mot sin fosterson och dolde de onda nyheterna för honom.

Men de guldsydda, praktfulla bonaderna i brödernas salar nedtogos, och bland guldsmycken och vapen, som glänst på deras väggar, saknades efter hand de bästa. Deras förut fyllda klenodkamrar tömdes. Efteråt fick man veta, hvart de blifvit flyttade. De, som icke äro återfunna af ryktbara hjältar i en senare tid, ligga ännu gömda i jordhålor och bergsalar, där de rufvas af drakar, eller nedsänkta i djupa flodbäddar, där de vaktas af vättar, som hålla till i närbelägna åklippor eller strandåsar.

Gudarne började öfvertänka, att Ivaldes söner hade skäl till missnöje med dem. Njord, hvars son var i Valands vård och våld, blef orolig. Han samrådde med Oden om hvad borde göras, och de fattade det beslut, att Valand skulle hedras med ett till gudarne knutet släktskapsband. Njord skulle begära hans dotter Skade till äkta, och Skade upphöjas till asynja. På detta sätt ville gudarne godtgöra den dom, som blifvit fälld öfver Valands smiden, och visa huru högt de värderade honom. För Ivalde ville gudarne förmodligen gifva böter, ehuru han brutit sin ed till dem och själf vållat sin förtjänta undergång.

Njord skickade ett sändeskap, valdt bland vaner, som lydde under honom, till Valand. Dennes borg är belägen på hans odalmark, Trymheim, som är ett berglandskap i Svitiod det kalla.

Sändemännen skulle frambära Njords friareärende; men de återkommo aldrig, och troligt är, att Valand dödade dem.

Medan man väntade på dem, beslöt Oden att göra en utfärd till Trymheim för att se huru landet låg.

Han åtföljdes af Höner och Loke.

Besöket skulle göras i all enkelhet och utan att väcka uppreende i världen. Oden satte sig icke i gyllene rustning på Sleipners rygg, utan han och hans ledsagare iklädde sig vanliga färdemäns skick och underkastade sig sådanas villkor. Så kommo de till Trymheim. Här vandrade de länge i villsamma dalar mellan snöhöljda bergåsar och kunde icke finna vägen till Valands borg. Denne, som hade ett skarpare spejareöga på gudarne än de på honom, var lika stor trollkarl som han var konstnär och lika hemma i Gullveigs runor som i Heimdalls. Han ställde det så, att de tre gudarne färdades åt många håll, blott icke åt det rätta. På ett ställe hade han ett försåt planlagdt, och dit styrde han ändtligen färdemännens gång. Det var vid en källa i en ekbevuxen dal, där det såg inbjudande ut att hvila. Där hade han nedlagt ett trolskt verktyg, som han smidt och som liknade en vanlig stör eller stång.

Färdemännen voro trötte och Loke alldeles uppgifven af hunger. Valand, för hvars skull han måste vandra så här och svälta, önskade han i alla onda vättars våld. Så kom man till en dalöppning. Därifrån hördes klangen af en pingla, en sådan som skällkor och lockrenar bära. När vandrarne kommo in i dalen, sågo de det behagliga stället vid källan och ej långt därifrån en betande renhjord. Pinglan, som klingat angenämt i deras öron, bars af en fet renoxe, som gick där strax bredvid. Det var en af Valands hjordar, och hans dotter Skade, den skidlöpande och pilslungande disen, torde nyss varit där och drifvit hjorden ned i dalen till stället, där den nu betade.

Loke föreslog, att man skulle hvila sig här och äta sig mätt. Renoxen fångade han utan svårighet och slaktade. En eld antändes för köttets tillredande. Detta vardt buret öfver elden, men när det borde varit färdigt, hade det icke blifvit mört alls, och det förekom, som om elden ej hade någon verkan på det.

Medan gudarne undrande talade härom, kom en örn och slog ned i ett träd där bredvid. Örnen hade ett ovanligt stort och majestätiskt utseende, och ögonen, som framlyste ur hammen, hade icke djurets blick. Gudarne gissade genast hvem han hvar. Det var kändt, att Valand, som gjort svaneskrudar åt växtlighetsdiserna, hade gjort en örnham åt sig själf. Oden hälsade honom med ord, som angåfvo, att gudarne erkände sig stå i tacksamhetsförbindelse till honom. "Du, som gömmer dig i fjäderskruden", sade han, "är konstnären, som gudarne hafva att tacka för många smiden." Han berättade därefter om den underliga tilldragelse de nu bevittnade, att elden, hvarmed maten tillreddes, likasom förlorat sin kraft, och sporde den mångvise Valand, huru detta skulle förklaras. Valand gaf sin faders baneman icke ett enda ord till svar. Han vände sig i stället till Höner och sade: "blås i elden, och han återfår sin kraft, om I tillerkännen mig min fulla andel i den helga måltiden". Höner blåste, och tillredningen var nu genast färdig. Oden bjöd Valand att taga plats ibland dem och tillsade Loke att dela köttet i fyra delar och framlägga en del åt dem hvar.

Valand flög ned, men lade icke bort fjäderskruden, såsom väl Oden väntat. Loke gjorde delningen, men torde varit harmsen öfver att han, som fått värdigheten af asagud, skulle betjäna en, som endast hade alfbörd. Då Loke delat, tog Valand alla fyra delarna och flög upp i trädets nedersta gren, där han i de hungrande asarnes åsyn åt med örnens stolta later och glupska matlust.

Han hade i själfva verket ingenting förtärt, alltsedan han erfor sin faders död och den smädliga domen öfver sina verk. Den fulla andel, som tillkom honom i måltiden, var hela renoxen, ty denne var tagen ur hans hjord.

Han hade icke fordrat mer än som tillkom honom, då han ej gjort sig till värd på stället. Nu vardt Loke ursinnig, och vreden gaf honom ett mod, som han annars icke ägde. Han tog stören, som låg bredvid honom, och gaf örnen ett slag öfver ryggen. Stören stannade med öfre ände hos örnen, och Loke kunde icke få den lös. Då ville han släppa den, men kunde det icke. Hans händer voro som fastlödda, och i nästa ögonblick häfde örnen sina vingar och lyfte sig i rymden, medförande stören och den sprattlande Loke. Örnen flög hän öfver skogen och upp mot fjällsidan och försvann med sitt byte ur de häpna gudarnes åsyn.

Örnen valde sin kosa så, att Lokes kropp slängde mot trädtoppar och klipputsprång. Loke ville bedja om förskoning, men kunde endast skrika; han gjorde sig så tung som möjligt, men Valand flög likväl med honom en lång sträcka, innan han tröttnade och sänkte sig till marken med honom. Där låg nu Loke och kröp vid hans fötter och bad om nåd. Valand sade, att han skulle skona honom på ett enda villkor: att Loke eftersade den ed, som förestafvades honom, att han skulle föra Idun ut ur Asgård och bringa henne till Valand. Loke var en edsbrytare till naturen och brydde sig ej oftare om sina löften och bedyranden än det föll honom själf i smaken; men den förfärliga ed, som Valand aftvang honom, var sådan, att han aldrig skulle våga bryta den.

Idun var i Asgård strängt bevakad, emedan asarnes läkedom mot tidens inverkan var endast i hennes händer kraftig; det kunde därför dröja länge, innan tillfälle erbjöd sig; men Loke försäkrade, att vid första läglighet skulle eden uppfyllas.

Det förmäles icke hvad han efter sin återkomst till Oden och Höner hade att förtälja. Men var han sig den gången lik, sökte han nog intala dem, att han frivilligt höll i stören och hade haft en svår dust med Valand och slutligen lyckats drifva honom på flykten.

Så aflopp Odens besök i Trymheim. Han hade i Asgård intet godt att omtala från färden. Njord beslöt då att själf begifva sig dit. Balder och Had erbjödo sig att följa honom. De väpnade sig, satte sig i sadel och redo dit. Resans ändamål var dock icke strid, utan försoning. Fördenskull ville Njord icke ledsagas af Tor eller Tyr eller någon annan af de asar, som ha den vanan att slå hastigt till. Had var visserligen till lynnet häftig i sina första ungdomsdagar, men hade nu länge under Balders ledning visat sig fridsam och räknades till de gudar, som kallades fredsdomare, bland hvilka Balder var främst.

De tre gudarne kommo till Valands borg, men funno den tom. De redo då hän emot Egils vid Elivågor.

Med förvåning märkte de, att här och där på afstånd Jotunheimsvarelser framskymtade. Hitintills hade jättarne aldrig kommit öfver Elivågor fram till kusten af Midgård. Men Ivaldesönernas vakt vid dessa vatten hade nu upphört, och de tilläto jättarne komma, så många de ville, inpå den mark, som asarne skapat åt människosläktet. Njord och hans ledsagare påskyndade sin ridt och fingo syn på den de sökte: Valand. Han var åtföljd af Egil och den tredje brodern, Slagfinn, och de voro på väg till Jotunheim. De tre bröderna stannade, när de sågo gudarne komma, och Valand ropade: "Hvad viljen I!" Njord svarade, att han ville försoning med sin sons vårdare och fosterfader, med gudarnes vän och smyckeskänkare.

"Ingen försoning", hördes Valands stämma; "utan hämnd!" - "Hvar är Fröj, din fosterson?" frågade Njord. - "Utlämnad till jättarne." - "Ve dig, som sviker heliga löften!" - "Ve eder själfve, I orättfärdige domare, I odugliga gudar!" svarade Valand. –

"Hvarje ord är här spilldt", ropade Had; "vapnen måste tala. I förrädiske söner af Ivalde, vågen I hålla stånd och strida?" Då trädde Egil fram och utmanade Njord. "Du lågättade, du träl!" ropade Had; "vågar du utmana en af Asgårds yppersta?"

Had grep sin båge, lade pil på strängen och siktade på Egil. Men denne hade kommit honom i förväg.

Ryktbara äro Egils tre pilar, smidda af honom med Valands hjälp: de återkomma till sitt koger. Egils förste pil susade mot Hads bågsträng och sönderskar den vid öfre fästet. Sin andra pil riktade han så, att den, medan Had fastknöt sin bågsträng, gick mellan hans krökta fingrar och handlofven. Hans tredje bortsköt Hads till strängen lagda pil. Nu visade sig bakom Ivaldesönerna en mängd af deras nye förbundsvänner, en skara af de ohygglige jättar, som höra till Beles ("skällarens") stam och hvilkas hufvuden likna hundars. Det var till dem Fröj utlämnats af Valand. De kommo i dimmor och töcken, som förmörkade nejden. De flyktande Ivaldesönerna försvunno i töcknet. Gudarne insågo, att deras ärende var gagnlöst. De redo sorgsne tillbaka till Asgård.

Men innan Ivaldesönerna fortsatte sin väg, hade de lagt sina händer på en af Egils pilar, och Valand svor: "Det är min ed, att när jag ödelagt asarnes värld och skapat en bättre, skall ingen heta träl och ingen hånas som lågättad." De begåfvo sig in i Jotunheim.

25 - Den förste fimbulavintern
Barnen i odödlighetsängden
Valands hämdesvärd

Efter Ivaldesönernas ankomst till Jotunheim började den förste fimbulvintern. Den andre kommer kort före världsförstörelsen. Långt bakom den yttersta bygden i Jotunheim, i den mest aflägsna Norden, nära jordskifvans rand och invid Amsvartners haf, öfver hvilket evigt mörker rufvar, ligger ett land, till hvilket Ivaldesönerna ställde sin kosa. Mellan isjökeltäckta fjäll draga sig dalar, bevuxna med träd af det slag, som trifves i den ryktbara Järnskogens mörker och köld. Svarta afgrunder gapa med okändt djup. I en af dem är en hålväg, som leder ned till Nifelheim i underjorden.

Här i ett dalstråk, som kallas Ulfdalarne, byggde sig Valand och hans bröder hus och smedja. Här kände de sig trygge mot hvarje förföljelse, och hvad de förehade kunde icke ses från Asgårds utsiktstorn Lidskjalf.

Valand hade två ändamål att vinna med sin vistelse i detta ogästvänliga land. Han var kunnig som Gullveig, och mer än hon, i trolldomens alla hemligheter och var herre öfver alla dess krafter, fastän han ditintills ej velat använda dem. Nu skull han bruka dem för att sända frost och stormar öfver världen och göra Midgård obeboeligt. Det var hans ena uppsåt. Hans andra var att smida ett svärd, hvari han ville nedlägga hela sin konst, ett oemotståndligt svärd, som skulle bringa den af Sindre smidde hammaren på skam, fälla Tor och tillintetgöra Asgårds makt.

Egil och Slagfinn gingo på skidor och jagade de vilda djur, som mäkta lefva i denna världstrakt.

Valand sysslade hela dagen med sina trolldomsredskap och sitt smide. När icke hammarslagen från smedjan genljödo mot det dystra dalstråkets fjäll, hördes Valands trollsång ljuda, en underlig, dämpad hemsk sång, som fyllde själfva vilddjurens hjärtan med ångest och mer än den värsta frostnatt kom dem att skälfva af köld under sina pälsar.

Då stod Valand på en klippa med ansiktet riktadt mot söder och skakade ett skynke, liknande ett segel, eller han spridde aska i luften eller förehade andra konster, och då mörknade luften framför honom af frostdimmor, som förtätade sig till jättemoln och drefvo fram öfver Jotunheim och Elivågor till Midgård, öfver hvars fält de urladdade sig i snöstormar, hagelskurar och ödeläggande hvirfvelvindar.

Hans trollsång trängde ned till Nifelheim i underjorden och grep med yrsel de nio jättekvinnorna, som kringvrida världskvarnen och stjärnehimmelen. Två starka tursmöar, Fenja och Menja, sällade sig till dem och satte kvarnen i en rasande fart, så att jordens alla djup bäfvade. Ur kvarnstenen sprungo klippstycken, som kastades högt upp ur hafvet, jordens berg sprutade eld och rök, kvarnens resverk rubbades och stjärnehimmelen fick den sneda ställning han allt sedan innehar.

Valands trollsång trängde, likasom med tunga vingslag, ända hän till Asgård och fyllde rymderna med skräck. Mödosamt banade sig solvagnens och den tidmätande månens strålar väg genom de töckenfyllda djupen ned till jorden. Oden lyssnade från Lidskjalf och förnam, att sången kom från den yttersta Norden, där himlens rand och jordens närma sig hvarandra. Han sände sina kloka korpar dit att speja. Men deras vingars senor slappnade, deras blod stelnade, deras iakttagelseförmåga mattades, och de måste vända om och hade intet att mäla. Oden sände Heimdall till Urd för att spörja, hvad som förestod världen och gudarne. Hon grät och nekade att svara.

Knappt en dag förgick under många år, då icke Valand, till omväxling med arbetet i sin smedja, sjöng någon stund sin förfärliga galdersång. Den trängde genom jorden och tärde på dess safter. År efter år sköto åkrarne i Midgård kortare strå och tunnare ax, och hvad som återstod att skörda härjades allt oftare af järnnätterna. Människorna blotade förgäfves till gudarne och började tvifla på deras makt.

Till och med i Urds och Mimers heliga källor minskades safterna under dessa år, världsträdets nordliga grenar vordo allt tommare på knopp och blad.

Men så var ju också Fröj, årsväxtens gud, i jättevåld. Snart därefter äfven Fröja, kärlekens och fruktsamhetens gudinna. Snart därefter äfven Idun med sina ungdomsbevarande äpplen.

Gudarne slogos med förskräckelse, när de saknade Fröja i Asgård. De sammanträdde på sin tingstad och öfverlade om hvem som förrådt henne åt jättarne. De upptäckte den brottsliga. Det var en jättemö, som Fröja upptagit i sin hofstat, och de gjorde än en upptäckt: att den förrädiska jättemön var den pånyttfödda Gullveig.

Tor slog henne då med sin hammare till döds; häxans lik hölls än en gång öfver lågorna. Men än en gång hände, att hennes hjärta endast blef halfsvedt, och att Loke, letande efter det i askan, fann och slukade det.

Han födde därefter till världen den ulf, som heter Fenrer och är årsbarn med den förste fimbulvintern.

Ej mindre grepos gudarne af förfäran, när de funno, att Idun var försvunnen ur Asgård. Loke hade hållit den ed han svor Valand och bortlockade henne därifrån.

"Du är Ivaldes dotter", torde han ha sagt, "och har blodshämnd att utkräfva af Oden. Vill du tjäna din faders baneman? Flyg till dina bröder och var hos dem! Det är din plikt." Och Idun flög i svaneham att uppsöka sina bröder, till hvilka hennes längtan stod, mest bland dem Valand, som hon älskat från sin barndom.

Tre svanar kommo en morgon till Ulfdalarne och sågos af bröderna simma i ett vatten i närheten af deras boning. En af dem var Idun. Den andra var också en Ivaldedotter och växtlighetsdis, Auda. Den tredje var Sif, deras fränka, hon med de gyllene lockarne, en växtlighetsdis äfven hon. Sif kom till Egil för att vara hans hjälp och tröst, ty hans maka Groa, hennes syster, kunde icke komma. Hon var fånge hos en Midgårdshjälte vid namn Halfdan. Auda lade sitt hufvud till Slagfinns bröst, och Idun slog sina armar om Valands hvita hals.

Sålunda voro nu äfven dessa växtlighetsdiser, de som smyckat Midgårds ängar med blomster, försvunna för gudarne. Disernas håg var förvandlad; de önskade Ivaldesönernas seger, Midgårds förstörelse och Asgårds undergång.

Valands smedja var nu en verkstad för trollredskap.

Där hängde ett långt rep af lindbast, i hvilket knutar voro på jämna afstånd gjorda. I hvar och en af dem var en stormvind bunden. För hvarje vecka som gick, upplöste han en knut och gjorde den bundna vinden lös och sände den med sin galdersång söderut, mättad med snömoln och hagel.

Valand hade af guld smidt en armring, liknande den af Sindre smidde ringen Draupner därutí, att andra ringar, ehuru ej så många, droppade ut ur honom. Ur Valands kom en ring hvarje vecka. Äfven de ringarne voro trollredskap och hade formen af ormar. För hvarje på repet upplöst knut knöt Valand dit en ormring. På detta sätt talde han de veckor han tillbringade i Ulfdalarne, och han hade räknat ut, att när alla knutarne på repet voro upplösta, skulle Midgård vara förvandladt till en istäckt, människotom öken.

Dagligen smidde Valand på hämndesvärdet.

Gambantein ("hämndetenen") är det svärdets namn. Han härdade dess klinga i vatten från alla älfvar, som flyta genom Nifelheim med etterfyllda böljor. Han hamrade hämnd och hat, ve och ofärd in i hennes gry, han slipade den giftiga eggen hvass som vaferlågan, fejade hennes yta med solens glans och ristade i henne ondskans runor. Svärdets guldfäste var ett underverk af skönhet.

Smidet höljde sin fördärflighet i ögontjusande fägring.

Och likväl syntes det aldrig blifva färdigt. Hvarje dag fann Valand något nytt att göra på det. År efter år förled; men han fortfor att fullkomna det.

Mimer, väktaren vid underjordens vishetsbrunn, såg, att allt förskräckligare lidanden skulle hemsöka människosläktet. Det försämrades också ständigt till tänkesätt och seder genom de af Gullveig spridda runorna. Mimer ville icke, att Asks och Emblas ättlingar skulle alla varda fördärfvade genom nöd och synd. Visdomskällans mjöd hade gifvit honom syner i en aflägsen framtid, efter denna tidsålders slut, och åt den framtiden ville han frälsa ett ofördärfvadt människopar. Två oskyldiga och väna barn, Leiftraser och Lif, uppsökte han i Midgård och tog dem med sig till sitt underjordsrike.

Där hade han i morgonrodnadens land planterat en härlig lund och i den lunden låtit uppbygga en praktfull sal. Hans sju äldste söner - Sindre och de sex andre - som med honom vårda världsträdets mellersta rot, smyckade salen och omgåfvo den med en mur och satte in i muren en port, lika konstrik som Asgårdsporten. Inom den muren komma aldrig sorg och lidanden, aldrig lyte och sjukdom, aldrig ålderdom och död. Salen heter Breidablik.

Delling, morgonrodnadsalfen, är dess väktare. Barnen därinne näras med den kraftförlänande honungsdagg, som faller från Yggdrasils nedersta löfhvalf i Mimers och Urds dalar.

26 - Balders död

Stora voro de förluster Asgård lidit och stora de faror, som hotade lifvet i Midgård, sedan Fröj och Fröja, Idun och de andra växtlighetsdiserna kommit till Jotunheim, och sedan naturverkmästarne och naturförsvararne, Ivaldes söner, blifvit gudarnes fiender. Men ännu hyste Oden hopp om räddning.

Balder, solens gud och beskärmare, godhetens och rättfärdighetens främjare, var dock ännu i Asgård och höll sin välsignelserika hand öfver hvad godt som fanns bland människorna och sin strålande sköld till skydd mot skapelsens förhärjare.

Balder hade nästan alltid Had i sin närhet. De voro länge oskiljaktige vänner, och Balders mildhet verkade lugnande på Hads svallande lynne. Om Had förtäljes, att han som gosse var så obetänksam, själfsvåldig och okynnig och så gärna höll sig i Lokes sällskap, att Oden fann det bäst att skicka honom från Asgård för att uppfostras af Mimer. Denne åtog sig fosterfaderns plikter mot den vackre och med rika anlag utrustade asasonen. Gossen var läraktig och vardt skicklig i skaldskap, sång, smideskonst och många idrotter, och han blomstrade upp och fick, innan han hunnit ynglingaåren, ovanliga kroppskrafter. Men hans obetänksamhet och häftighet voro icke lätta att bota. Okynnig visade han sig i synnerhet, när han var i smedjan. En gång, när Sindre hade gifvit honom en tillrättavisning, tog pojken Draupners frejdade smed i håret och drog honom på det sättet ut öfver tröskeln; vid ett annat tillfälle, när han tillsades att smida och icke ville det, slog han med släggan ett sådant slag i städet, att det flög i flisor.

Men Mimers visdom lyckades efter hand att tämja hans uppbrusande lynne, om än icke läka hans obetänksamhet, och när fosterfadern återsändt honom till Asgård som en fager, höfvisk och i många idrotter skicklig yngling, fick Oden honom mycket kär, och var han af alla sina fränder i Asgård väl upptagen.

Någon tid därefter blef Balder gift med mångudens dotter Nanna. Had skulle önskat att äga en maka, henne lik, skön och älsklig och modig som hon. Men af sig själf skulle Had aldrig kommit på den onde tanken att tillägna sig Nanna.

Han var ifrig jägare och uppsökte gärna de skogar, som från Lidskjalf kunde skönjas i långt fjärran, för att jaga där och nedlägga vilddjur och drakar. Så hade han en morgon anländt till den i det östliga Jotunheim belägna Järnskogen, i hvars hemska inre ingen dödlig vågat intränga. Ensam jagade han där hela dagen och förirrade sig, så att han ej fann en återväg. Dimmor föllo och det liknade sig till en obehaglig natt. Då såg han ett ljussken, gick åt det hållet och fann en bergkammare, där en högvuxen och vacker kvinna satt. Hon bjöd honom härbärge öfver natten, räckte honom en trolldryck, som förvillade hans sans och återuppväckte hans obetänksamhet och häftiga lidelser, och hon talade om Nanna så, att hon tände upp hans omedvetna böjelse för henne i brännande låga. Han gaf det löfte att taga henne från Balder och göra henne till sin egen hustru.

Trollkvinnan gaf honom en brynja som pant på öfverenskommelsen dem emellan och såsom välbehöflig i den strid, hvari hans beslut komme att inveckla honom. Om morgonen, då han vaknade, voro trollkvinnan och bergkammaren försvunna, och Had såg sig ligga under öppen himmel.

Men brynjan, som han fått, bevisade, att nattens samtal var verklighet och ej en elak dröm. Han red ur skogen, så ångerfull öfver det skamliga löfte han gifvit, att han icke kunde återse Balder och Valhall, utan beslöt han att begifva sig till Jotunheim och sälla sig till gudarnes fiender där för att, kämpande i deras led, söka infria sitt löfte.

Så bar han då till någon tid vapen mot sina egna fränder, emedan han gjort löftet att taga Nanna med våld från Balder. Men Balder besegrade honom med vapen först, men med godhet sist och fullkomligast. Han återförde sin broder till Asgård, förlät, urskuldade och tröstade honom, ja lät honom förstå, att han, Balder, snart skulle dö. Med hvem ville han då se Nanna hellre förenad än med Had?

I själfva verket anade Balder, att han icke skulle lefva länge, och det vardt för asarne bekant, att dödsbud visat sig för honom i drömmar. Äfven järtecken bådade, att ondt hotade honom. Den trogne gångare, i sadeln på hvilken han gjorde färder öfver himmelen och skyddade solen och månen på deras vandringar i rymden, fick sin fot vrickad och kunde icke genom gudinnornas läkesånger, utan blott genom Oden botas. Själf led Balder af afmattning i sina fötter. De bekymrade gudarne vände sig till världsträdets väktare, Urd och Mimer, för att få råd. Urd såg Balders fördolda öde, men yppade det icke; Mimer ej heller. Den ångestfulla Frigg kom då på den tanken att med ed förplikta alla varelser och alla ting att icke skada Balder. Så allmänt älskad var han, att gudarne trodde, att ett försök därmed kunde göras.

Det finnes lif i allt, äfven i det som för oss synes liflöst. Det finnes en ordning, hvari hvarje varelse och hvarje ting har sitt rum. Elden, vattnet och luften lyda sina härskare, stenarne, malmerna, örterna och djuren bilda samhällen och släkter. Och genom hela skapelsen spänner Urd trådarne af de lagar, som bjuda vördnad för det heliga. De oskyldiga tingen rysa för edsbrott.

Endast bland de själar, som fått ett personligt öde, finnas trotsare af nornans stadgar; men för dem finnas också straff.

Så långt som gudarnes välde var erkändt, ja än längre, aflade alla skapelsens varelser och ting eden.

Aldrig hafva godheten och rättfärdigheten haft en segerrikare dag än den, då den ädlaste af asar tillförsäkrades trygghet genom en ed, som uttalades af alla himmelens stjärnor och upprepades af luftens, hafvets och jordens innebyggare, af alla berg och dalar, af alla skogar och öknar, en ed, som genljöd från Urds och Mimers riken, ja, från Jotunhcim, där jättarne sade sig vara alla gudars fiender, blott icke Balders; ja, från själfva Nifelheim där äfven farsoternas och sjukdomarnes andar med bleka läppar uttalade förpliktelsen.

Bland de varelser, som aflagt eden, fanns blott en, som icke ämnade hålla den: Loke. Han betraktade hela edsförpliktelsen med löje. Det fanns också varelser, som icke aflagt eden: Ivaldesönerna i Ulfdalarne. Men bland dem var Valand den ende, som skulle haft hjärta att skada Balder, ty hans hämndlystnad var omättlig. Ting funnos också, till hvilka edsförpliktelsen ej kommit. Dock kunde den forskande Loke ej få reda på mer än ett enda sådant: det var en späd mistel, en helig ört, som rakat att växa på ett träd i den oheliga Järnskogen österut och, ensam som den var och oskadlig till utseendet och fjärran från sin släkt, blifvit vid edsförpliktelsen förbigången.

Loke afskar misteln och begaf sig med den på en långresa: till de aflägsna Ulfdalarne. Han skulle knappast vågat en sådan färd, om icke skadeglädjen gifvit honom mod därtill. Med förvåning sågo Ivaldesönerna Loke inträda i Valands smedja. Han sade sitt ärende och bad Valand göra en pil af misteln, en sådan som Had plägade slöjda åt sig, och med den egenskapen att ofelbart döda, där den träffade. Valand gjorde det.

Misteltein, såsom pilen kallas, vardt Valands andra Gambantein ("hämndeten").

Sedan den stora edsförpliktelsen var gjord, var det en lek bland asarne att ute på idrottsvallen skjuta och kasta på Balder, emedan det icke skadade honom. Vid ett sådant tillfälle sköt Had med båge, utan att veta, att Loke lagt en pil i hans koger. Så kom Had att afskjuta Misteltein på Balder. Pilen genomborrade honom och han föll död till marken. Den djupaste bestörtning grep alla gudarne. När de försökte tala, brusto de i gråt.

Asafadern hade mist sin älskling, världsordningen underpanten för sitt bestånd, godheten sin förespråkare.

Så djupt nu asafadern grämdes af sin egen förlust, sörjde han dock, såsom världens styresman anstod, än mer öfver världens. Han sadlade Sleipner och red ned i underjorden till Mimer och besvor honom att säga hvad han visste. Skulle med Balder världen gå sin eviga undergång till mötes? Mimer sade blott, att själfuppoffring kräfves för den, som vill skåda ned i så djupa gåtor.

Då ref Oden ut sitt ena öga och kastade det i visdomskällan. Det sjönk djupt och såg allt klarare, ju djupare det sjönk, tills det såg Balder som den kommande världsålderns konung i ett högsäte, omgifvet af lycksaliga människoskaror.

Då vardt Oden lugn, men red från Mimer till Urd för att få lära något om denna världsålders slut. Urd svarade, att hon redan vet, att han gömt sitt ena öga i Mimers brunn och därmed sett, hvad som var honom nödigt att veta. Hvarför frestade han henne då? Men Oden lade för hennes fötter sköna Valhallsklenoder och bad henne om de förutsägelser hon förnimmer ur sin källas brus och ur suset af Yggdrasils krona. Då sjöng hon en sång om denna världsålders sista tider, om Odens undergång och död på slagfältet och om Ragnaröks lågor.

Asafadern lyssnade och förfärades icke af ödets dom öfver honom. Att glad gå sin bane till mötes, det hade han anbefallt människorna, sina skyddslingar, och borde göra det själf, och att dö på en valplats anstod honom.

Hans orolige ande fann någon hvila, sedan han fått veta, att Balder, som var det bästa af honom, skulle återvända och styra en fullkomnad värld.

Gudarne togo den döde Balder och buro honom till Asgårds västra strand, där hans skepp Ringhorne låg förtöjdt i lufthafvet. På skeppet byggde de ett bål af stammar från Glasers guldlund. Oden bar i sin famn Balders lik och lade det på bålet. När Nanna såg detta, sjönk hon död till jorden med brustet hjärta. Oden lade henne bredvid hennes make. När allt var färdigt och den heliga elden gniden till vedens antändning och bålet signadt med Tors hammare, drog Oden från sin arm ringen Draupner och lade den på Balders bröst. Man såg, att han lutade sig ned och hviskade i den dödes öra.

Hvad han då sade, har han aldrig omtalat för gudar eller människor. Det blåste en stark nordanvind från Järnskogen: en af dessa vindar, som Valand lösgjort och som i Midgård kom med köld och hagel.

Bålet tändes, seglen hissades, Ringhorne dref ut i lufthafvet, och asarne bidade på stranden, tills det af lågor omhvärfda skeppet sjunkit ned bakom synranden.

Det förde Balder och Nanna till underjordens västra port. Här emottogos de döda af underjordsmakterna och ledsagades öfver glänsande fält till Mimers odödlighetslund och borgen Breidablik i morgonrodnadens land. Där väntades Balder och Nanna af Leiftraser och Lif, barnen som skola vistas i Mimers lund intill världsförnyelsen.

Salarne voro skrudade med bonader och guldklenoder; på bordet framför högsätena stod, betäckt med en sköld, en dryckesskål, hvari de kraftgifvande safterna från de tre underjordskällorna voro blandade.

Det är den dryck, som räckes de saligen döde för att utplåna märkena af den jordiska döden och skänka dem förmåga att njuta salighetslifvets rena glädje. Skölden aftogs, och de anländande välkomnades med "de skira krafternas dryck".

Balder och Nanna stanna i underjordens Breidablik intill den nya världsålderns ankomst. Lif och Leiftraser äro hos dem och uppfostras af dem till att varda fläckfria stamföräldrar till ett fläckfritt människosläkte.

Frigg grät bittra tårar öfver älsklingssonen, och då Oden vandrade mellan Asgårdsborgarne, var det honom svårt att nalkas Balders sal, där ej harpans toner klingade mer, där mjödhallen stod tom och genomsusad af vindarne. Snart reste sig ett förskräckligt spörsmål genom Balders död för Hads pil.

Att frändedråp borde hämnas af frände var en lag, som nornorna gifvit och asarne godkänt. Men huru skulle Balders död hämnas?

I Asgård voro alla öfvertygade om att Had icke hade velat sin broders död, och ingen sörjde djupare än han det skedda. Skulle den i sitt uppsåt oskyldige Had dräpas, blod af asafaderns blod än en gång utgjutas och den ene sonens död medföra den andres? Ingen kunde råda till detta, ingen ville lyfta sin

hand mot Had. Men ej en gång gudarne äro i stånd att genomskåda hvarandras innersta bevekelsegrunder. I denna, såsom i alla liknande saker, var det deras domareplikt att icke blunda för gärningsmannens tidigare lif, utan spörja, om ej däri fanns något, som kunde varit en driffjäder till gärningen.

Då Loke utsåg Had till Balders baneman, hade han just haft detta för ögat. Asarne måste lägga vikt vid, att det fanns yttre grunder för att Had handlat med ond öfverläggning: Had hade ju en gång varit Balders fiende och efterfikat hans maka.

Rätten i sin stränghet kräfde fördenskull, att broderdråparen skulle straffas med döden, eftersom böter i ett sådant fall som detta ej kunde gifvas. Ty hvilka böter voro tillräckliga för dråpet på solens gud och rättfärdighetens herre? Nornans runor, som helga blodshämnden, äro icke ristade på vattnets yta eller i hedens flygsand och låta icke gäcka sig. Men Oden kunde icke besluta sig att kräfva en sons död i vederlag för en annans. Då omslingrade honom Urd med sina osynliga band, drog honom bort från Asgård, förde honom till Rind, Billings solljusa dotter, och ingaf honom en oemotståndlig kärlekslidelse till henne, för att hon med Oden skulle föda en son, som blefve Balders hämnare. Bland de ofödda själarna var en redan af henne utkorad att varda son af Oden och fullgöra detta kall, och af nåd hade hon lagt den sonens lefnadslotter så, att han skulle fullgöra hämnden, innan "han kammat sitt hufvud och tvått sina händer", innan han ännu visste, att han var Odens son och Hads broder, eller kunde göras tveksam af den sorg han måste förorsaka med sin gärning.

Men trollska makter hade bemäktigat sig Rinds sinne och gjort henne hård mot Odens böner och sin faders råd. Oden kunde upphäfva den på Rind hvilande trolldomen, men endast så, att han begagnade sig af trolldom själf, af Gullveigs sejdkonst och förbjudna runor. Detta gjorde asafadern - nyttjande, när framgång ej annorlunda kunde vinnas, ett tadelvärdt medel att komma till ett af rättvisan och ödet fordradt mål.

Rind födde med Oden en son, som kallas Vale. Hon födde honom tidigt, ty han slet otåligt i de band, som fängslade honom under modershjärtat, och han var endast dygngammal, då han uppvuxit till en kämpe, som i tvekamp fällde Had. Den döde Had steg ned till underjorden. Balder emottog honom där.

De lefva där nere tillsammans, och då världsförnyelsens dag kommer, skola de tillsammans återvända och tillsammans bo på Valhalls tomter.

27 - Fimbulavinterns höjdpunkt
Folkutvandringen från Norden
Sköld-borgar och Halvdan

Efter Balders död fanns det i Asgård ingen makt, som kunde hejda de af Valand från Jotunheim utsända hvirfvelvindarne, snöstormarne och hagelskurarne.

Skillnaden mellan sommar och vinter försvann allt mer, och det såg ut, som om vintern skulle tillägna sig årets alla månader.

Landet närmast söder om Elivågor, där Egils borg stod, vardt öfverdraget af jöklar och isfält, som sommarsolens strålar icke smälte. De alfer, som bott där och varit Valands smidesbiträden och Egils och Tjalves stridsmän, utvandrade därifrån och begåfvo sig till svearne. Jättar satte öfver Elivågor i båtar, sådana som Hymer ägde, och nybyggde de öfvergifna ängderna. De togo sina bostäder under de jökelhöljda bergens tak; deras svarta oxar och kor med guldhorn trifvas godt, där Midgårds hjordar dö af hunger, ty de slicka, som Audumla, föda ur rimfrosten och uppkrafsa under dalgångarnes drifvor närande mossa.

På den stora ö i det nordiska hafvet, hvars sydligaste del är Aurvangalandet, bodde nu många folkstammar komna från Ask och Embla, alla talande samma tungomål och följande samma sedvänjor. Söder om svearne och nedemot Järnvallarne, som utgöra Aurvangalandets södra kust, bodde goter, daner, heruler, gepider, viniler (longobarder), angler, saksare, tyringar, vandaler och andra stammar. Ditintills hade de alla lefvat i endräkt och ansett sig för hvad de voro: grenar på ett och samma folkträd. Så långt som de utbredt sig öfver Norden hade landet varit godt, vackert och skördegifvande.

Men med fimbulvintern kom nöd öfver dem, främst öfver svearne som bodde nordligare än de andra.

Fröj och Fröja främjade icke längre fruktbarhet och fruktsamhet; växtlighetsdiserna skänkte icke längre af Yggdrasils befruktande honungsdagg åt åkrar och ängar. Hjordarne aftogo, men björnarnes och ulfvarnes skaror växte, och den värste ulfven, hungersnöden, öppnade sitt gap mot folket.

Då samlade sig alfer och sveahöfdingar till möte vid Svarins hög, och allt sveafolket deltog i deras rådslag, och vardt då beslutadt att öfvergifva fädernas land och draga mot söder. Kunde man icke vinna bättre ängder med vänlig öfverenskommelse, skulle man taga dem med svärdet. Och till strid kom det ofta, då nu svearne trängde ned mot goterna och desse mot danerna, och desse mot herulerna och de andra stammarne.

Påträngandet från norr till söder vardt för hvarje år starkare, ty för hvarje år eröfrade fimbulvintern och de osmältbara isfälten större område från det beboeliga landet.

Vid denna tid lefde ännu och härskade i Aurvangalandet som höfding och domare Sköld-Borgar, sonen af den vanagud (Heimdall), hvilken som barn kom till nämnda land med den heliga elden, de goda runorna, sädeskärfven, verktygen och vapnen. Sköld-Borgar var nu gammal vorden. Under en lång och lofvärd styrelse hade han fått upplefva mycket. Han erinrade sig från sin barndom och ungdom guldålderns lyckliga tider, fria från laster, strider, brott och nöd. Hans mannaår hade sett mänsklighetens kopparålder och släktenas försämring. På gamla dagar fick han upplefva fimbulvinterns inbrott och begynnelsen till en järnålder, hvarom han hört en förutsägelse vid sin sons födelse. Sonen hette Halfdan och var nu en yngling; Sköld-Borgars maka, Halfdans moder, hette Drott.

Om Halfdans födelse förtäljes, att den natt, då han kom till världen, rådde stark storm. "Heliga vatten nedstörtade från himmelsfjällen" (stormmolnen), som med väldigt dån utslungade korsande blixtar.

Det var Tor, åskans gud, som öfverskyggde huset och gaf sin gudomliga närvaro tillkänna. Allmänt förtäljes, att Tor delade med Sköld-Borgar fadersrätten till den nyfödde, på samma sätt som Heimdall i de hem, som han i forntiden gästade, hade delat med husbonden på stället fadersrätten till de söner, som där sågo dagen. Därför gällde Halfdan för att vara Tors son och på samma gång Sköld-Borgars.

Natt låg ännu öfver Sköld-Borgars gård, när de tre ödesdiserna, Urd och hennes systrar, kommo dit och betraktade det nyfödda ädla barnet och igenkände i dess drag – hvad redan Drott igenkänt – att det hade ej allenast en mänsklig fader, utan ock en gudomlig. Och de bestämde, att han skulle varda den ypperste i sin ätt, den förnämste af höfdingar och bland de nordiska folken den förste med konunganamn. De tvinnade hans ödes trådar starka, varpen i hans ödes väf redde de af guld och fäste dess ändar i öster och väster under "månens sal" (rymden). I öster och väster skulle Halfdan utan svåra hinder utbreda sitt välde. Men åt norr kastade Urd en enda tråd. Hon visste, att från norr skulle komma fruktansvärda makter, i början oemotståndliga, för hvilka Halfdan måste rygga; men Urd bad till den okända makt, hvars ombud hon är, att den tråd hon åt norr kastat måtte evigt hålla. Därefter aflägsnade sig nornorna.

Men Sköld-Borgar gick ut i den åskdigra natten, plockade på ängen en härlig blomma och satte den som en spira i barnets hand.

Följande dag sutto två korpar i trädet, som skuggade öfver Sköld-Borgars tak. Genom vindögat (rököppningen i taket) tittade de in i salen och sågo den nyfödde.

Framsynta som korpar äro, förekom det dem, som om gossen redan stod vapenrustad. "Ser du", sade den ene korpen till den andre, "han är blott en dag gammal, denne gudaättling, och ändå ser jag honom skrudad i brynja.

Nu är fredens ålder slut; nu är vår tid inne. Vi och ulfvarne ha länge hungrat, men ser du, hur hvassa ögon den gossen har! Ja, vår tid har kommit. Vi skola trifvas."

Sköld-Borgar hade af sin fader Heimdall fått lära fågelspråket. Drott kände det äfven. De förstodo hvad korpen sade, och det fyllde dem med ängslan och bekymmer för de kommande släktena. De tolkade det så, att stridsåldern hade med detta barn kommit i världen.

Sköld-Borgar hade en frände, som hette Hagal, hans närmaste vän. Till honom skickade han Halfdan att uppfostras. Hagal hade en son, som hette Hamal, jämnårig med Halfdan. Halfdan och Hamal lekte som gossar tillsammans, vordo tillsammans ynglingar och svuro hvarandra evig vänskap. De voro de skönaste människosöner i Midgård; i valkyriedräkt skulle de sett ut som valkyrior.

Och de voro hvarandra till utseendet så lika, att det var svårt att säga, hvem som var Halfdan eller Hamal. Men däruti skilde de sig, att Halfdan var ordrik och Hamal tystlåten, Halfdan snar att fatta beslut och utföra dem, Hamal eftertänksam och besinningsfull, men djärf, äfven han, i beslutets verkställande. Halfdan hade stora snillegåfvor. I de af Heimdall lärda heliga runorna vardt han kunnigare än sin fader, och han blef forntidens störste skald, den ypperste i Midgård. Han var frikostig och älskade att strö guld omkring sig. Och när nu därtill kom, att han vardt den starkaste hjälten bland alla sina samtida, så är ej att förvånas öfver, att han beundrades mer än de flesta och vardt besjungen från släkte till släkte. Den, hos hvilken snille och skönhet, styrka och frikostighet äro förenade, han synes mången vara fullkomlig.

Sköld-Borgar, Halfdans fader, var dock i somligas ögon bättre än han; ty fadern älskade friden och sträfvade, mer än till något annat, till befästande af endräktens band.

Halfdan älskade krig och äfventyr. Men han var rätte mannen för den tid som kom. Friden var för alltid flyktad från Midgård. Den världsålder, som kallas "stormtid och ulftid, yxtid och kniftid", hade inbrutit, och den skall fortgå till Ragnarök.

Halfdan förde med skicklighet alla slags vapen. Men hans älsklingsvapen var klubban. Svärdet hade under fridsåldern varit obekant. De första svärden smiddes i Valands smedja, och de började nu komma i bruk.

Äfven Halfdan hade sådana. Dock misstänktes och skyddes svärdet af de flesta stridsmännen, alltsedan Valand vardt gudafiende och förvandlad till den värste af Jotunheims bebyggare. Man trodde fördenskull, att förbannelse hvilade på det.

När Egil flydde med sina bröder till Ulfdalarne, efterlämnade han sin hustru Groa och bad henne begifva sig till hennes fader Sigtrygg, som var en höfding bland alferna och vän till Ivaldes söner.

Sigtrygg hade sin borg i Svitiod det stora i närheten af Svarinshög och ej långt från svearnes landamären. Groa väntade att få en son; hon hade annars följt sin man till det frostkalla land, dit han gjort sig landsflyktig.

Det är redan omtaladt, att sedan Ivaldesönerna upphört att vakta Elivågor, begåfvo sig många jättar öfver till det nordligaste Midgård och bosatte sig där. Tor gjorde en färd dit upp för att bortdrifva eller döda dessa farliga nybyggare, och Halfdan fick följa sin Asgårdsfader på färden. Det hände då, att medan Halfdan och Hamal redo genom en skog, mötte de en trupp af fagra kvinnor, likaledes till häst.

Det var Groa och de ungmör, som tjänade henne. De ämnade sig till en skogssjö för att bada. Halfdan vardt betagen af växtlighetsdisens skönhet och bad henne följa honom till Aurvangalandet och stanna där. Väl tyckte Groa, att Halfdan var den vackraste bland ynglingar, men hon hade gifvit sin tro till en annan och svarade nej. Då nödgade han henne att följa med honom.

Tor gillade denna gärning, eftersom Egil blifvit gudarnes fiende, och enär det vore till gagn för Midgård, att en växtlighetsdis där var fästad. Men Sigtrygg, Groas fader, gillade den icke, och det kom mellan honom och Halfdan till en strid, som lyktades så, att Halfdan fällde honom med en klubba, på hvars skaft en guldkula var fästad.

Växtlighetsdisernas fader kunde ej falla för annat vapen än ett som liknade solen. Halfdan förde Groa till Sköld-Borgars gård. Där födde hon en son, som ej var Halfdans, utan Egils. Sonen kallades Od-Svipdag. Ett år därefter födde hon med Halfdan en son, som fick namnet Gudhorm. Hon kände sig dock alltid som en främling i Halfdans hem. Hon led af tanken att vara maka till den man, som blifvit hennes faders bane, och hennes hjärta trängtade efter Egil. Efter några års förlopp blef hon fördenskull bortsänd af Halfdan, och hon begaf sig med sin unge son Od-Svipdag tillbaka till Svitiod det stora, där hon väntade på Egils återkomst. Frostnätter, snöstormar och hagelskurar kommo; men icke Egil. Då trånade växtlighetsdisen bort och dog. På dödsbädden sade hon till sin son Od-Svipdag, att om han behöfde hennes hjälp, skulle han gå till hennes graf och kalla på henne. Hennes lik lades i en grift, byggd på en berghäll, med väggar, tak och dörr af tunga stenblock.

Tor och Halfdan gjorde flere utfärder mot de jättar, som tagit land i det nordliga Midgård. Många jättar och krigiska jättekvinnor blefvo då dödade; men detta tjänade i det hela till föga, ty andra inflyttade i stället, och så god Tors järnhammare var, kunde han med den icke hindra, att allt vidsträcktare isfält lade sig öfver bergslätterna, och allt flere dalar lågo, äfven sommartiden, höljda i snö.

Och nu, när den stora folkvandringen inträdt, sedan svearne börjat rycka mot söder, fick Halfdan annat att skaffa än att följa Tor på utfärder mot jättarne. Den första mot söder trängande folkböljan satte en andra i rörelse, och den andra en tredje och så vidare, så att bölja efter bölja svallade mot Aurvangalandet, människosläktets urhem, där Sköld-Borgar så länge och lyckligt varit folkets lagstiftare och domare. På Aurvangalandets gräns stodo nu hårda strider, i hvilka Halfdan och Hamal utförde många bragder. Men den gamle Sköld-Borgar såg, att motstånd i längden vore gagnlöst, så länge fimbulvinterns makter rasade bakom de nordligare stammarne och nödgade dem att tränga på.

De hade ju att välja detta eller hungersdöden. Och enär alla dessa stammar voro fränder och ledde sin härkomst från Aurvangalandet, ville Sköld-Borgar icke se dem förstöra hvarandra i brödrafejd.

Fördenskull beslöt han med sitt folk tåga söderut, äfven han. Så skedde, och många stammar förenade sig under honom för att å andra sidan det nordiska hafvet vinna land och bosätta sig. Skepp byggdes och förde dem öfver hafvet. Halfdan vardt alla dessa stammars anförare; deras höfdingar lyfte honom på sköld och korade honom till konung. Ingenting mäktade motstå dem.

De lade under sig söder om hafvet vidsträcka land, där segelbara floder söka sig väg mellan djupa löfskogar och saftiga betesfält. De vunno och delade mellan sig ett rike, som i väster hade till gräns den väldiga flod, som heter Rhen, i söder det skogshöljda högland, som ligger i skuggan af de högsta bergen i Midgård, men i öster sträckte sig långt in i ett omätligt slättland med många älfvar, som bilda vägar ned mot ett sydligt haf (Svarta Hafvet). Så uppfylldes nornornas spådom, att Halfdan skulle hafva ett rike, vidsträckt i väster och öster, så långt som de i dessa väderstreck hade knutit de gyllne trådarne i varpen i hans väf; men åt norr låg blott en enda tråd, och det gällde, om den skulle hålla, eller om människosläktets urhem och fädernas heliga grafvar skulle för alltid stanna i frostmakters och gudafienders våld.

28 - Valands senare öden och död

Sju vintrar hade svanemöarna Idun, Sif och Auda tillbragt i Ulfdalarne. I den åttonde vintern blefvo de sjuka af längtan efter solglans, vårfläktar och blommor; ty sitt innersta skaplynne kunde de icke besegra. Sorgsna och tynande uthärdade de ännu ett år hos Ivaldes söner.

Men därefter togo de sina svaneskrudar och flögo bort öfver Jotunheim och Elivågor.

Då vardt det tungt äfven för bröderna att stanna.

Men Valand hade för stora mål i sikte för att längtan och sorg skulle kunnat afvända honom från dem; han var ej allenast oläkligt hämndgirig, utan också ihärdig och tålmodig utan like. Till bröderna sade han: "Då I längten härifrån, så är det bättre för eder att gå." De togo sina skidor och bågar och gingo på olika vägar åt söder. Egil följdes af en gosse, som var hans och Sifs son, född i Ulfdalarne och af fadern uppfostrad till bågskytt och skidlöpare. Hans namn var Ull, och ödet hade med honom stora uppsåt.

Valand var nu ensam. Han fortfor med sina trollkonster och sitt smide på hämndesvärdet. Dessemellan jagade han och skaffade sig så sin föda. År gingo, galdersången fortfor, och stormby efter stormby med frost och hagel lösgjordes i Ulfdalarne för att härja skapelsen.

Isfälten sköto ned emot Aurvangalandet, och den ofantliga Nordhafsön, som förut varit grönskande och bebodd af så många folk, var en människotom öken af is och snö. Endast själfva Aurvangalandet var ännu beboeligt; där byggde nu svearne och med dem var en skara alfer.

Då det uppenbart visat sig, att asagudarne icke voro i stånd att hejda fimbulvintern, lät Urd Mimer veta, att nu hade han rätt och plikt att gripa in. Mimer och hans sju äldste söner, Sindre bland dem, stego välbeväpnade till häst. Mimers drottning och döttrar, som äro nattens diser, tolf till antalet, satte sig äfven i sadel och följde dem. Nattdisernas hjälp var behöflig vid denna färd. Så redo de öfver Nidafjällens branta, fuktiga bergstigar, förbi världskvarnen och Hvergelmerkällan ned i det töckniga Nifelheim och därifrån upp genom den hålväg, som leder från underjorden till Ulfdalarne. Komna dit, ordnade de sig så, att nattdiserna bildade en ring kring männen.

Därigenom kom hela truppen att för en utanför varandes ögon likna ett mörkt töcken, som dref utefter dalgången.

Deras afsikt var att öfverrumpla Valand, hvars hämndesvärd gjorde honom oöfvervinnelig. Månens skära stod på himmelen och lekte med sitt bleka sken på ryttarnes hjälmar, brynjor och vapen; men det var blott som om månen lekt med en dimma. De kommo sent om kvällen till Valands smedja och stannade vid dess gafvel.

Töcknet lägrade sig där.

Dörren stod öppen, och i smedjan sågs ingen.

Mimer och hans söner stego ur sadeln och gingo in. Med kännares ögon betraktade de Valands smidesredskap. Så gingo de till lindbastrepet och besågo detta trollredskap och undersökte de hundratals guld-armringar, som hängde där. Det blef dem klart, att Valand gjort en guldring, liknande Sindres Draupner, och att från den hade de andra droppat. Mimer och Sindre undersökte alla ringarne och funno den, som var de andras moder. Mimer tog den och bar den ut och gaf den till sin dotter Baduhild, en af nattdiserna. Därefter lämnades smedjan, och männen gingo in i töcknet vid hennes gafvel.

Ändtligen kom Valand. Man såg honom i det svaga månljuset glida på sina skidor ned för en fjäll-lid, väpnad med jaktspjut och båge. Hämndesvärdet lyste vid hans sida. På sina skuldror bar han en björn, bytet af dagens jakt. Han gick in i smedjan nu, lade vindtorr ved och ris på äriln, tillagade af björnkött sin måltid och satte sig vid bordet på den med en björnhud bonade bänken. Eldskenet från äriln speglade sig i ringarne på lindbastet. Valand gick dit och räknade, såsom han ofta gjorde, sina ringar.

Där funnos nu 840, men en, de andras moder, saknades. Tjufvar hade aldrig sett Ulfdalarne, och ingen, med undantag för Ivaldes barn, eller Mimers söner, skulle kunnat skilja mellan ringarne och finna den yppersta. Genom Valand ilade en rysning af sällhet. "Idun har återkommit", tänkte han; "jag trodde alltid, att hon skulle återkomma. Nu är hon här. Hon har tagit ringen till ett tecken, att hon är här. Hon söker mig därute på jaktens stigar, och mina skidors spår skola leda henne tillbaka hit."

Han satt länge och inväntade henne. Hans hjärta, som brunnit så länge af hämndens vällust och kval, svalkades ljuft af tankar på trogen kärlek. Men tröttheten öfverväldigade honom. Hufvudet, som hvälfde de världsfördärfliga planerna, sjönk ned emot sitt bröst.

Valand sof.

Han vaknade, men ej till glädje. Lindbastrepet, hvari han bundit stormarne, var nu bundet kring stormutsändaren själf. Trollredskapet slingrade sig kring hans armar och ben och var en fastare boja än någon af järn. Framför honom stod Mimer och hade hämndesvärdet i sitt bälte, och bredvid honom Sindre, hvars hammarsmide hämndesvärdet skulle bringa på skam. Valand skar tänder, och hans ögon gnistrade. Hans hämndeverk, nu nästan färdigt, var med ens tillintetgjordt. Så stark var dock den väldiges själ, att han i nästa stund var lugn igen, och i hans dystra drag sågs hvarken trots eller förtviflan, endast beslutsamhet och tålamod.

Valand medfördes bunden till underjorden. I en sjö under Nidafjällens branter, ej långt från Mimers söners och döttrars borg, är en holme och på den en af underjordssmedjorna. Dit fördes Valand.

Mimers gemål, som märkt den förfärliga blicken i Valands ögon, när han såg hämndesvärdet i hennes makes våld, var gripen af hemska aningar om stundande olyckor för henne och hennes närmaste och gaf sig ingen ro, förrän man afskurit Valands knäsenor. Hon trodde, att han därmed var oskadliggjord och dömd till evig fångenskap på holmen.

Snart hördes hammarslag därifrån. Mimer besökte sin fånge och fann honom lugn och arbetslysten.

Guld och andra malmer, ädelstenar och hvad helst Valand önskade att arbeta på sändes honom. Ett förråd af sorgdöfvande och hjärtstyrkande mjöd öfverfördes till hans smedja. Valand arbetade raskt, och Mimer, klenodsamlaren, såg med glädje, huru genom Valands flit de underbara skatter ökades, som Mimer vill bevara åt en kommande världsålder.

Men Valand smidde också på något, som hans väktare icke hade en aning om. Han gjorde sig en flyginrättning, liknande den örnham han förut ägt.

Vid stranden af sjön låg en båt, hvari Mimer och hans söner, underjordssmederna, stundom foro öfver till holmen, samspråkade med Valand och beskådade hans händers verk. De dolde icke sin beundran öfver dem.

Sindre, den store konstnären, hade aldrig hyst afund till Valand, ehuru han icke ville anses för sämre smed. Han hade undersökt hämndesvärdet och förklarat, att det var det yppersta smide i hela världen, märkvärdigare än hammaren Mjölner, och att han själf skulle behöfva lika lång tid som Ivaldesonen för att göra ett svärd med lika världsgagnande egenskaper som detta hade världsfarliga i onda händer.

Efter den dom, hvarmed gudarne kränkte Valands stolthet och frånkände Sindre hans segerpris, hade också Mimers söner upphört att smida klenoder åt Asgårdsgudarne, ehuru fadern städse förblef gudarnes vän, emedan han var världsordningens.

För att hämndesvärdet icke skulle komma i obehörig hand, beslöt Mimer, att det skulle förvaras inne i själfva världsträdet. En gåta säger, att det gömdes "i det vattenbegärliga karet med nio omspännande lås".

Det vattenbegärliga karet är asken Yggdrasil, som suger sina safter ur de tre underjordskällorna, och karets nio omspännande lås äro de nio årsringarna kring kärnan af trädet, som lefvat genom nio världsåldrar: Audumlas, Ymers, Trudgelmers, Bergelmers, världsdaningens och människoskapelsens, tidsåldern före Heimdalls ankomst till Midgård, guldåldern, kopparåldern och järnåldern. Här syntes det farliga vapnet vara i säkert förvar. Nattdiserna voro förvaringsrummets väktarinnor.

Mimer hade, utom sina sju äldre söner, två som ännu endast voro i gossåldern och ofta lekte vid stranden af den sjö, hvari Valands holme var belägen. De voro förbjudne att besöka holmen; men deras nyfikenhet var stor, och en gång, när de visste sig obemärkte, togo de båten och rodde dit.

Valands örnham var då nästan färdig. Gossarne stannade på tröskeln och tittade in i smedjan. Valand tog vänligt emot dem. De frågade, om han ville visa dem klenoderna, som förvarades i den kista, som stod i smedjan. Han gaf dem nyckeln; de öppnade och sågo där de vackraste saker af guld. Valands ögon lyste styggt, medan piltarne fröjdade sig med åsynen af skatterna. Han sade till dem: "Kommen hit i morgon bittida, när ingen ser er; då skall jag skänka er af klenoderna. Men låt ingen veta, att I varit hos mig."

Följande morgon kommo de åter till smedjan; men rodde icke tillbaka. Valand kröp till holmens strand och gaf den tomma båten en stöt, så att den for ut i sjön. De saknade barnen efterletades, men anträffades ingenstädes: man trodde väl, att de farit på sjön och drunknat där.

Den vise fadern kände icke deras öde. Visdomskällans mjöd gaf honom inblick i de stora världsgåtorna, men ej i sådana ting. Ej långt därefter sände Valand till Mimer två konstrikt arbetade dryckeskärl af silfver, till hans drottning fyra de klaraste guldinfattade ädelstenar och till Baduhild ett hvitglänsande bröstsmycke. Silfret i dryckeskärlen var smidt kring de små brödernas hufvudskålar; ädelstenarne voro deras ögon; bröstsmycket var förfärdigadt af deras tänder. Deras kroppar hade Valand gräft ned under bälgen.

Någon dag därefter rodde Baduhild hemligen öfver till holmen. Något fel hade kommit på den dyrbara armringen hon fått af sin fader. Hon ville icke omtala det för någon, utan bad Valand, som var ringens smed, att bota skadan. Han lofvade göra det genast, medan hon var där. Hon satte sig på bänken, och han räckte henne en bägare mjöd. Hon drack och somnade. När hon vaknade, var Valand försvunnen.

Han hade iklädt sig sin örnham och flugit bort.

Valand begaf sig till sitt odalland Trymheim i Svitiod det stora. I dalarne mellan dess ishöljda berg väntade han att återfinna Idun och Skade och de andra fränderna.

Där fann han dem äfven. I ett af bergen därstädes inrättade han vidsträckta salar, som han prydde med sin oförlikneliga smideskonst. Dörren till dem öppnade sig mot en liten fjällsjö, som hans galdersång befriade från is. Här inne i berget ämnade han lefva med Idun genom århundraden. Asarne, beröfvade den läkedom mot åren, hvilken Idun allena ägde, skulle åldras, världstyglarne falla ur deras slappnade händer. Det var nu den plan, som Valand uppgjort.

Från underjorden kom bud till asarne, att Valand flytt och att nya faror förestode. Asarne rådgjorde. De sade hvarandra, att de själfve vållat det hat Valand till dem hyste, och att det vore bättre att försona sig med honom och Ivaldesläkten än att utrota dem, ifall valet stode gudarne fritt. Det var dem framför allt af vikt, att Idun återkomme till Asgård. Måhända kunde Valand, om han försonades, återbringa dem äfven Fröj och Fröja.

Loke åhörde dessa rådslag. Han visste väl, att de vore till ingen nytta, ty Valand var oförsonlig. Men han hade sina skäl att hindra, att ett försök till underhandling gjordes. Han erbjöd sig fördenskull att återbringa Idun till Asgård, och han höll sitt löfte. Ingen i Asgård visste, hvar Valand dolt sig; men Loke gissade på Trymheim, och som han kunde förvandla sig till flere slags djur, såsom häst, ulf, säl, lax och insekt, dock ej till fågel, var det honom mer tålamodspröfvande än svårt att utrannsaka Valands tillhåll. Han fann den lille fjällsjön, där Ivaldesonen plägade fiska, och dörren till hans salar.

När det skett, begärde han af gudarne att få låna Fröjas i Folkvang kvarlämnade falkham. Det fick han och flög till Trymheim. En dag, då Valand och Skade voro på fiske, hörde de vingslag tätt bakom sig och sågo en falk. Han flög ut från berget, hvars dörr stod öppen, och han bar en frukt i sina klor.

Valand misstänkte hvad som skett, och det visade sig, att Idun var försvunnen ur berget. Skade hämtade örnhammen, och Valand iklädde sig den. Det som falken flög bort med, var den till en frukt förvandlade växtlighetsdisen. Valand svingade sig upp i rymden och såg röfvaren, som hade godt försprång och var säker om att hinna fram. Loke saktade farten för att locka Valand att förfölja. Valand sköt en flykt, som i hast blott kunde mätas med hans stormande känslors. Asagudarne, som väntade Loke, upptäckte från Lidskjalf örnen, som förföljde honom. Då grep Tor sin hammare och de andre sina kastspjut och ställde sig vid vallen. Man gjorde sig i ordning att tända vaferlågorna. Falken slog ned innanför Asgårdsmuren, vaferlågorna tändes, gudaspjuten susade i luften, Valand kom i ohejdlig fart, stormade, spjutsårad, genom vaferlågornas hvirflar och föll med brinnande vingar ned vid vallen.

Örnhammen sjönk tillsammans i rök och gnistor, och gudarne sågo Valand själf. Han sökte resa sig på sina förlamade ben för att kämpa intill döden. Tor slungade Mjölner mot hans panna, och död låg den väldige med krossadt hufvud.

Sindres hammare, som han skulle öfverträffa, hade blifvit hans bane. Fimbulvinterns upphofsman var icke mer, och Idun hade återkommit till Asgård.

29 - Od-Svipdag och Fröja

Egil och hans son Ull hade haft åtskilliga äfventyr på sin färd från Ulfdalarne, men kommo dock oskadde fram till Svitiod det stora och återfunno Sif, som bodde där med Egils och Groas son Od-

Svipdag. Några år förflöto, under hvilka Egil stannade i hemmet hos de sina.

Han, den raske bågskytten och stridsmannen, kände under de åren större behof af hvila än äfventyr, och hans tankar voro icke alltid glada. Han ihågkom den tid, då han var gudarnes edsvurne väktare vid Elivågor och Tors förtrogne vän. Han tänkte på den skymf, som genom Halfdan blifvit tillfogad Od- Svipdags moder, som nu sof i sin kummelgraf på berget. Han tänkte på den ensamme Valand, hvilken han, för att vara en trogen broder, följt, men hvars uppsåt med världen alltid synts honom förfärliga.

De skatter, som Egil före sin flykt till Ulfdalarne hade gräft ned i jorden eller sänkt i forsar, fingo ligga där de voro. Blott ur det närmaste förvaringsstället upptog han några klenoder till sitt hems och till Sifs prydande.

Under dessa år växte Od-Svipdag och Ull upp till vackra och hurtiga ynglingar. Båda hade goda själsgåfvor; särskildt utmärkte sig Od-Svipdag för snarfyndighet och kvickhet i tal och svar.

Sif hvälfde många tankar. Växtlighetsdisen sörjde öfver den förstörelse, som genom Valand öfvergick världen, och hon märkte, huru Egil rufvade på sin brutna ed och på det med gudarne slitna vänskapsbandet. Sif var framsynt och sierska till skaplynnet, och det är väl också troligt, att Urd gaf henne ingifvelser och ledde hennes beslut.

En dag kallade Sif Od-Svipdag inför sig och sade honom, att som han nu var fullvuxen, borde han gå och uträtta något prisvärdt. Svipdag svarade, att han tänkt gå söderut för att kämpa mot Halfdan, därför att denne röfvade hans moder Groa från Egil; dock funne han det betänkligt, emedan han lefvat sina första år under Halfdans tak och alltid var af honom väl sedd. Och under Halfdans tak hade han en halfbroder Gudhorm, som också var Groas son. Sif sade, att hon delade Svipdags betänkligheter och ville råda honom till annat.

Han skulle begifva sig in i Jotunheim och därifrån återföra Fröj och Fröja.

Svipdag svarade icke nej; det blygdes han för. Men företaget syntes honom vida öfverstiga hans krafter, och han misstänkte, att Sif, som var hans styfmoder, icke frågade mycket efter hans väl. Han tyckte sig förut ha märkt, att Sif gynnade sin son Ull mer än honom. Dock hade detta aldrig rubbat vänskapen mellan Svipdag och halfbrodern, ty Ull hade alltid underordnat sig Svipdag och sett upp till honom.

Efter nattens inbrott gick han till Groas kummelgrift på berget. Han hade hört, att de döda äro lättare att återkalla och lyssna mer till jordelifvet, när natten är inne. Han ställde sig vid griftens dörr och sade högt: "vakna, Groa! vakna, moder! Det är din son, som väcker dig ur dödens sömn. Minns du hvad du sade, att jag skulle gå till din graf, om svåra öden hotade mig? Vakna, goda kvinna, och hjälp din son!"

Groas till underjorden gångne ande hörde sonens röst och kom och lifvade stoftet i grafkammaren. Där inifrån ljöd hennes röst: "hvilket öde har drabbat mitt barn? Till hvilken olycka är du född, då du kallar på din moder, som farit ur de lefvandes värld?" Svipdag svarade: "Hon, som efter dig famnade min fader, har illslugt ålagt mig att söka ett oupphinneligt mål." Men rösten från grafven uppmanade honom att icke tveka.

"Bidar du själf en gynnsam utgång, skall nog nornan leda dig på rätt stråt." "Sjung då", bad Svipdag, "goda galder öfver din son!" Och Groa sjöng, att Urd skall upprätthålla honom, då han glädjelös vandrar sina stigar; att om underjordsälfvar svälla och hota hans lif med sina flöden, skola de sjunka och strömma ned till Hel; att om han råkar ut för fiender och slås i bojor, skall fiendtligt sinne vända sig till förlikning och bojorna lossna för hans andedräkt; att om han hotas af orkan på hafvet, skola i världskvarnen vind och böljor endräktigt gånga samman och gifva honom trygg färd; att om hans väg går genom Nifelheim, han där må vandra trygg i nattligt mörker, samt om han kommer till Mimers rike och har att samtala med den vapenrike jätten, mannavett och vältalighet må vara honom rikligt gifna. Groa gaf Svipdag sin välsignelse till afsked, och han gick tröstad därifrån.

Följande morgon fick han veta, att Ull ville följa honom, och att föräldrarne tillåtit det. Egil gick med sina söner till en af sina skattegömmor och lät dem välja åt sig hjälmar, brynjor och svärd. Dagligen förde han dem till lekvallen, lät dem där pröfva alla idrotter, hvari han själf var mästare, och lärde dem mången fint, hvarmed en snarrådig och spänstig kämpe kan öfvervinna starkare motståndare. När de hunnit den fullkomlighet han önskat, bestämdes dagen för deras affärd. Sköldar, sådana att de kunna göras till skidor och båtar, gaf han dem äfven.

Vid afskedsmåltiden hade Sif tillredt en visdomsrätt.

I Midgård tro många, att den rätten beredes genom kokning på ett visst slags ormar. Hon kunde icke låta bli att ställa fatet så, att den starkare delen af visdomsfödan kom framför Ull. Svipdag svängde på fatet och tog hvad hon ämnat den egne sonen. Efter måltiden vinkade Sif Svipdag afsides och bad honom icke se ned på Ull.

Svipdag svarade: "Den som ser ned på en trogen vän blir mindre än han."

Bröderna sade hemmet farväl och vandrade norrut till Elivågor. Där sågo de sin faders öfvergifna borg där Tor så mången gång gästat honom. De gingo öfver Elivågor och följde utefter Jotunheimskusten.

Där de funno jättegårdar, sökte de natthärbärge och emottogos väl, emedan de voro Valands brorsöner.

Bland alla jättar gällde Valand den tiden som höfding.

Med ingen vågade de dock tala om Fröj och Fröja.

Det skulle väckt misstankar. Men en ledtråd hade de för färden. De visste, att Fröj och Fröja vistades bland jättarne af Beles stam, och de letade ut, att denna stam, en af de styggaste i Jotunheim, bodde högt upp vid det nordliga hafsbandet i en labyrint af förvillande töckenhöljda skär.

Färden dit upp var lång och svår. Bröderna hade att uthärda månget dygn sådant som det, då Tor fann deras fader hjälplös i Elivågor. Men Groa hade sjungit, att Urd skall upprätthålla Svipdag på glädjelösa stigar och föra honom på rätt strät. Så skedde ock.

De hunno den skärgård, där Beles stam bygger.

Många gånger under dessa år hade Njord med andra gudar å Skidbladner kringirrat i dessa farvatten, gagnlöst sökande son och dotter, kämpande med hagelstormar, som förmörkade luften, med

hafsvidunder, som klängde sig kring skeppets köl och ville draga det i djupet, med resar, som från strandklipporna kastade stenblock med sina slungor.

Valands brorsöner kunde här taga sig bättre fram än asagudarne. Stormutsändarens fränder hade hitintills blifvit väl mottagne af Jotunheimsbebyggarne. De blefvo det äfven här hos Beles stam, fast på sitt eget vis.

Jättarne däruppe hade ryktesvis hört, att bröderna voro att vänta, och afvaktade dem med ett sändeskap på stranden. Sändeskapet, till hvilket hörde tre bröder Grepp, som bland de sina gällde som skalder, bar, för högtidlighetens skull, en nidstång med sig, hvarpå ett hästhufvud hängde. Sedan gästerna hälsats, föreslog den äldste Grepp Svipdag att förkorta vägen till borgen med en täflan i nidvisor och hemställde, om ej segraren borde taga den öfvervunnes hufvud som segerpris. Den kvicke Svipdag gjorde jätten snart svarslös, och denne rusade förbittrad före dem till jättehöfdingens sal och skrek, att detta var gäster, som borde mista lifvet. När Svipdag och Ull inträdde i salen – Svipdag främst, Ull bakom honom – hälsades de af de innevarande välkomna med hundskall och tjut, och mattan, hvarpå Svipdag trampade, drogs undan hans fötter, så att han skulle fallit baklänges, om icke Ull hindrat det.

Då sade Svipdag: "Bar är broderlös rygg, äfven om den är brynjeklädd."

Bland dessa tursar ansågs ett sådant mottagande som älskvärdt skämt, nidvisan som det rätta skaldeskapet, fräckheten som kvickhet och sveket som bevis på utveckladt förstånd.

Det var så mycket mer öfverraskande att se höfdingen och hans syster, som sutto i högsätena. De voro båda unga, till utseendet så sköna och till later så ädla, att intet tvifvel kunde vara om att ynglingen var Fröj och systern Fröja. Men det var också tydligt, att båda voro under trolldomsinflytande. Fröj såg dyster och misstänksam ut. Fröja var som frånvarande och försjunken i drömmar. De behandlades af omgifningen som de förnämsta på stället, och om Fröj befallde något, åtlyddes det. Orsaken härtill var den, att Valand på detta villkor utlämnat gudasyskonen och hotat med värsta hämnd, om icke villkoret uppfylldes. En enda gång hade det händt, att en af jättarne uppträdde fräckt mot den unge vanaguden. Jätten var Bele ("skällaren"), stammens egentlige höfding. Då ryckte Fröj från väggen ett hjorthorn och gaf honom ett dråpslag. Fröja skulle alla tursarne velat äga; men ingen dristade att närma sig henne. Den äldste af Grepparne sökte göra sig behaglig för hennes ögon, men hon tycktes icke veta om hans närvaro. Det smeknamn, hvarmed tursarne sins emellan benämnde Fröja, var Syr ("grisen"), namnet på ett djur, som i deras tycke var det behagligaste af alla och mönstret af skönhet och prydlighet.

Om de dagar alfbröderna tillbragte i detta lag kan i korthet sägas, att de önskat dem vara färre. Från morgon till afton vilda dryckeslag, ohöfviska sånger, uppstämda af skällande och tjutande röster, öfverfall, slagsmål och dråp. Jättarne hade tydligen föresatt sig, att Svipdag och Ull icke skulle komma lefvande därifrån. Den äldste Grepp, som tyckt sig finna, att den tysta Fröjas blick ofta hvilade på Svipdag, blef svartsjuk och sökte lönmörda denne, men vardt i försöket nedhuggen af Ull, som sörjde mer för broderns än sin egen säkerhet.

Grepps bröder ropade på hämnd; Fröj sade då, att Grepp var fallen på sina gärningar, och att de, som ville taga hans gästers lif, skulle göra det i ärlig strid. Nu följde utmaning på utmaning och tvekamp på tvekamp.

Svipdag var uppfinningsrik i att välja gynnsamma villkor för striden, och bröderna förstodo att ömsesidigt skydda hvarandra och på samma gång gemensamt angripa. Det var som om Egil i dem tvefaldigats, och då härtill kom deras i Ivaldesönernas smedja hamrade vapens ofantliga öfverlägsenhet, så är det ej att undra, att de vunno ständig seger. De trolöse jättarne kunde ej heller öfverraska dem i sömnen, ty den ene brodern höll vapenvakt öfver den andres slummer.

Under allt detta försummade Svipdag intet för sin plans bästa. Att få ett hemligt samtal med Fröja var svårt och skulle tjäna till intet, emedan hon knappt syntes fatta hvad man sade till henne. Fröj åter undvek samtal eller afklippte dem, innan Svipdag kommit till sak.

Men en gång, när de blifvit ensamme, påminde denne om att han var son af Egil, som med Valand varit Fröjs fosterfader, och att de två fördenskull vore förenade med fosterbrödralagets band. Fröj anmärkte, att Valand och Egil illa uppfyllt vårdares plikter. Svipdag sade, att han och Ull kommit att försona detta och få den skuld häfd, som för brutna eder tyngde på Ivaldes släkt. De hade också kommit för att frälsa världen och människosläktet, som skulle tillintetgöras, om icke årsväxtens gud och fruktsamhetens gudinna återvände till Asgård. Fröj genmälde, att hans långa fångenskap hos de uslaste af Ymers afkomma och hans oförmåga under denna tid att hjälpa människorna, som trott på hans makt och blotat till honom, hade höljt honom med så mycken skymf och vanära, att han fann det bättre att stanna där han var.

Svipdag frågade, om han glömt, att han hade en fader, som sörjde hans förlust och oaflåtligt, under svåra faror, efterletade honom. Då brast Fröj i gråt, men upprepade, att han icke skulle följa Svipdag. Men han ville gifva bröderna ett tillfälle att fly med Fröja, och han skulle, om möjligt, fördröja och missleda förföljelse.

Härmed måste alfbröderna åtnöja sig. En natt, då jättarne hållit ett vildt dryckeslag och voro omtöcknade till sina sinnen eller försjunkna i tung sömn, lämnade bröderna jättegården och hade Fröja med sig. De styrde kosan öfver skärgårdens upprörda böljor till kustlandet.

Där utbredde sig vida skarsnöbetäckta slätter, öfver hvilka deras skidor ströko fram nästan med pilens fart, och längre fram mötte djupa skogar, som i nödfall kunde gömma mot förföljelse. De stannade icke, förrän de hunnit in i en skog. Här beslöto de hvila och tillreda åt Fröja ett läger så godt det läte göra sig. Medan Ull flätade ett skydd af barrträdets kvistar och gjorde därunder en bädd af mossa, satt Svipdag bredvid vanadisen.

Månen stod öfver trädtopparne och sken på hennes anlete. Svipdag såg betagen in i det, och han talade glada, uppmuntrande ord. Men Fröja stirrade på marken; hon lyfte icke en enda gång sin blick. Han bad henne göra det och sade, att hans kärlek ej hoppades mer än det enda ögonkast, hvarom han bad.

Men ögonlockens fransar förblefvo orörliga. Han förde henne då till hennes bädd, och bröderna bjödo henne godnatt.

När de om morgonen sökte henne där, var hon försvunnen, och de efterletade henne länge och förgäfves.

De ropade, men fingo intet svar. Flera dagar förledo med ängsligt sökande. Det var den tid på året, då nätterna äro som längst. Så kom aftonen af årets kortaste dag. Pinglor hördes i skogen, en jättegård måtte finnas i grannskapet, och bröderna gingo, för att söka härbärge, åt det håll, hvarifrån pinglandet ljöd. De kommo till ett glad (öppen plats i skogen), begränsadt på en sida af ett lodrätt berg. Mot en dörr i detta gick en skara getter med klingande skällor, och bakom dem två kvinnor, den ena en jättinna, den andra klädd som getpiga. När hjorden drifvits in, öppnade jättinnan en annan dörr, och vinterkvällsolens röda sken föll in därigenom och belyste hennes sal. Bröderna gingo fram och bådo om natthärbärge. Hon mottog dem vänligt, när hon hört, att de voro Valands brorsöner. "Han har nu länge varit den bäste af alla jättar", sade hon. Bröderna sågo, att getpigan var Fröja. Jättinnan hade funnit henne i skogen och gifvit henne tjänst. Svipdag och Ull låtsade icke känna henne, och hon syntes ej heller känna dem. Jättinnan var litet misstänksam i den punkten, men lugnade sig snart. Vid aftonmåltiden betraktade hon sina gäster, och de syntes henne vara vackra ynglingar. Mest tyckte hon om Svipdag, som vid bordet var munter och infallsrik, och det föreföll henne, att hon ej kunde önska bättre, än att han stannade och blefve hennes man. Hon berömde sin gård, sina hjordar och ägodelar och sporde, om det icke vore tröttsamt i längden att drifva omkring i världen på äfventyr. Svipdag genmälde, att han redan, så ung han var, fått nog däraf och gärna ville bli bofast man med hustru och barn; och eftersom hans släkt hade brutit både med gudar och människor, fore han nu med sin broder de villsamma stigarne i Jotunheim för att där leta sig hustru. Dock väntade han sig föga lycka på giljareväg därstädes, ty han hade icke en jättes växt och art. Jättinnan svarade, att en liten karl vore också en karl, och ville Svipdag ha en kortare hustru, så förstod hon konsten att göra sig så kort som han behagade.

Svipdag sade, att hans ärende i Jotunheim vore lyckligt uträttadt, om han funne nåd för hennes ögon.

Hon lät veta, att det hade han funnit, och att det var henne en heder att befryndas med den ärorika och frejdade Ivaldesläkten. Dryckesskålarne bräddades med jättegårdens öl; det glammades lustigt under kvällen - endast getpigan teg - och det vardt öfverenskommet, att bröllopet skulle hållas, så snart som brudens närmaste släkt hunnit underrättas och infinna sig till festen.

Hon skulle följande morgon begifva sig ut och bjuda dem. Vigseln skulle ske i all enkelhet, och endast de aderton närmaste jättefamiljerna inbjudas.

Långt innan följande morgons sol uppgått, hade gårdens ägarinna färdats ut i bröllopsbjudnings- ärende. Svipdag och Ull hade knappt sett henne fara in i skogen, förrän de påspände sina skidor och med Fröja fortsatte sin flykt. Mot aftonen hade de hunnit ned till kusten och satte öfver Elivågor. Då kom bakom dem en rasande orkan, som öfver störtande tallar bröt sig väg genom skogen ned till stranden och öfver vattnet, så att Elivågors böljor reste sig skyhöga. Bröderna gissade, att det var bruden och de aderton inbjudna jättefamiljerna, som beredde dem denna afskedshälsning. Galdern, som Groa sjungit, lugnade hafvet. Svipdag och Ull anlände lyckligt med Fröja till Egils och Sifs hem.

Svipdag var likväl mer sorgsen än glad. Han omtalade för Sif, att han icke fått en enda blick, icke ett enda ord af henne, som han frälsat ur jättevåld. Sif, som såg, att han var förälskad, bad honom icke tala till Fröja ett ord om kärlek. Vore det så, att vanadisen gömde en känsla för honom, skulle Sif nog upptäcka det.

Annars måste han försöka glömma henne; men i hvarje fall vore det hans plikt och hans ära att sända henne ren och oskyldig tillbaka till Asgård.

Valands dotter Skade vistades vid denna tid hos Egil. Sif tillställde ett låtsadt bröllop mellan Svipdag och henne. Fröja kläddes till brudtärna. Fram mot natten följde hon Svipdag och Skade till brudgemaket.

Där stod hon tyst med fälld och tårad blick och såg icke, att facklans låga närmades hennes hand, och kände ickedess sveda. Svipdag tog facklan och sade, att bröllopet var ett skämt. Då klarnade hennes anlete, och hon såg på Svipdag. Den kloka Sif anordnade då genast en verklig bröllopsfest mellan Fröja och honom. Men när hvilans stund kom, lade Svipdag, såsom Sif tillsagt honom, ett bart svärd mellan sig och bruden. Sif tog svaneham och flög mot söder, och när hon återkom, visste man i Asgård, att Fröja var genom Svipdag frälsad ur jättevåld.

Hon hämtades till den glänsande gudaborgen däruppe, och stor var asafaderns och alla gudars och gudinnorsglädje öfver hennes återkomst. Sif och Skade togo åter svaneham och flögo mot norr. De kände nu genom Svipdag, hvar borgen låg, där Fröj var på samma gång höfding och fånge. De flögo öfver de svarta holmarne i Bele-stammens skärgård och sågo, att jättarne där voro stadda på flyttning.

Sedan Fröja blifvit bortförd och deras tillhåll upptäckt, kände de sig icke säkra; de hade satt båtar i sjön och voro på väg med Fröj till än nordligare ängder.

Svanemöarna flögo vidare och spejade. De funno Skidbladner, bemannadt med vaner, ligga förtöjdt i en vik. På en klippa där bredvid satt Njord sorgsen och grubblande.

Trolldom och töcken gäckade städse hans letningar. En gyllene ring föll nu i hans knä; han skådade upp och såg två svanar glänsa i rymden mot de mörka, drifvande molnen. På ringen såg han runor ristade, som sade honom, hvar Fröj vore att finna. Skidbladner, städse gynnadt af medvind, styrdes dit; de flyttande jättarne öfverrumplades. Njord nedlade med egen hand det vidunder, som under färden vaktade Fröj, och han återvände med sin son till Asgård.

Idun, Fröja och Fröj voro återvunna åt gudarne.

Växtlighetsdiserna visade sig åter som deras vänner.

Valand, den förfärlige, var dräpt och fimbulvinterns makt därmed bruten.

30 - Halfdans tåg mot Norden
Egils död

Nu kommo öfver Midgård år, som voro löftesrika för lif och blomstring. Isfälten, som betäckte den stora nordiska ön, smälte under solens varma strålar. Så tyst det förut varit på de ofantliga jökelslätterna, så lifligt var där nu, ty oräkneliga rännilar sorlade där och förenade sig till bäckar, som gräfde sig allt djupare bäddar och med samlad kraft vordo till åar och älfvar, hvilka mellan grönskimrande isväggar brusade hän till hafvet. Mer och mer drogo sig isfälten tillbaka. För hvarje år visade sig grönskan något tidigare i dalarne och räckte något längre. Vintern började närma sig lagstadgade gränser och nöja sig med de månskiften, som ursprungligen blifvit tilldelade den.

Trädslag, som under fimbulvintern blifvit förkrympta till buskar eller till refvor, som kröpo under snön utefter marken, började resa sig med stam och krona, och de många, som dött ut, fingo efterträdare genom frön, som vind och bölja förde öfver till norden.

Denna förvandling gick först sakta, men vardt underbart påskyndad genom en tilldragelse i människovärlden.

Folkstammarne söder om hafvet i det stora rike Halfdan behärskade sammankallades af honom till tings, och han frågade dem, om de voro af hans tanke, att det heliga land, som hade i sitt sköte fädernas grafvar, borde återvinnas och nybyggas. Folkets samlade stridsmän gåfvo sitt ja med rop och vapenklang. Alla de utvandrade stammarne uppställde manstarka krigareskaror, anförda af män som tillhörde deras yppersta ätter. Budlungar, hildingar och lofdungar sällade sig med sina stridsmannaföljen under Halfdans fanor. Dessa ätter och flera af dem, som äro frejdade i Midgård, voro befryndade med Sköld-Borgars och härstammade från de män och kvinnor, som voro ypperst i Aurvangalandet, när Heimdall kom dit med sädeskärfven. En flotta utrustades, och hären landsteg i nämnda land. Svearne och de med dem sammanboende alferna, som byggde där, ville icke ansluta sig till härfärden och draga norrut. De bördiga fält de nu en tid innehaft, dem ville de behålla. De vägrade utbyta dem mot sitt gamla land omkring den örika sjö, hvars vatten blandar sig med saltsjöns, ty där uppe härskade ju ännu vintermakterna. Svearnes höfdingar samlade sina stridskrafter för att tillbakavisa Halfdans. Främst bland desse höfdingar voro de af skilfingarnes (ynglingarnes) ätt, som, äfven den, var befryndad med Sköld-Borgars; och på svearnes sida, likasom på den andra, stredo hildingar och budlungar. Kampen vardt hård, och vikande för öfvermakten måste svearne öfvergifva Aurvangalandet och draga nordligare. Med förvåning märkte de, att deras återtåg följdes af vår och blomster och flyttfågelskaror. Isfälten veko allt efter som de tågade mot norr.

Framför dem i fjärran drogo moln, som sände ljungeldar ned mot de smältande isjöklarne. Det var Tor, som åskade där och gjorde det obehagligt för därvarande invandrare från Jotunheim att kvarstanna i det längsta. Man såg jättarne lämna sina nybyggen och med svarta boskapshjordar tåga bort öfver snöfälten, och allt efter som dessa smälte, ryckte svearne efter, och bakom svearne Halfdans härskaror, som trängde dem framför sig. På Moins hedar gjorde svearne halt och sökte än en gång hejda sina fränder från södern. Det kom till ett blodigt fältslag, hvari svearnes bragder väckte Halfdans beundran; men de kämpade ej blott mot människor, utan mot gudarne och ödet och måste vika. Öfver Halfdans fylkingar redo i luften valkyrior, rustade med hjälmar, brynjor och gyllene spjut.

Från deras hästars manar och betsel droppade äringsgifvande dagg öfver fält, som i åratal ej burit annat än frostblommor.

Bland svearnes kämpar var hildingen Hildeger en af de ypperste. Han var Halfdans halfbroder och son af Drott, som varit gift med en sveahöfding, hildingarnes stamfader, innan hon blef Sköld-Borgars maka. Halfdan hade på svearnes sida iakttagit en ståtlig kämpe, som stred bland de främste och åstadkom stort manfall. Denne var Hildeger. När härarne en gång stodo uppställde mot hvarandra, gick Halfdan fram och utmanade honom utan att veta, att det var hans halfbroder. Hildeger hade för brodersbandets skull länge undvikit att sammanträffa med Halfdan i drabbningarna. Nu efter den offentliga utmaningen kunde han icke undvika det längre, såvida han icke ville uppenbara, att han var Halfdans broder. Men det ville han icke för Halfdans skull; ty, tänkte han, omtalar jag, att jag är hans broder och Halfdan likväl påyrkar tvekamp, så gör han sig skyldig till nidingsdåd; men afstår han från tvekampen, kunna onda tungor få ett skenskäl att säga, att han en gång varit rädd.

Fördenskull gick nu Hildeger fram ur svearnes led. Tvekampen mellan dem fördes med svärd, och hafva våra fäder sagt, att Valands uppfinning, svärdet, åtminstone i dess första tider, sällan drogs utan att vålla frändedråp.

Hildeger föll, efter skiftade hugg, dödligt sårad. Då lät han Halfdan veta, hvem han var. "Mig födde Drott i Svitiod; dig bland danerna. Förlåt, att jag icke sade dig, hvem jag är. Vi ha hvilat vid samma modersbarm. Låt nu brodern varda svept i sin broders mantel!" Halfdan grät och lade sin mantel kring hans lik.

Svearne hade slutligen måst rygga så långt upp som till Svarins hög, samma ställe, där vid fimbulvinterns början deras höfdingar och alferna hade samlat sig och beslutat den utvandring, till följd af hvilken Sköld-Borgar med sitt folk och så många andra drog söderut och hans son Halfdan grundlade sitt stora rike på andra sidan hafvet.

Det fanns för svearne intet skäl mer att fortsätta kriget.

De vackra ängder de förut bebyggt kring den örika och fjärdrika sjön stodo åter gröna med speglande skogar utefter stränderna, och med andakt hade de återsett sina fäders kummelgrifter och ättehögar.

Här var deras odalland, och här bjöd dem Halfdan att stanna. Det ämnade de också göra, men ansågo det lända dem till mindre heder att emottaga fred från hans hand än nödga honom med vapen att vika tillbaka. Egil och Svipdag kommo norrifrån, slöto sig till dem och eggade dem att tillbakavisa fredsanbudet. Egils hopp var att vid Svarins hög nedlägga Groas röfvare. Till Halfdan och hans här kom bud, att Egil med de alltid träffande pilarne anländt till fiendens läger. Detta var ingen god nyhet, och ansåg sig Halfdan själf korad att dö för ett skott från hans båge, om Egil uppträdde på valplatsen.

Kvällen före slaget kommo Halfdans spejare och sade, att de visste, hvar Egil tagit natthärbärge. Följd af Hamal och andra valda kämpar, bland hvilka hildingen Hildebrand, smög Halfdan mellan svearnes utposter till det hus, där Egil och Svipdag sutto i dryckesgille med sveakämpar. Huset stormades så oförmodadt och häftigt, att Egil ej hunnit lägga pil till bågsträng, innan han föll under Halfdans klubba. Svipdag och andra där inne räddade sig med flykten.

Följande dag stod slaget vid Svarins hög. Här föllo många å ömse sidor, och bland de fallne voro alfkämpar, som en gång hängde med Tjalve vid Tors starkhetsbälte, då han vadade genom Elivågor.

Slaget ändade så, att svearne ändtligen bekvämde sig att emottaga fred. Äfven de hyllade nu Halfdan som konung öfver alla de folk, som talade urfolkets språk och hade fått Heimdalls runor (germanfolken). Och enär årsväxten följt hans segertåg och fimbulvintern vikit för honom, gåfvo de, såsom andra folk, Halfdan, sonen af åskans gud, gudomlig ära efter hans död.

Bland de fångar Halfdan gjorde vid Svarins hög var hans styfson Svipdag, Egils och Groas son.

Svipdag hade i striden kämpat hjältemodigt och sökt hämna sin faders död. Halfdan talade vänligt till honom, bjöd honom att vara hans son och emottaga ett konungarike under honom. Svipdag svarade, att han icke läte muta sig af sin faders baneman. Han sade, att dödade icke Halfdan honom nu, skulle han döda Halfdan längre fram. Halfdan lät då binda honom vid ett träd i skogen och öfverlämnade honom åt hans öde.

Sedan Halfdan afslutat detta lyckosamma fälttåg mot Norden, förrättade han åt gudarne ett stort offer och bad om en styrelsetid, lång som hans faders, öfver de riken han ägde. Det svar han fick från gudarne innebar, att hans regering och lifstid skulle varda mycket kortare än Sköld-Borgars, men att i hans ätt skulle under tre hundra år ingen kvinna och ingen obetydande man födas.

Medan Halfdan framträngde mot Svarins hög, for Tjalve, ofta i Tors sällskap, mellan öarne i det nordiska hafvet, rensade dem från de troll och jättar, som där under fimbulvintern tagit bostad, gjorde dem beboeliga för människor och ditförde nybyggare. På Lässö var det nära att han blifvit dödad af rasande jättinnor, men Tor kom i god tid och räddade honom. Med ön Gotland var det före Tjalves ditkomst så ställdt, att hon vid soluppgången sjönk i hafvet, men vid solnedgången dök upp igen.

Tjalve bar gnideld kring ön och gjorde henne därmed fast. De nybyggare, som följde honom dit, voro af den gotiska stammen. Goter var det också, som bosatte sig i Götaland, söder om svearne, och på den halfö, som sedan kallats Jutland. Hela detta rike fick namnet Reidgotaland. På de bördiga öarne utanför Aurvangaland byggde danerna och söder om dem anglerna, saksarne och många andra befryndade folk.

31 - Svipdag hämtar hämdesvärdet
Halfdans död

De band, med hvilka Halfdan låtit binda Svipdag, höllo icke mot den galdersång, som Groa hade sjungit öfver sin son. Svipdag andades på dem, och de föllo bort.

Men friheten, som han därmed vann, var honom föga kär, och han tyckte, att lifvet hade för honom ringa värde, sedan hans fader fallit och han själf öfvervunnits af dennes oöfvervinnelige baneman. Det ålåg Svipdag att hämna sin faders död. Men huru vore det honom möjligt att utkräfva hämnden på den väldige Halfdan, som var Tors son och stod under hans beskydd?

Tyngd af dessa tankar gick Svipdag nattetid på månlyst stig emot sitt hem. Han såg till månen, som stod vid synranden, och månguden talade till honom och sade: "Jag känner dina tankar. Du tilltror dig ej att kunna hämna din fader. Det kan du ej heller af egen kraft. Men dig, som räddat Fröja ur Jotunheims våld, höfvesdet dig att misströsta?" "Hvad skall jag då göra?" "Hämta din farbroder Valands oemotståndliga svärd. Det ligger i underjorden i "det vattenbegärliga karet inom nio ombindande lås" (världsträdet). Det vaktas af den mörka Sinmara ("senskärarinnan", Mimers drottning, nattdisernas moder).

"Du talar i gåtor", sade Svipdag, "men jag förstår dina ord. Kan jag hoppas, att Sinmara utlämnar svärdet?"

"Hon utlämnar det åt ingen, som ej medför och lägger i hennes hand den blanka skära, hvarmed hon kan afskära en af Urd tvinnad tråd. Skärans egg biter, när Urd tillåter det."

"Hur skall jag finna den skäran?"

"Bland hanen Vidofners nystkotor*." [*I forntiden (och på Island ännu) nyttjades torkade hälkotor till trådrullar. De kotor, som här menas, sägas vara hanen Vidofners (stjärnehimmelens), af hvilka nornorna begagna sig, när de afnysta ödestrådarne "under månens sal". Uttrycket är en omskrifning för stjärnorna, och den blanka skära, som finns bland dem, är mångudens egen.] Just som månguden sagt detta, blänkte det till i luften, och en silfverhvit skära nedföll vid Svipdags fötter. Svipdag stack den i sitt bälte och tackade månguden.

Månguden sade vidare: "Nedgången till underjorden finner du i bergen norrut från Valands smedja i Ulfdalarne. Tämj okhjortar (renar), som ditföra dig snabbt genom den mordiska kölden!

Nedgången har en väktare. Akta dig, att han icke får se din skugga, innan du sett hans!"

Efter dessa ord gick månen ned bakom bergen.

Någon tid därefter åkte Svipdag efter ett spann afokhjortar ned i Ulfdalarne förbi Valands öfvergifna smedja och norr upp i bergen. Där fann han mellan klipporna hålvägen, som går ned till underjorden.

Tältsläden, hvar han åkt, och som nu skulle vara hans boning, ställde han invid hålvägens öppning, men så att hvarken den eller dess skugga kunde ses därinifrån. Dagarne tillbragte Svipdag med att jaga, sköta sina renar och hvila sig.

Om nätterna höll han oaflåtlig vakt. Så kom en månljus natt, då han såg en skugga falla från hålvägsöppningen och röra sig framåt på snön. Han gissade, att det var en af Mimers väktare, som, klädd i det slags kappa, hvilken gör sin bärare osynlig för vanliga ögon, hade gått ut ur hålvägen för att se sig omkring. Kappan kan dölja bäraren, men icke hans skugga. Svipdag kastade sitt spjut mot den punkt på snön, där han dömde, att väktarens ena fot måste vara, och spjutet fastnade också i den osynliges häl. Då sprang Svipdag fram och grep honom, afryckte kappan och såg honom nu för sina ögon. De brottades. Svipdag segrade och aftvang den öfvervunne en ed, att han finge ostörd gå ned i underjorden. Väktaren svor eden och sade, att komme han blott oskadd genom Nifelheim, så vore faran ingen; ty Mimer och hans söner skola visserligen icke förgripa sig på en gäst, äfven om han kommer objuden.

Väktaren gaf honom sin kappa till skydd under vandringen i Nifelheim och sade, att den som trotsar farorna där för att komma till Mimers land, han måste ha ett viktigt ärende dit.

Svipdag kom ned genom hålgången och tillryggalade stigar genom Nifelheims stinkande träsk. Hvad där är att se skall längre fram förtäljas. Det fordras en modig hug för att uthärda de synerna. Groas galder, genom hvilka Urd själf talat, värnade färdemannen och afvände farorna, när han mötte de rimturs-spöken och de hemska sjukdomsandar, som kringirra bland Nifelheimsträsken.

Svipdag klättrade öfver Nidafjället, såg med förvåning den ofantliga världskvarnen, dånet af hvars gång han hört på långt afstånd, såg den brusande Hvergelmerkällans vidsträckta rund och steg ned i Mimers grönskande rike.

Dunkel hvilar öfver mycket, som han där rönte.

Visst är, att Mimer och hans fränder mottogo honom gästvänligt och läto honom se de många undren i hans ängder. Själfva Breidablik, där Balder bor med Nanna och den kommande världsålderns stamföräldrar, fick han se, ehuru icke beträda. Med Mimer hade han samtal, hvari han till dennes fägnad ådagalade stor skarpsinnighet, och det är möjligt, att Mimer med uppsåt icke utfrågade af honom hans ärende. Visdomskällans väktare visste, att Svipdag leddes på sina vägar af Urd, och han visste väl än mer därom. Men till honom vände sig Svipdag icke med sitt ärende.

Den unge alfen fick tillåtelse att se Mimers drottnings och nattdisernas underbara boning. Där vid drottningens högsäte satt Baduhild, och en pilt lekte vid hennes knän. "Är han din son?" frågade Svipdag Baduhild.

"Ja", svarade hon. "Gossen har jag kallat Vidga. Du bör veta hans namn, ty du och han äro syskonbarn. Din fader var Egil; denne gosses fader var Valand."

"För mig är detta en stor nyhet", sade Svipdag.

Han lyfte upp gossen, kysste honom, bar honom till salens andre ände och tillsade honom att leka där.

Han återvände till högsätet och kvinnorna och sade till Baduhild: "Jag har icke hört, att du var gift med Valand."

"Det var jag ej heller. Mot min vilja och mitt vetande vardt Valand mitt barns fader."

"Då hatar du hans minne?"

"Nej, han var ju så olycklig. Alla kalla honom ond. Jag vet likväl att godhet låg gömd i hans hjärta. Han talade med min fader, innan hans örnham bar honom härifrån. Han drog täckelset bort från sin grymma hämnd och sade min fader allt, men först sedan han med ed bundit honom att icke vredgas på sin dotter eller det barn hon skulle föda. Sådan var Valand."

"Väl mig", sade Svipdag, "att du födt Valand en son! En börda har därmed fallit, som ville trycka mig till jorden."

"Hvad menar du?" frågade Baduhild och hennes moder, Mimers maka.

"Jag vill nu säga er mitt ärende", fortfor Svipdag.

"Jag kom hit för att få Valands hämndesvärd till mig utlämnadt. Jag visste icke, att Valand hade en son; jag trodde mig vara hans närmaste arfving — arfving till hans svärd och skyldig att kräfva blodshämnd på Asgårds gudar för hans död. Nu hör jag, att det finnes en närmare arfving till svärdet och till blodsbämndens plikt. Vidga skall bära det till kamp mot Asgårdsmakterna."

Mimers drottning sade: "Här ger du ord åt tankar, som kommit mig att rysa i sömnlösa nätter. Skall en gudafiende uppväxa vid gudavännen Mimers härd invid Yggdrasils vördnadsbjudande stam, vid randen af den heliga visdomskällan? Skall Vidga växa upp för att fullgöra ett ogörligt verk, dö förbannad under gudarnes vapen och försändas till de plågor, som äro åt de förbannade bestämda? Förfärliga tankar! Ägde jag silfverskäran, hvarmed jag kunde afskära den bloddränkta tråd, som Urd tvinnat åt Baduhilds son! Men skäran kommer aldrig i den hand, som

Urd ej därtill korat, och hennes domar äro orubbliga, ty de äro ej hennes, utan en okänd makts."

Baduhild sänkte sitt hufvud och grät.

"Skäran, hvarom du talar, är här", sade Svipdag och tog den ur sin gördel. Och i det han förde den skinande lille lien genom luften, sågos två blodröda trådar. "Här är den blodshämndens tråd, som Urd tvinnat åt mig; där är den hon tvinnat åt Vidga. Jag kan genomskära min egen, men icke båda, ty endera af oss, Vidga eller jag, måste söka tillfredsställa blodshämndens kraf och falla i försöket under gudarnes vrede. Genomskär jag min, så är för Vidga intet hopp. Lämnar jag skäran till dig, och du genomskär hans, så är för mig hoppet ute. Hvilketdera skall jag göra?"

Mimers maka sade: "Jag kan icke begära skäran ur din hand. Ditt offer vore för stort. Vidga har att bära sitt öde."

Svipdag sade: "Bär hit hämndesvärdet och fäst det min gördel! Jag öfvertager Valands arf och arfvingens plikter. Silfverskäran skall vara din. Evig blygd öfver den man, som själf kan bära en förbannelse, men låter den falla på ett barns hufvud!"

Mimers drottning gick, kom tillbaka med hämndesvärdet och fäste det vid Svipdags gördel. Han gaf henne silfverskäran, och hon afskar den för Vidga tvinnade blodshämndstråden.

Så fick Svipdag Valands hämndesvärd, och med det återkom han till Midgård. Här uppsökte han de jättehöfdingar, som ännu bodde med sina stammar i Svitiod det stora, och sade dem, att om de icke rusta sig till motvärn, är deras tid snart ute. Halfdan, understödd af asagudarne, skall komma med sina härskaror och drifva dem bort öfver Elivågor till deras urland Jotunheim.

Äfven till Jotunheim begaf sig Svipdag, till den onde, mycket fruktade jotunfursten Gymer, och kallade därvarande jättestammar till strid. Han lofvade dem seger och sade sig äga det svärd, som deras förre öfverhöfding, hans farbroder Valand smidt, men, aldrig hann begagna, ett svärd, som segern helt visst skulle följa.

En af Gymer uppbådad talrik jättehär samlades och ryckte med Svipdag som anförare mot söder.

Faran var stor — större än asagudar och människor förutsågo, ehuru gudarne dock aktade den vara så allvarlig, att de måste stiga ned och leda Midgårds fylkingar.

Oden, Tyr, Vidar, Njord, Fröj, Heimdall och andre hjältegudar kommo och visade sig i sin vapenskrud och till häst för de dödliges ögon. Tor kom med sin järnhammare och ställde sig ej långt från Halfdan.

Härarne ryckte under sköldsång mot hvarandra. Gymers och hans kämpars sång liknade lösgjorda stormars vilda tjut; Midgårdskämparnes liknade bruset af hafvets bränningar.

Oden red i spetsen med Gungner i sin hand å sin åttafotade häst. Fylkingarne drabbade samman, och jättarne, framför dem alla Gymer, kämpade med vildt mod. Oden sprängde med Gungner genom deras slagordning och tryckte många Jotunheimssöner under Gungners udd och Sleipners hofvar. Tyr och Vidar bröto väg med svärdet.

Störst var manfallet där Tor for fram med hammaren. Men jättefylkingarne slöto sig ständigt på nytt och splittrade på sina ställen Halfdans slagordning. Där Svipdag svängde hämndesvärdet, föllo icke färre Midgårdskämpar än det föll jättar för Tors hammare. Svipdag sökte sig fram mot Halfdan, som slog med blodig klubba, men ditintills undvikit att sammandrabba med Svipdag, hvars styffader han ju var. Men då tvekampen ej mer kunde underlåtas, red han fram mot styfsonen. Klubban och hämndesvärdet möttes; Halfdans älsklingsvapen, pröfvadt i många strider, sprang sönder som träffadt af blixten.

Och likt ljungelden flammade Valands svärd. För hvarje hugg, hvartill det lyftes, glänste ett sken öfver stridsvimlet och hela Midgård. Än ett hugg och Halfdans brynja var klufven och han själf sårad.

Då kastade Tor sin hammare mot Svipdag. Han mötte den i flykten med hämndevapnet. Sindres bästa smide sammanstötte med Valands bästa. Nu stod den egentliga och afgörande domen öfver dem, och den lyktade så, att hammare och hammarskaft splittrades och kom i obrukbara stycken tillbaka i asagudens hand, men Valandssvärdets egg hade icke fått en skåra. Tor var vapenlös och måste rygga.

Han tog den sårade Halfdan på sin skuldra och drog sig undan striden upp emot ett berg, hvarifrån han och den blödande hjälten kastade stenblock ned mot fienden. Svipdag och hans jättehär drogo sig då tillbaka. Deras seger var ju redan vunnen. Oden och de andre gudar, som deltagit i striden,

kvarstannade på slagfältet och hade åtminstone äran att vara de siste där. Mot asamajestätet skydde Svipdag att gå till tvekamp; angripa Njord eller Fröj ville han icke. Den ene var ju Fröjas fader, den andre hennes broder.

Svipdag fick snart veta, att Halfdan dött af det honom tillfogade såret. Mot det hjälpte icke läkerunor och galdersång. Hatets gift låg i dess egg, Nifelheimsälfvarnes etter i dess klinga. Svipdag hade således hämnat sin faders död och sin moder Groas skymf.

Valands död var visserligen icke hämnad. För att detta skulle ske, måste Svipdag bekriga Asgård och nedlägga alla i hans död delaktige gudar. Han rufvade öfver denne tanke, förkastade den och tog upp den igen.

Stundom sade han sig, att detta var en åtagen plikt; stundom invände han, att han redan gjort mer än hämnat Valands död: han hade återställt Valands kränkta ära och bragt gudarnes dom öfver Ivaldesonens konstverk på skam.

 Och kunde Valand begära större upprättelse än den, att Tor, hans dråpare, måste rygga för hans svärd?

Svipdag hemförlofvade sin jättehär, som återvände segerstolt till sina gårdar. Den hade lofvat att samla sig på nytt, så snart budkafvel eller vårdkas gåfve bud därom.

I Asgård rådde förfäran. Det var tydligt, att den som ägde hämndesvärdet kunde göra sig till världens herre. Asgård bäfvade de dagarne på udden af Svipdags svärd. Dock — han hade återskänkt Fröja till gudarne och trolofvat sig med henne. Kunde icke hans kärlek besegra hans maktlystnad? I detta fall skulle han varda välkommen till Asgård och erkännas af gudarne som Fröjas make. Han var hvarken af asa- eller vanablod.

Men en försoning med Ivaldes släkt och alferna var för gudarne önskvärd, och kunde den köpas med Svipdags upptagande i asarnes och vanernas släkt och med hämndesvärdets upptagande bland Asgårdsklenoderna, så beredde det köpet vinning åt Oden och åt världen.

32 - Svipdag kommer till Asgård
Hans färd till Balder

Det var vid den tid på dygnet, då dvärgen, som står utanför morgonrodnadsalfen Dellings dörrar, sjunger väckelsesången öfver världen och välsignelse öfver alfer, asar och allfader. Det var vid den stund, då Yggdrasil droppar honungsdagg, och solhästarne, vädrande morgonluften, längta till fimmelstång och tyglar.

Det var vid den tid på året, då i Midgårds lundar knopparne svälla och markernas mattor ha den friska grönska, som visar, att de nyss blifvit väfda af växtlighetsdiserna; då det blåa lufthafvet är så rent och genomskinligt, att människans längtan stiger högre däri än fågeln bäres af sina vingar. Det var den tid som väcker kärleksträngtan i all naturen.

Bifrosts väktare, Heimdall, såg en yngling i vapenskrud, med sollysande svärd i bältet, gå uppför den bro, som ingen beträder utan i kraft af Urds beslut. Hans annalkande bebådades för asarne, och det vardt glädje i gudaborgarne, när budet sade, att Svipdag kom, helt visst i godt ärende, ty han liknade själf en glad vårdag.

Asgårds fallbrygga var nedslagen öfver älfven, som flöt med ilande fart, men klar och glittrande kring den ofantlige vallmuren. När Svipdag hunnit upp för Bifrost, såg han Glasers guldlund och gudarnes vida lekslätter och Valaskjalfs silfvertak och Lidskjalfs torn glänsa i morgonbelysning. Han steg upp på den skans, som ligger midt för fallbryggan. Därifrån är utsikt öfver den konstrike porten till gudaborgarne bakom vallmuren. Framför porten stod en väktare; strax innanför dess galler låg Odens ene ulfhund och sof; den andre var vaken och upphof ett skall. Midt emot Svipdag reste sig en guldsirad hall högt bakom en lustgård, hvars träd skuggade en blomsterhöljd kulle. På kullen sutto diser. En var den förnämsta; de andra syntes i en krets kring hennes knän. Svipdag igenkände Fröja: hon liknade en bildstod, orörlig och som försjunken i drömmar. De diser, som sutto henne närmast, voro Glans, Vän, Frid, Blid, Hjälp och Eir, läkedoms-asynjan.

Med häpnad såg Svipdag världsträdet, som i Midgård är osynligt, utbreda öfver Asgård och hela himmelen sin krona med luftiga bladverk, i hvilka frukter skimrade.

Högt uppe i grenarne glänste den gyllene hanen Vidofner-Gullenkamme.

Mannen vid porten gick fram till Svipdag. Han låtsade icke veta hvem denne var och emottog honom på det sätt, som bland väktare är brukligt när de finna en främling på förbjuden mark. "Hvem söker du här? Ingen kringstrykare kommer inom denna port. Drag du hädan på fuktiga vägar!"

"Drag du själf din kos med dina ovänliga ord! Hvem, tror du, vänder sig bort från det, som tjusar hans blick? Här ser jag gårdplanerna gifva återsken af gyllene salar. Här vill jag stanna och njuta sällhet."

"Hvad heter du?" sporde väktaren.

"Vindkall. Min fader hette Vårkall, min farfader Hårdkall. Hundarne där bakom portgallret synas mig vara bistrare väktare än du. Men nog torde man kunna komma dem förbi."

"Omöjligt. Den ene vakar, då den andre sofver, och trogen vakttjänst skola de bestrida, så länge världen står. Olycklig är den objudne, som råkar ut för dem. Och bakom dem finnas elfva väktare inne i borgen."

"Du menar att i världen är intet, som kan afvända dessa hundars vaksamhet och fresta deras matlust, så att de glömma sin tjänst?"

"Intet utom de läckra stekarne under Vidofners vingar. Kan du kasta dem till Gere och Freke, så glömma de sin tjänst, och du kan smyga dem förbi."

"Hvad heter den guldglänsande hanen högt där i trädet?"

"Det är just Vidofner."

"Finns det ett vapen, hvarmed jag kan få honom ned? Annars finge jag ej stekarne och komme ju icke här in."

"Det finns ett sådant vapen. Det smiddes af en ond smed längst borta i Jotunheim. Men vapnet vardt honom fråntaget."

"Hvart kom det sedan?"

"Till den mörka disen Sinmara, som gömde det i det vattenbegärliga karet med nio bandlås."

"Antag nu, att någon begifvit sig till Sinmara för att få det vapnet! Tror du då, att han kommer tillbaka med det?"

"På ett villkor är det möjligt. Sinmara tynges af en sorg. Hon rufvar på en enda tanke. Vidofner också känner den tanken tung. Mellan hans runda kotor ligger en skinande skära. Den som får den skäran och bär den till Sinmara, han erhåller af henne det dolda vapnet. Och den, som fått det vapnet, han kommer in genom denna port."

"Hvem är den sköna mö, som, omgitven af diser, sitter, försjunken i tankar, på den vackra kullen?"

"Hon heter Smyckeglad. Sorgsna ungmör och lidande kvinnor få tröst, om de vandra upp till henne. Äfven åt hennes diser äro altaren resta; de bringa hjälp och hugnad åt bedjande."

"Vet du, om någon är bestämd att hvila på Smyckeglads hvita arm?"

"En är af ödet därtill korad. Hans namn är Svipdag."

"Öppna då porten, ty Svipdag ser du här! Men vänta! In vill jag icke, förrän jag vet, att jag har den älskligas hjarta."

Just som Svipdag sade sitt namn, sprang Asgårdsporten, den underbare, upp af sig själf. Båda hundarne voro nu vakna, gingo fram till Svipdag, hälsade honom med muntra språng och slickade hans hand. Väktaren gick och sade Fröja, att en främling kommit, som helt visst är Svipdag. Då steg hon upp och skyndade ut till ynglingen. "Säg ditt namn och din ätt", sade hon; "mina ögon vilja ha dina läppars vittnesbörd!"

"Jag heter Svipdag. Min faders namn är en "solglänsandes" namn (Egil-Örvandels solglänsande stjärnas). Jag vräktes från hans hem af vindarne ut på kalla vägar. Men Urds dom, hur än den faller, jäfvas af ingen makt."

Fröja hann knappt säga välkommen, innan hon kysste honom.

"Min hälsning flög dig till mötes, men hanns upp af min kyss. Hur länge jag satt där på kullen, dag efter dag, och längtade till dig! Nu, älskade, ser jag dig åter och har dig i mina salar. Där skola vi lefva evigt tillsammans."

Svipdag och Fröja firade sitt laggilla bröllop i Asgård. I brudköp och som bot för Valands svikna fosterfadersplikt skänkte Svipdag hans svärd till Fröj.

Svipdag önskade, att Ull, hans halfbroder, måtte få dela hans ära och upptagas i Asgård, likasom han förut delat hans faror i Jotunheim. Denna önskan villfors af Oden så mycket hellre, som Tor tillkännagaf, att Sif och han beslutat att vara makar. Sif, den guldlockiga, kom till Asgård och medförde Ull och Valands dotter Skade.

Tor och Sif firade sitt bröllop kort efter Svipdags och Fröjas.

Ett tredje och fjärde bröllop firades därefter. Idun vardt gift med Brage. Njord hade före Valands flykt till Ulfdalarne friat till Skade. Denna kraftiga och stolta ungmö kom vapenklädd till Asgård och kräfde böter för slagen fader. Hon fick i böter asynjans värdighet och rang bredvid Frigg och Fröja.

Tor visade henne två glänsande stjärnor på himmelen och berättade, att strax efter det hennes fader Valand stupat, samlade sig gudarne kring den fallne och beklagade hans död och prisade hans forna gärningar, då han var gudarnes vän och smyckegifvare. Och då hade Tor med sin faders bifall tagit Valands ögon och kastat dem till himmelen, för att de skulle varda stjärnor. Detta bevisade för Skade att Valands minne var i Asgård äradt, och då Njord förnyade sitt friareanbud till henne, vardt hon rikedomsgudens maka.

Sålunda var nu försoning stiftad mellan asar och vaner å ena sidan och Ivaldeättlingarne, alfernas yppersta släkt, å den andra. Försoningen var bekräftad med ett fyrfaldigt äktenskapsband.

Om Slagfinn, Valands och Egils broder, och de öden han rönte skall i en annan saga än denna förtäljas.

Under alla de fester, som vid denna tid firades i Asgård, bar Frigg på en sorg, som vardt tyngre genom glädjen hon hade gemensam med de andra. Hon saknade Balder, sin älsklingsson.

Så kom på henne den tanke, att när ödet visade sig så gynnsamt mot Asgård som nu, skulle det måhända kunna bevekas under något villkor att skänka Balder tillbaka till hans tomma salar.

Svipdag åtog sig att bära hennes önskan till nornorna och framföra en hälsning från gudarne till Balder och Nanna i Breidablik, i fall det vore möjligt att träffa dem.

Men Delling, morgonrodnadsalfen, Breidabliks väktare, harnyckeln till dess port och sätter den ej i låset, förrän Balder och Nanna skola med Leiftraser och Lif återvända i världsförnyelsen. Breidabliks mur är gjord att vara oöfverstiglig. Det gällde fördenskull att se, om ej Sleipner kunde hoppa öfver den, likasom öfver den mycket höge Asgårdsmuren. Gudarne renade och helgade Svipdag, för att intet ondt skulle med honom komma in i Breidablik, och Oden gaf honom Sleipner att rida på färden.

Svipdag sprängde bort, följd af allas önskningar om lycklig utgång. Den väg han tog var icke den, som han förra gången tillryggalade, när han steg ned i underjorden.

Det var icke den, som från nejden af Ulfdalarne leder ned till Nifelheim och genom detta land öfver Nidafjället till Mimers rike. Nu red han nedför Bifrost och genom en östlig port — den för de döde bestämde — in i underjorden. Detta var närmaste vägen till Mimers lund.

Efter att hafva porten bakom sig färdades Svipdag nio dygn genom djupa dalar och kom till en guldbelagd bro.

Där satt Madgun, en af Urds diser, som brovaktare.

Dånet af Sleipners hofvar mot broläggningen sade tydligt, att ryttaren och hästen voro lefvande väsen, icke skuggor. Därom vittnade också deras utseende. Madgun bjöd honom stanna och redogöra för namn, ätt och ärende.

Sedan Svipdag det gjort, sade hon, att han kunde fortsätta resan och finge förblifva ett dygn i underjorden.

Ville han uppsöka Breidablik, låg vägen åt norr; men till Urds källa låg vägen åt söder. Svipdag red åt norr, där Mimers lunds kronor tecknade sig mot synranden.

Så kom han till den höga mur, som omgifver Breidablik. Då steg han af hästen, spände bukgjorden fastare, satte sig åter upp och sporrade Sleipner, som i ett väldigt hopp kom öfver muren. Bland de blomsterhöljda träden därinne såg han en sal, hvars dörr stod öppen. Väggarne voro beklädda med dyrbara bonader, bänkarne beströdda med smycken från Mimers skattkammare. I högsätet sutto Balder och Nanna. De bjödo Svipdag välkommen. Heligt mjöd fanns i ädelstensgnistrande dryckesskålar, och sedan färdemannen förfriskat sig, framförde han hälsningar och ärende och omtalade allt, som var värdt att höra. Under märkliga samtal försvunno timmarne till inpå natten. Om morgonen bjöd han farväl. Balder gaf honom ringen Draupner att återlämna till Oden; Nanna sände en slöja och några andra gåfvor till Frigg och en guldfingerring till Friggs syster Fulla.

Dessa gåfvor voro vartecken, att ingen fimbulvinter mer skall hemsöka jorden förr än kort före världsförstörelsen.

Därefter red Svipdag till Urd. När gudarne begära något af henne, sker det vanligen genom sändebud.

Vördnadsfull steg Svipdag inför Urd och hennes systrar, som sutto i runotecknade stolar under susande löfverk vid sin källas silfverklara vatten. Han framförde gudarnes bön.

Nornorna rådgjorde. Därefter sade Urd: Balder får med Nanna återvända till Asgård, om ingen varelse är, som icke begråtit eller vill begråta, att Balder dött och ej skall återkomma.

Med denna utsaga red Svipdag tillbaka. Han tänkte öfver Urds dom och tyckte väl stundom, att den var hård och gaf föga hopp, stundom att man likväl hade skäl att hoppas. Ty hvem kunde vara så förhärdad, att han önskade, att det goda skall ej blott i denna världsålder hafva att kämpa med det onda, utan att det alltid skall vara så, att det alltid skall råda öfvervåld, svek, lögn och nöd? Vid guldbron hälsade han Madgun och kom utan äfventyr ur underjorden. Han hade icke ridit långt därifrån, då han i en berghåla såg en kvinna af styggt utseende. Han frågade hennes namn, och hon svarade Töck. "Jag kommer från Urds domaresäte", sade Svipdag, "och har till världen ett viktigt bud att framföra. Har du begråtit eller vill du begråta, att Balder dött och aldrig återkommer?" Töck svarade: "Töck begråter med torra tårar Balders bålfärd. Lefvande eller död är mig Odens son till ingen gamman. Behålle dödsriket hvad det hafver!"

Hvem Töck var, är ovisst. Säkert lär dock vara, att hon antingen var Gullveig eller Loke. Svipdag hade intet trösteligt svar att medföra till Asgård, men likväl kära hälsningar och minnen från Balder och Nanna.

33 - Fröj friar till Gerd

Fröj satt en dag i Lidskjalf och skådade ut öfver Midgård och Jotunheim. Då såg han i jättehöfdingen Gymers gård en mö, medan hon gick från salen till frustugan. Det spred sig ett sken öfver himmel och haf, och skenet tycktes komma från hennes hvita armar. Den unge vanaguden såg åter och åter i sina drömmar denna mö. Hennes fader Gymer var den af gudarne mest hatade jätten i Jotunheim. Ett rykte gick, att den pånyttfödda Gullveig blifvit hans hustru och att det var med henne han födt sin undersköna dotter, densamma som Fröj från Lidskjalf sett. Hennes namn var Gerd. Fröj blygdes öfver den lidelse, som gripit honom till dottern af ett sådant par. Han förteg och bekämpade den. Men striden var gagnlös. Han var älskogssjuk och trånade bort. Njord och Skade bådo honom säga hvad det var, som grämde honom, men fingo intet veta. Då vände de sig till Svipdag, som hade Fröjs förtroende, och bådo honom utforska orsaken till Fröjs dystra lynne. Svipdag sade, att han ville försöka, ehuru han väntade afvisande ord. Han gick till Fröj och sade:

"Hvarför, min drott, sitter du ensam alla dagar i dina vida salar?"

Fröj svarade: "Hvarför skulle jag förtälja min tunga sorg? Alfrödul (solen) strålar hvarje dag, men ej på mina önskningar."

"Så stora kunna dina önskningar ej vara, att du ej vågade förtro dem till mig. Hafva vi ej gemensamma ungdomsminnen? Och vittna de ej, att du kan lita på mig?"

Då sade Fröj: "Jag är kär i en mö, och aldrig var en flicka mer älskad af en yngling. Men hon, som vunnit hela min hug, bor i den hatade Gymers gårdar. Där såg jag henne gå, och hennes armar spredo ett sken genom rymden och öfver hafvet. Aldrig skall asagud eller alf tåla, att Gymers dotter och jag mötas."

"Din sorg kan botas", sade Svipdag. "Låna mig Valandssvärdet, skaffa mig Sleipner och gif mig att medföra dyra klenoder till jättemön! Då rider jag till Gymers gårdar och friar å dina vägnar."

Gudarne, som voro mycket bekymrade öfver Fröjs tvinsot, kände sig föga hugnade, när de erforo dess orsak.

Gerds fader Gymer var icke endast en våldsam, för Midgård farlig fiende, som i Svipdags krig med gudarne och Halfdan visat sin kraft och sitt mod; han var också mer än de flesta trollkunnig och förrädisk. Gudarne torde icke utan skäl hållit före, att Fröjs trånsjuka var honom af Gymer eller hans hustru — om denna var Gullveig — påhäxad, och de väntade intet godt för årsväxten i Midgård af en förbindelse mellan skördeguden och den höfdingesläkt i Jotunheim, som efter Geirrauds och hans släkts utrotande var frostens och stormarnes egentlige härskare. Men här fanns intet val: Fröj skulle täras bort och dö, om gudarne ej bragte de offer, som kräfdes för en lycklig utgång af Svipdags ärende.

De skickade med Svipdag elfva guldäpplen, ett från hvar asagud, och ringen Draupner i friaregåfvor.

Dock borde Draupner, som hvilat på Balders bröst, icke öfverlämnas till jättemön utan i nödfall.

Det var skymning, då Svipdag satte sig till häst.

Till Sleipner sade han och klappade hans manke: "Mörkt är det ute; nu ha vi att rida öfver frostiga fjäll och tursafolkets bygder; antingen komma vi båda tillbaka, eller tager oss den förfärlige jätten."

I morgongryningen var Svipdag framme. Han hade beräknat att komma, medan Gymer och hans salkämpar ännu sofvo. Väktaren på utkiksklippan invid gårdvallens stängda grind var dock vaken och ropade ryttaren an.

Svipdag såg från Sleipners sadel in öfver gårdvallen och fann, att å ömse sidor frustugans dörr var en ulfhund af styggt utseende bunden.

"Du, som kommer där högt till häst, hvad är ditt ärende?" ropade Gymers väktare.

"Jag har ett ärende till Gerd, din herres dotter. Huru slipper man in för de glupske hundarne?"

"Antingen är du en död, som spökar, eller ock är du nu till död korad, du som djärfves att vilja tala till Gerd. Till henne får du icke ett ord att mäla."

"Det gäller att fresta", sade Svipdag. "Den som är på äfventyr väljer dålig lott, om han brys af de faror han uppsökt. Min lefnads trådar tvinnades det dygn, då jag såg lifvet." Därmed sprängde han öfver omgärdningen in på den gräsvuxna gården framför frustugan. Det jordskakande dånet af Sleipners hofvar, ledsagadt af ulfhundarnes ilskna skall, väckte Gerd och hennes tjänstemö.

Denna såg ut och sade: "En yngling har kommit; han har redan stigit ur sadeln och släppt sin gångare att beta på gårdsplanen." "Bjud honom in att dricka en bägare mjöd", sade Gerd; "hans ärende vill jag veta, ehuru jag anar att han är min broders bane." Svipdag steg in.

"Hvem är du", frågade Gerd, "alf eller asason eller en af de vise vaner?" Svipdag sade sig komma från Asgård, frambar friareärendet från Fröj, vanaguden, och bjöd henne de elfva guldäpplena.

Gerd sköt guldäpplena ifrån sig. "Dem tager jag icke i friaregåfva. Aldrig i detta lifvet skall jag bo samman med Fröj."

"Här gifver jag dig ringen, som följde Odens ungeson å bålet. Åtta jämntunga ringar drypa ur honom hvar nionde natt."

"I friaregåfva tager jag ej heller den. Jag saknar icke guld i Gymers gårdar. Min fader har däraf nog."

Då drog Svipdag Valandssvärdet. "Ungmö, ser du detta spänstiga bildristade svärd? Jag gick till Mimers lund och till det saftsvällande trädet (Yggdrasil) för att hämta hämndetenen, och hämndetenen fick jag. Med dess egg skall ditt hufvud skiljas från din hals, ger du mig ej ditt ja att föra till Fröj!"

"Hot gör mig ej till en mans hustru. Min fader är icke långt borta; han är stridslysten som du. Hård varder striden, som mellan er skall stånda."

"Ungmö, ser du detta spänstiga bildristade svärd? Din fader skall segna till jorden under dess egg. Tvinga skall jag dig, mö, efter min vilja. Jag flyttar dig med ett slag af hämndetenen ned om dödsportarne till den ort, där mannasöner aldrig få se dig. Du dör under gudarnes hämnande vrede. Du sändes till rimtursarnes, din ätts fäders, rysliga värld, till sjukdomsandarnes rike. Där väntar dig ett uselt bo mellan jättespökens gårdar, och ser du ut från dess grind, skola tigande flerhöfdade vidunders hemska ögon möta dig. Där varder dig din föda förhatligare än giftormen är hatad af människan, och din dryck den äckligaste. Sjukdomsandarne skola varda gäster i din boning och ditt följe, när du krälar i träskvattnet mellan dina likars gårdar. Tramar (onda vättar) skola kröka dig ned i gyttjan. Tope ("Vanvett"), Ope ("Skakande Gråt"), Otåle ("Rastlös Oro") skola aldrig lämna dig i ro. En make skall du få, men aldrig en makes kärlek. Hustru skall du varda åt den trehöfdade Trudgelmer, åt honom, hvars fötter, såsom Ymers, föda barn. Hören mig, I alle Nifelheims bebyggare, hören mig, spöken af tursar och jättar, hören mig, Suttungs söner! Ja, hören mig äfven, I sälle, som bon i Mimers rike, nu då jag besvärjer och bortbannar all kärlek och glädje från denna mö! Drifven af osläckt trånad skall du nattetid kräla upp till det berg, där Are ("Örn" i Nifelheim) har sin tufva, för att sitta där uppe i tidig morgonstund och genom Nifelheimstöcknen stirra hän till sällhetsrikets klara rymder, som du försakat för evigt. Vred är dig Oden, vred är dig Tor, vred vare dig Fröj, du afskyvärda mö! Gråt får du till gamman, och du skall nära din sorg med tårar."

Gerd hörde förfärad dessa hotelser. Hon sade: "Välkommen hälsade jag dig icke, när du steg in i salen; men jag gör det nu. Af mitt bästa mjöd bjöd jag dig icke; men nu räcker jag dig en bägare af det tidsbepröfvade och säger: Hell dig! ehuru jag hittills icke trodde, att jag någonsin skulle ägna vaner och vaners fränder en välönskan."

Svipdag sade: "Jag nöjer mig icke med blida ord. Afgjordt skall mitt ärende vara, innan jag lämnar dig. När vill du unna Njords son ett möte?"

Gerd svarade: "Barre heter den tysta lunden. Vi känna den båda. Njords son må där möta mig, sedan nio nätter förlidit."

Svipdag red till Asgård. Fröj stod ute och inväntade honom, och hans svåger fick icke taga sadeln af Sleipner, innan han omtalat ärendets utgång. Fröj syntes nio dygns väntan lång. "Oftare förekom mig i min längtan månaden kortare än halfva natten."

Var Gymers och hans salkämpars sömn så tung, att de icke vaknade, när marken skalf under Sleipners hofvar och ulfhundarne upphäfde sitt tjut? Nej, Gymer såg Svipdag komma och hade länge väntat en böneman från Fröj. Han och Gullveig hade uppgjort sins emellan, huru Valandssvärdet, som gjorde Asgård oangripligt, skulle komma i jättevåld. Gerd var den skönaste mön i Jotunheim; men hennes hvita armar hade icke utan Gullveigs trollkonst kastat ett sken öfver haf och himmel.

Efter de nio dygnens förlopp möttes Fröj och Gerd i Barres lund. Hon lofvade att varda hans, men på dessa, af föräldrarne fastställda vilkor: Valandssvärdet skulle i brudköp öfverlämnas till Gymer; Svipdag och Fröja å utsatt dag infinna sig hos honom och å Fröjs vägnar högtidligen anhålla om Gerds hand; Gerd upptagas i Asgård och hafva asynjas värdighet.

Den bedårade Fröj hade lofvat mer, om Gerd fordrat det. Valandssvärdet lade han genast i hennes hand.

För gudarne var detta en vida större förlust än det var för Jotunheim en vinst. Valand hade icke velat, att andra gudafiender än Ivaldes ättlingar skulle hafva omedelbart gagn af svärdet, och han hade vidtagit sina varsamhetsmått därefter. På hennes klinga hade han med stor konst inristat en skildring af den tilldragelse i urtiden, då rimtursarne drunknade i Ymers blod. Det har fördenskull blifvit sagdt om Valandssvärdet, att "det kämpar af sig själf mot jätteätten", och det var på dessa bilder Svipdag pekade, när han visade klingan för Gerd.

De åskådliggöra en egenskap, som Valand inhamrade i klingans gry. Drages svärdet af en jätte, så fäller han visserligen sin motståndare, men han omkommer också själf och med honom Jotunheims hela makt. Denna svärdets egenskap var för jättarne bekant, och de voro lika rädda för att nyttja det, som de varit ifriga att få det bort från Asgård, där det var en underpant på gudarnes trygghet. När fördenskull Gerd öfverlämnade svärdet till sin fader, var för denne ingenting mer trängande än att väl förvara svärdet och gifva det en pålitlig väktare, som var hans frände och kallas Eggter ("Svärdvakt").

Svipdag misstänkte, att Gymer rufvade på en förrädisk plan, och han vidtog sina åtgärder därefter.

Han kom på den aftalade dagen till Gymer och medförde Fröja.

Men redan före dem hade Tor och Ull brutit upp till Jotunheim och på lönliga vägar kommit till grannskapet af Gymers fjällgård och gömt sig där. Gymer emottog sändeskapet från Asgård väl och hedrade det med ett gille. Följande morgon skulle de återvända och medföra Gerd till Asgård. Då gillet var i full gång tog Gymer Svipdag afsides och sade:

"Hör nu på något märkvärdigt! Jag har sett på dina ögon, att du fägnas af Gerds åsyn, likasom mina fägnas af Fröjas. Det är mitt beslut, att du, icke Fröj, skall vara min svärson. Är det så, att du har lust till Gerd, så afstår du Fröja åt mig i bot för min son, som du råkat att dräpa. Då öppna sig andra utsikter för dig än att gå däruppe i Asgård som ett slags tjänare åt Oden och Fröj. Valandssvärdet är nu i min ägo. Du var dum, när du skänkte bort det. Med det i hand kunde du kastat Asgård öfver ände, tagit Fröja med våld och gjort dig själf till gud. Därmed hade du också hämnat din farbroder Valand, hvilket du nu försummat. Denna dumhet har jag godtgjort. Du kan få Valandssvärdet åter. Du är rätte mannen att föra det, och det skall än en gång ske i spetsen för Jotunheims härar. Kom i håg, att du står i förbindelse till mig för den seger du vann och som öppnade dig Asgårds port. Du vann den icke ensam; jag och mitt folk hade vår andel däri, och det är din plikt att handla som vår bundsförvant."

Svipdag medgaf riktigheten af Gymers ord och sade sig ingå på hans förslag. "Det är väl", sade Gymer, "ty annars hade du icke med lifvet kommit från min gård. Vi förvandla nu detta gille till ett dubbelbröllop, mellan mig och Fröja samt dig och Gerd."

Svipdag ingick äfven härpå, men frågade, om icke Gymer redan hade hustru. "Jo visst", sade han, "men ingen hindrar mig att ha så många hustrur jag vill. Har du icke hört ryktesvis, att jag är gift med Gullveig?"

— "Jag ser henne icke här", sade Svipdag; "hvar finns hon?" — "Jo, det är en lustig sak", sade Gymer; "Fröja har låtit narra sig än en gång af henne. Hon har nu en tid varit i Folkvang som Fröjas tjänarinna. Du känner ju Aurboda? Det är hon." Svipdag vardt högligen förvånad öfver denna upptäckt.

Gymer hade icke få salkämpar och äfven några gäster hos sig. Hans mening var, att när det druckits in på natten och glädjen stigit som högst mot tak, skulle äktenskapen tillkännagifvas och bekräftas med öfliga bruk.

Men innan det skett, stego två objudna gäster in i salen.

Den ene hade svärd vid sidan och båge på axeln och bar i handen "väghjälpens träd", en rönn, som Tor ryckt upp, när han vadade genom Elivågor, fullt så god att utdela slag med som den, hvilken Ulls fader Egil en gång fått af Tor att svänga mot Geirrauds jättar. Bakom Ull kom Tor, och han såg bister ut.

Svipdag reste sig från sin stol och ropade: "Välkommen, Midgårds värnare! Välkommen, Egils son, min broder! Det vardt som jag sade er. Här firas två bröllop: Gymers med Fröja och mitt med Gerd. Vig du nu Gymer med din hammare!"

Sedan järnhammaren blifvit splittrad, bar Tor sin gamle hammare af sten. Den var ej så flygskicklig, men den var säker i slaget. Gymer, hans salkämpar och gäster rusade upp. De flesta af dessa flydde genom bergsalarnes långa räcka ut. Men några, som ej kunde undkomma, stannade kring Gymer, och var denne en så väldig kämpe, att det fordrades Tors asakraft och hammare för att fälla honom, hvilket icke skedde förr än efter hård strid. De andre stupade under Ulls och Svipdags hugg.

Gerd måste åse denna kamp. Den var för henne en föga glad inledning till hennes förmälningsfest i Asgård.

Asgårdshjältarne letade i Gymers många gömmor efter Valandssvärdet. Det fanns där icke. Eggter hade god tid begifvit sig bort med vapnet och flytt österut.

Han åtföljdes på flykten af en skara ulfvar, liknandedem, som voro bundna utanför Gerds frustuga.

Fader till denna hos Gymer fostrade ulfhjord var Loke; modern var Gullveig. Med desse "Fenrers fränder" begaf sig Eggter till den ogenomtränglige Järnskogen. Där äro de ännu.

På en kulle, under hvilken svärdet är nedgräfdt, djupt inne i denna obygd håller Eggter vakt intill Ragnarök.

34 - Brytning mellan asar och vaner

Gerd fördes af Asgårdshjältarne till Folkvang. Där måste hon upplefva ett nytt ve. Det lät sig icke göra att dölja för gudarne, att Gerds moder var, såsom ryktet förmält, Gullveig, och att Gullveig var Fröjas tärna, Aurboda.

Asarne samlades till ett förberedande rådslag i Valhall och rådgjorde om hvad som skulle göras med henne.

Gullveig ställdes inför dem. Oden påvisade, att Gullveig längesedan var dömd till döden, att domen var bestående och fullgiltig och ej kunde upphäfvas däraf, att den onda trollkvinnan blifvit pånyttfödd till världen. Det vore gudarnes plikt att afrätta henne, när helst och under hvilka skepnader och namn hon å nyo anträffades. Ny rannsakning och dom behöfdes således icke. När Tor hörde Oden säga detta, stod han upp och gaf för tredje gången trollkvinnan dödsslaget med sin hammare.

Vanerna voro icke närvarande, och när Njord erfor, hvad som skett, sade han, att saken blifvit för hastigt afgjord och att det häftade betänkligheter vid den, hvilka han vid annat tillfälle, efter samråd med vaner och alfer, ville framställa. Men asarne stötte sina spjut i häxans kropp och förbrände den i bålets lågor. Nu som förut visade det sig omöjligt att förvandla hennes hjärta till aska.

Loke gick ännu fritt omkring hvar han behagade och ej minst i Asgård, emedan Oden icke ville bryta den ed han svurit honom i tidernas morgon. Att alla skydde och undveko honom, syntes han icke mycket bry sig om.

Han efterletade Gullveigs hjärta, fann och slukade det och födde någon tid därefter en ohygglig dotter, pestvarelsen Leikin och många bröder till henne, de så kallade baningarne (förpestarne).

Tor kastade Leikin ned i Nifelheim. Hon stötte sin ena sida svårt och hennes benbyggnad bröts i fallet.

Däraf kommer sig väl, att hon är till hälften svartblå, till hälften likblek, och att hon har en stupande gång.

I Nifelheim gjorde henne sjukdomsandarne till drottning. Lokes son, ulfven Fenrer, hade fått stanna i Asgård, emedan han i början var lekfull och syntes oskadlig; men hans fader såg med nöje, huru Fenrer växte och lofvade att med tiden varda så stor i sitt slag som Midgårdsormen i sitt. Asarne förvånades öfver, att den mat, som lades för honom, var tillräcklig att gifva honom så hastig tillväxt i storlek och styrka, fast han ej fick mer än Gere och Freke att äta; men den föda, som gjorde honom så stor och farlig, var gudarnes felsteg och människornas synder.

Fröjs giftermål med Gerd firades med föga glädje. Hennes fader och moder hade ju blifvit dräpta af dem, som voro de förnämste gästerna vid festen.

Kort därefter begärde Njord gudarådets sammankallande. Asar och vaner sammanträdde på sin heliga tingsstad, alla med en förkänsla af att något viktigt och ödesdigert förestod.

Våra fäder älskade väl mycket strider med vapen, men lika mycket strider med skäl och grunder, med påståenden och invändningar. Den öfverläggning, som nu uppstod mellan asar och vaner, har varit vidlyftigt och noggrant omförmäld i forntidssånger.

Njord talade å vanernas vägnar. Han, som är den fredliga samfärdselns gud, lade nog sina ord väl och varsamt, ty ärendet var grannlaga och kunde icke få god utgång, utan att sinnena stämdes till förlikning. Det var tydligt, att han samrådt med vaner och alfer, och att de för endräktens skull icke ville bestrida riktigheten af Odens mening, att den för långa tider tillbaka fällda domen öfver Gullveig ännu vore bestående, ehuru tvifvel därom med skäl kunde hysas, ty ovisst kan det ju synas, om en tre gånger af olika föräldrapar till världen född varelse skall i ett rättsmål gälla för en och samma eller för tre särskilda. Med afseende på Gullveigs onda gärningar kan man säga, att de falla tre onda tursakvinnor eller en enda till last. När fördenskull tvifvelsmål i denna punkt låta sig yppa, hade det varit bäst att ordentlig rannsakning med vittnesförhör och dom äfven denna gång företagits och att man därvid hållit sig ensamt till de gärningar, som den anklagade efter sin tredje pånyttfödelse troddes hafva begått.

En betänklig sak var äfven, att Gullveig blifvit dräpt och bränd i Odens egen högheliga sal, som ej borde med blod fläckas, och där inför asamajestätet enhvar borde känna sig under lagens skydd.

Men det egentliga klagomålet från vanernas sida var, att asarne, när de denna gång dräpte Gullveig, icke beaktat, att hon hade blifvit med frändskapsband knuten till gudarne, främst till vanerna. Det var Fröjs svärmoder, som blifvit af asarne dödad. Däri låge det betänkliga, och det var detta mål, som vaner och alfer nu framlade till behandling och afgörande.

Från asarnes sida kunde nu invändas, att det frändskapsband, som knutits mellan vanerna och Gullveig, icke bör gälla som ett skydd för henne, utan tillräknas henne som följden af ett bland hennes allra värsta brott. Man kunde ju icke betvifla, att hon för onda ändamål eftersträfvat det frändskapsbandet och vunnit det genom sin trolldom, denna gång riktad mot Njords egen son, den blide och gagnelige, af gudar och människor älskade Fröj.

Hans sinnen slog hon i sådana trolldomsband, att för Asgård var intet annat val än att se Fröj tvina bort och dö eller att gifva samtycke till ett äktenskap, som måste varit Njord själf oväkommet, och där bruden måste köpas med Asgårds yppersta skyddsmedel: Valandssvärdet. Mot gudarne och människorna var detta anslag riktadt, men främst mot vanerna. Oden väntade fördenskull, att desse ej skulle göra sak af bestraffningen, som Gullveig senast undergått, ehuru han kunde medgifva, att asarne därvid gått för hastigt till väga.

För Fröj måste det varit hårdt att öfvervara denna rådplägning, eftersom den kärlek han hyste till Gerd här var föremål för undersökningar, som ej kunde annat än gräma honom. Också hade öfverläggningen icke räckt länge, innan han framlade sitt och de andre vanernas käromål i denna sak. De hade beslutat fordra böter af asarne för det på hans svärmoder gångna dråpet.

Oden skulle väl utan tvekan medgifvit, att han och hans söner voro till böter förfallna, och att han, oaktadt den höga ställning han fått i världen, borde erkänna sig skyldig och gifva billigt vederlag, om icke den tyngsta betänklighet vidlådde ett sådant medgifvande och gjorde det farligt. Bland släkterna i Midgård kunde blott allt för många uppfatta sakens utgång så, att asarne ej skulle gifvit böter, om de icke erkänt som en förbrytelse, att de dödade henne, som spred de onda runorna, uppfann den onda sejden och är första upphofvet till alla nidingsdåd i Midgård. Huru skulle människorna sedan skilja mellan godt och ondt? Oden, såsom världens styresman, lagarnes handhafvare och människornas fader och konung, måste ur denna synpunkt se målet. Han med sina söner ville fördenskull icke gifva de af vanerna begärda böterna.

Men likväl var det en helig, af Urd gifven, af Oden stadfäst lag, att frändedråp skall af närmaste fränder hämnas eller ock af gärningsmannen böter gifvas.

Vanerna hade begärt böter för fridens skull, emedan utkräfning af hämnd skulle medföra de största olyckor för alla. Oden borde helt visst betänka, att det för människorna vore ett farligt föredöme, om gudarne själfve lämnade en så helig lag bruten.

Vanerna förklarade, att de icke kunde afstå från sin fordran på böter. Denna fordran var en ovillkorlig plikt, omöjlig att åsidosätta.

Oden genmälde, att denna plikt också var af vanerna fullgjord. De hade fordrat böter. Nu ålade dem en annan plikt att gifva de bättre grunderna rätt och af hänsyn till världens bästa icke lämna tingssätena förr än öfverenskommet blifvit, att allt emellan asar, vaner och alfer härmed var utjämnadt.

Här syntes nu asar och vaner stå omedgörlige mot hvarandra. Men medgörlighet höfdes Oden i denna sak.

Hvad som lades Gullveig med rätta till last var ond sejd och trolldom; men den onda sejden hade ju af Oden själf pröfvats, då han sökte vinna Rinds gunst. Vanerna måste påminna härom, icke för att förbittra asafadern, som de vördade, men för att beveka hans sinne till billighet.

Då Oden hörde sig den onda sejden lagd till last, förvandlades hans anlete. Han vardt påmind om en förnedring, som han icke kunnat afvärja från sig och som förmodligen varit Gullveigs verk, äfven den, en förnedring, som han försonat med en sons död.

Han stod upp från sitt högsäte i tingskretsen, tog spjutet Gugner, som stod bredvid honom, och kastade det öfver vanernas hufvud, till tecken att bandet mellan honom och dem var slitet, och att målet skulle afgöras med andra vapen än grunder och skäl. Han lämnade tingsstaden utan att säga ett ord, och asagudarne följde honom.

Vanerna och alferna stannade och öfverlade. De lämnade icke tingsstaden, innan de fattat ett beslut.

Detta tillställdes Oden och var af den lydelse, att enär han och Gullveig gjort sig skyldiga till samma förbrytelse, föröfvandet af ond sejd, och Gullveig rättvisligen straffats härför med döden, bör Oden rättvisligen afsättas från sin med samma brott fläckade värdighet af gudars och människors fader.

Efter detta beslut utrymde vanerna och alferna sina borgar i Asgård, och Asgårdsporten stängdes efter dem.

35 - Världskriget
Vanerna intaga Asgård

Oden sände bud till Mimer, lät honom veta hvad som skett och bad om hans råd. Det var tydligt, att genom brytningen mellan asar och vaner var världsordningens och världsträdets bestånd än en gång hotadt.

Komme det till krig mellan gudarne och en eller flere bland dem fölle, skulle detta lända till största men, ty hvar och en af dem är under denna världsålder nödvändig och har sitt kall att uppfylla i det helas ordning.

Mimer lofvade att försöka en medling; men misslyckades den och fiendtligheter utbröto, borde Oden och hans söner innestänga sig i Asgård och vaka öfver dess försvar, men icke göra onödiga utfall eller i vapenskifte eftersträfva sina förre medstyresmäns och vänners lif.

Om vanerna lyckades komma inom Asgårdsvallen, borde Oden utrymma Asgård hellre än att fläcka den heliga borgens gård med gudadråp. En strid man mot man inom vallen kunde medföra många gudars fall och världens fördärf. Man kunde förutse, att om Oden lydde dessa råd, kunde den dag komma, då vaner och alfer åter hyllade honom som sin fader och konung för att aldrig mer ställa sin vilja mot hans.

Odens stridslystne söner funno dessa råd hårda att följa, men kunde ej förneka deras visdom. Men Mimer lärer ha gifvit ytterligare ett råd, som de utan missmod kunde gilla. Rådet var, att Loke aldrig mer borde få sätta sin fot inom Asgårdsporten. Allt för länge hade Oden fördragit Loke, detta för att icke bryta sitt i tidernas morgon gifna löfte till honom. Men med löften vore så, att ett löfte, ensidigt gifvet och utan förbehåll, vore alltid bindande; men ett löfte, som innebar ett fördrag mellan två eller flere, vore icke bindande för den, som velat hålla det, sedan den andre eller de andre löftesmännen uppsåtligt svikit det. I annat fall vore det en boja på den trofaste och ett fribref för den trolöse att få göra med den trofaste hvad han ville. Löftet, som bundit Oden vid Loke, var ömsesidigt, och, alltsedan det aflades, så godt som dagligen svikit af Farbautes son, som städse syftat till sin fosterbroders och hans ätts undergång. Mimer torde hafva upplyst, hvad man i Asgård icke vetat, att Loke var Balders egentlige baneman.

Till vanerna lär Mimer vändt sig med liknande råd, sedan de begärt att höra hans mening.

Med Oden kvarstannade i Asgård Tor, Tyr, Brage, Vidar, Vale och Forsete. Några asynjor förblefvo där äfven, men bland dem voro icke de förnämsta. Frigg ansåg sin systerplikt och sin härkomst från vanerna fordra, att hon slöte sig till dem. Asgårds drottning lämnade fördenskull sin make och följde sin broder Njord. Fröja följde också sin broder Fröj. De båda alferna Svipdag och Ull hade ställt sig på vanernas sida, såsom ju också att vänta, då Svipdag var Fröjas make och Fröjs förtrognaste vän, och då Ull var Svipdags halfbroder och honom mycket tillgifven. Hela den skara af högre och lägre makter, som bebo Vanaheim och Alfheim, omfattade samma sak som de och afföllo från asarne. Endast Höner och Mimer förblefvo Oden trogne.

Men Skade följde icke sin make Njord, utan kvarstannade i Asgård. Vanaguden och hon voro af olika skaplynne, och de hade ej kunnat trifvas väl tillsammans. Äfven i afseende på bostad och omgifning hade de olika tycken. Skade älskade sin fader Valands bergiga hemland Trymheim, på hvars snöslätter det var hennes nöje att gå på skidor och fälla villebråd med sina pilar.

När Njord, för att vara henne till viljes, vistats i nio dygn bland fjällen, vardt han led vid bergväggar och ulftjut och längtade till svanesången vid hafvets strand; men när Skade följt honom dit, kunde hon icke uthärda att hvarje morgon väckas af sjöfåglarnes skrik. Hon hade fordom drömt om att varda Balders maka. Den drömmen vardt aldrig uppfylld. Nu trifdes hon bäst i närheten af Balders fader och lyssnade hellre till hans ord än till någon annans.

När asarne gifvit sin önskan till känna att höra Mimers tanke, torde han, som aldrig påtrugar någon sina råd och tiger, tills han blifvit tillfrågad, hafva sagt, att han gillade vanernas fordran på böter för dråpet på Gullveig. Med denna fordran efterkommo de en helig lag.

Men han måste hafva ogillat, att de intet förslag framställt, som kunde häfva Odens välgrundade betänkligheter mot böters gifvande. Det var ju sannolikt, att Gullveig skulle än en gång pånyttfödas och än en gång stämpla till gudarnes och världens fördärf. Skulle hon få göra detta i skydd af sin släktförbindelse med vanerna, eller skulle dessa kräfva böter för henne på nytt, ifall hon för sina onda gärningar blefve genom asarne än en gång skild från lifvet? Hade icke vanerna gjort väl uti att afgifva en försäkran, att deras afsikt ej var sådan? Och då i öfrigt dessa Gullveigsbrännor visat sig tjäna till intet, kunde vanerna ju föreslagit, att om hon åter framträdde, de ville förena sig med asarne om att förvisa henne för evigt från himmel och jord. Medel att verkställa en sådan dom låge icke utanför gudarnes maktområde. Mimer tillrådde vanerna att upphäfva den förhastade afsättningsdomen öfver Oden och vända sig till denne med det medlingsförslag, som han nu påvisat.

Vaner och alfer sammanträdde till rådslag. Å detta infann sig en ond rådgifvare, sannolikt Loke, ehuru han ej var kallad. Man hade gjort bäst uti att taga ordet från honom; men när detta icke skedde, talade han, och ehuru man väl i början med ovilja hörde hans röst, lade han sina ord så skickligt och med så stor vältalighet, att de efter hand gjorde intryck på åhörarne.

Rådstämman började därmed att Höner, som var höfdingen i Vanaheim, uttalade sin mening, och gillade han i allo Mimers förslag och förordade det till antagande. Det tal, hvarmed den onde rådgifvaren följde, sade i slugt och genomskinligt bemantlade ord, att Höner var en aktningsvärd beskedlighetsmakare utan eget omdöme och ett verktyg i Mimers och Odens hand. Mimer skildrades af talaren som en beslöjad gudafiende, hvilken afundsamt vakade öfver och undanhöll för andra visdomskällans mjöd och såsom innehafvare af denna ägde en makt, som icke tillkom honom, utan borde vara i gudarnes våld.

Han förutsade vanernas saks fall och deras egen undergång, om de längre kunde tåla, att en gudarnes förrädare, som undangömde skatter för en kommande världsålder, då han själf väntade att varda erkänd för världens herre — om en sådan förrädare skulle hafva sitt säte i skapelsens midt och genom Höner bestämma vanernas beslut.

Rådstämman ändade med en ny afsättningsdom.

Höner beröfvades sin värdighet af Vanaheims höfding, och vardt denna värdighet öfverlåten åt den stolte och hetsige Lodur. Åt Njord öfverläts att leda vanernas och alfernas fylkingar i kriget, och skulle, om vanerna segrade, Njord, Fröj, Ull och Svipdag vara härskare i Asgård.

Kort därefter vardt Mimer dödad och hans afhuggna hufvud sändt till Oden. Hvem som var hans handbane är höljdt i dunkel; ingen vet numera, på hvilken den missgärningen hvilar. Visst är allena, att Loke var Mimers rådbane.

Då Mimer dödades, lär den af honom vaktade källan sjunkit så djupt under sin rand, att dess dyrbara safter länge voro oåtkomliga. Alltsedan Mimerträdets källa förlorade sin vårdare, har det börjat åldras och skall vid denna tidsålders ände förete ett af åren medtaget utseende.

Mimers sju äldste söner, de store urtidskonstnärerna, hade med sin fader delat omsorgen om Yggdrasil.

Enhvar hade sin sjundedel af året, då han ur hornet, som är asafaderns pant till underjordsmakterna, sköljde den store askens stam med hvitglänsande fors ur källan. Men sorgsne öfver världshändelsernas gång och trötte vid att skåda det fortgående förfallet, drogo sig Mimers söner efter sin faders död undan till den gyllne borg, som de åt sig uppfört i norra delen af Mimers rike, på Natts odalmarker, under Nidafjället. Stuckne med sömntörnetagg lade de sig ned till oräknade århundradens hvila.

Det finns i borgen många salar, hvilkas väggar och bänkar lysa af de vapen och andra konstverk, som de skapat.

I den innersta salen sofva Sindre och hans bröder, höljde i praktfulla mantlar. De dödlige, som ödet någon gång medgifver att få träda in i Mimersönernas borg och se dess hemligheter, må akta sig att vidröra de sofvande.

Vidrörandet straffas med obotlig tvinsot. Allt synes också slumra omkring dem. I närmaste sal stå sju hästar: Sindres häst, Moden, och de andre brödernas. De äro sadlade, som om de hvarje ögonblick borde vara färdige för sina ryttare. Natt höljer borgen i skymning. Dånet af världskvarnen och Hvergelmers brusande flöden förnimmas därinne som ett vattenfalls entonigt vyssjande sång.

Stundom prassla genom salarnes räcka nattdisernas steg, när de komma att betrakta sina fränder och bortfläkta dammet från deras mantlar och vapen. Så skola de sofva, tills Yggdrasil skälfver och Heimdallslurens världsgenomträngande klang väcker dem till den sista striden mellan det goda och det onda.

Heimdall räknas till vanernas stam. Han ville ej kämpa mot sina fränder, men ej heller svika sin trohetsplikt mot Oden. Båda de fiendtliga gudaflockarne vordo enige därom, att Heimdall skulle stå utanför deras fejd och vara, såsom ditintills, Bifrosts väktare och höfding öfver de alfkrigare, som utgjorde den vid Bifrosts norra brohufvud uppförda borgen Himmelsvärns besättning.

Öfverenskommelsen påbjöds af nödvändigheten, ty det var för vanerna lika viktigt som för asarne, att jättarne ej genom en öfverrumpling komme i besittning af Asgård. Nu, då gudarne voro splittrade i olika läger, var det sannolikare än någonsin, att jättarne skulle rufva på en sådan plan och tro på dess framgång.

Men genom denna anordning miste själfva Asgård den väktare, som kräfver mindre sömn än en fågel och hvars blick tränger genom nattdjupen och hvars öra ej de svagaste ljud på långa håll undgå. Dock trodde asarne själfve, att detta icke minskade deras säkerhet. Den höge Asgårdsvallen är oöfverkomlig; Sleipner allena kan sätta öfver den. Vallen kringbrusas af den breda älf, som störtar ned från Eiktyrner med vafer-utdunstande vattenmassor. Vaferdimmorna antändes, och älfven liknade hela den tiden en hvirflande eldfors, som stänkte blixtar högt i luften. I världen fanns ingen annan häst än Sleipner, som kunde springa genom och öfver vaferlågor. Asgårdsporten var ett utomordentligt konstverk; den liksom vaktade sig själf och fångade den främling, som lade hand på honom. Dock voro hans egenskaper för de vaner, som bott i Asgård, väl bekanta. Vordo hans på insidan anbragta lås söndersprängda, så kunde han öppnas utan fara. Asarne ansågo sig säkra inom sin vallgördel.

Från Bifrosts södra broände ryckte Njord med en stor här af Vanaheims och Alfheims stridsmän upp på Asgårds vidsträckta utmarker. Oden och hans söner sågo från Lidskjalf och vallmuren en glänsande vapengördel bilda sig kring dess borg, dock ännu på betydligt afstånd från densamma. Där stannade den länge och kom icke närmare. Men nattetid smögo Njords spejaretrupper, anförda af Fröj, Svipdag eller Ull, så nära som skenet från vaferlågorna medgaf det. De märkte, att hvarje natt red någon af asarne på Sleipner ett stycke fram mot deras utposter och utefter dem, och de iakttogo sedan några lysande föremål, som rörde sig på den skans, hvilken utgör den med Asgårdsporten förenade

Fallbryggans yttre brohufvud. Efter många nätters spejande kommo vanerna till den slutsats, att det var asarnes hästar, bland hvilka några voro skinande, som nattetid utsläpptes att beta på de gräsbevuxna skanssluttningarna, sedan Sleipners ryttare återvändt från sin kringfärd, och att sannolikt äfven Sleipner då släpptes lös och betade bland kamraterna under den vakthafvande asagudens tillsyn.

Denna slutsats var riktig. De planlade då en öfverrumpling och kommo en natt så plötsligt öfver väktaren, att denne ej hann fram till den betande Sleipner, innan en af vanerna svängt sig upp på hans rygg. Asaguden, som hörde vanernas spjut och pilar susa omkring sig, betäckte sig med sin sköld och vek ned emot fallbryggan. När han kommit öfver henne, öppnade sig Asgårdsporten på glänt och drog på samma gång upp bryggan samt slöt sig igen bakom den öfverrumplade väktaren. På detta sätt kom Sleipner i vanernas våld, och de ägde den häst, som kunde sätta öfver vaferlågorna och Asgårdsvallen.

De andre asahästarne infångade vanerna icke. De skyndade därifrån i all hast tillbaka till lägret.

Denna händelse var ägnad att nedslå asarnes mod.

Dock syntes förlusten för dem vara större än vinsten för vanerna. Ty hvad kunde en eller, låt vara, några vaner uträtta, ifall de på Sleipners rygg kommit inom Asgårdsmuren? Förmådde de hålla stånd mot asafadern och hans käcke söner? Säkerligen icke.

När asarne en mörk och stormig natt stigit upp från dryckesbordet och gjorde sin vanliga rund mellan borgarne och Asgårdsvallen, upptäckte de till sin öfverraskning Sleipner gå inne på gårdsplanen. De drogo däraf den slutsats, att han slitit sig lös, sprungit ur vanalägret och satt öfver Asgårdsmuren för att återkomma till sin spilta och sina kamrater. Samtalande härom återvände asagudarne till dryckessalen. Deras ord hördes af Njord från loftgången öfver Valhalls gafvelport, där han stod i nattdunklet under de bilder af ulfven och örnen, som pryda gafveln. Det var han, som på Sleipner sprängt öfver vaferelden och vallen. Dånet af springarens åtta hofvar, när han nådde marken, hade blandat sig med stormens tjut och älfvens brus och icke beaktats af Valhallskämparne. När desse åter sutto vid dryckesbordet, gick Njord till Asgårdsporten. Han hade tillsagt sina fylkingar att med största möjliga tysthet framrycka mot skansen. De hade mörkfärgat hjälmar och brynjor, och icke ett vapen klirrade under deras tysta framryckande.

De liknade en spökhär. Njord hade medfört sin stridsyxa, ett af urtidskonstnärernas mästerverk. Med den sprängde han Asgårdsportens lås. Den öppnade sig på vid gafvel, och öfver älfven nedföll fallbryggan, hemsk att gå, när färden bar emellan vaferlågor, men trygghetsgifvande tillika. Vanernas och alfernas skaror med sina höfdingar i spetsen stormade in och trampade markerna, som Asgårdsvallen skulle skyddat. De utbredde sig utefter denna; men ryckte icke ända fram mot Valhall.

Njord och Fröj, Svipdag och Ull samt öfrige höfdingar för Odensfienderna bidade till häst på asarnes ankomst.

Några i kappor höljde ryttare — asar och asynjor — kommo emot dem. Främst red Oden på Sleipner, och bredvid honom gick Tor med hammaren.

"Ödet", torde Oden hafva sagt, "har till eder öfverlåtit mina odalmarker."

"Ja", torde Njord ha svarat. "Det gäller nu, om du fogar dig i dess rådslag. Vi lyfta icke gärna våra vapen emot asarnes heliga släkt. Valet mellan strid och fritt aftåg ligger i din hand, ej i min. Jag sörjer för, att ditt namns ära ej skall minskas. Folken i Midgård skola i alla tider vörda det namnet."

"Öppnen då edra fylkingar!" De öppnade sig, och med aktning sågo vanakrigarne den lilla asaflocken rida bort. Tor ensam vände om. Utanför hans borg väntade honom hans spann. Han satte sig i sin char, och snart därefter hörde vanerna den rulla med dånande hjul vid ljuset af ljungeldar österut.

Mot östern begåfvo sig asarne. De medförde, jämte sina vapen, inga andra klenoder än Draupner och en bild af guld, ett hufvud med ädla anletsdrag. Det var Mimers hufvud, genom Odens runesång förvandladt.

Bilden talade, när den tillfrågades, och Oden hörde då Mimers röst och Mimers tankar. Rösten hade sagt, att asarne borde begifva sig österut till Manheim, till nejder, kända bättre af Mimer än af andra.

Det försäkras, att sedan Loke blifvit aflägsnad från Oden, och sedan denne fått Mimers hufvud, begick han aldrig mer ett felsteg, och voro hans rådslag alltid visa, hans gärningar alltid prisvärda. Två trappsteg hade han att stiga, innan han nådde upp till det tronsäte, i hvilket han sedan varit vördad af folket. Han gjorde det första steget, när han fick drycken ur Mimers källa. Han gjorde det andra, när motgången kom och bragte hans ande till fullmognad. Motgången kom med den bästa gåfvan: Mimers ord och tankar.

Njord höll sitt ord, att Odensnamnets ära icke skulle minskas. När vanor och alfer som herrar i Asgård sammanträdde å dess tingsplats, beslöts, att en af dem hade att bära Odens namn och mottaga de Oden af folken ägnade offren och bönerna. Denne nye Oden borde, som den förste och verklige, vara en stridsgud. Njord och Fröj äro visserligen hjältar och föra sina vapen väl, när så kräfves, men de äro till sitt väsen fredsgudar och kunde icke öfvertaga Odens namn och kall. Någon föreslog, att Ull skulle göra det; och detta vardt rådstämmans beslut.

På jorden hade händelser timat, som påkallade Svipdags verksamhet och närvaro där.

36 - Världskriget i Midgård
Haddings ungdomsäventyr

Halfdan hade efterlämnat två söner: Gudhorm, son af Groa, således halfbroder till Svipdag, samt Hadding, son af växtlighetsdisen Alvig, med hvilken Halfdan hade gift sig, sedan han bortsändt Groa och Svipdag. Hadding var blott en liten gosse, när Halfdan dödligt sårades af hämndesvärdet i Svipdags hand. Sitt namn (Hadding betyder "den lockige", "den hårfagre") fick han därför att han hade ett ovanligt rikt och vackert hår, som han beslutit att icke klippa, innan han återvunnit sin andel i fadrens rike. Skägg fick han aldrig, och ehuru han växte upp till stora krafter och vardt en frejdad hjälte, liknade han i sina ynglingaår en ungmö.

Tor, som gällde för att vara Halfdans medfader och alltid varit hans beskyddare, åtog sig efter hans död hans båda söner. Han förde Gudhorm och Hadding i hemlighet till Svitiod det stora. Där bodde två kämpar, Hafle och Vagnhöfde, som hade jätteblod i sina ådror, men voro hederlige och pålitlige och fördenskull fått Tors ynnest. Tor anförtrodde Gudhorm åt Hafle och utsåg Vagnhöfde till Haddings fosterfader.

Orsaken hvarför Tor undanskaffade de båda Halfdanssönerna var den, att han fruktade, att de skulle råka illa ut för Svipdag, som efter deras faders nederlag och död tillägnat sig hela hans rike och styrde det medels jarlar. Svipdag måste förutse, att endera sonen, om han komme till manbara år, skulle kräfva blodshämnd på sin faders baneman. Dessutom lär väl Tor, efter närmare bekantskap med Svipdag, hafva märkt, att under ytan af hans glada, raska och behagliga väsen låg förborgadt något af hans farbroder Valands lynne. Svipdag tålde icke att höra Halfdan omtalas, och det var tydligt nog, att han på Hadding öfverflyttat det hat han hyst till fadern. Alfernas lynne tros allmänt vara sådant, att de äro älsklige och välvillige mot dem, som ej förtörnat dem, men mot hvarje annan hämndgirige och svårblidkelige.

Ehuru det nu så var, insåg Svipdag, att försoning vore bättre än hat, och erbjöd sig att gifva böter för Halfdans död. Blodshämndens tråd var redan långt spunnen. Ivalde hade omkommit i ett af Oden ställdt försåt; Ivaldes söner, Valand och Egil, hade sökt hämnas hans död och fallit, Valand för Tors hammare, Egil för Halfdans klubba. Därefter hade Halfdan blifvit dräpt af Egils son. Skulle nu Egils son i sin ordning falla för en af Halfdans söner och den bloddränkta tråden fortspinnas från släkte till släkte? Svipdag ville afklippa den. Han erbjöd Gudhorm och Hadding fred och vänskap och lofvade dem konungamakt bland germanstammarne. De voro ju alla tre förenade med brodersband: Svipdag var Gudhorms halfbroder, Gudhorm var Haddings.

Gudhorm antog tillbudet och fick ett stort rike i det västra Germanien utefter Rhenströmmen. Men Hadding, när han kommit något till åren, lät svara, att han framför att emottaga välgärningar af en fiende föredroge att hämna sin faders död. Detta svar misshagade de fredsälskande vanagudarne, som förutsågo, att mycken tvedräkt och örlog skulle härja Midgård, om de tre halfbröderna ej kunde förlikas.

Loke som ville ställa sig väl med vanagudarne och fullfölja bland dem samma onda uppsåt som bland asarne, beslöt nu efterspana Hadding och utlämna honom åt Svipdag. På samma gång torde han icke tröttnat att påminna Svipdag om huru mycket ondt Ivaldes släkt hade lidit af asarne och af Halfdan, och huru visst det vore, att Hadding, om han finge lefva, skulle sträfva att varda Svipdags bane. Lokes mening härmed var, att Svipdag, om han finge gossen i sitt våld, skulle dräpa honom och därmed sätta en evig skamfläck på sin ära. Hadding var icke längre trygg i Vagnhöfdes berggård. Han var utsatt för Lokes snaror, ty denne hade utspanat, hvar han var gömd. Så omsorgsfullt Vagnhöfde och hans dotter Hardgreip vakade öfver honom, kunde likväl deras ögon icke alltid följa pilten, som längtade ut från berggården för att leka på ängarne därutanför och titta vid skogsbrynet in i hvad som för honom var en främmande värld.

Då han, vaktad af Hardgreip, satt vid fjällsalens vägg och såg ut, kom kanske ibland en ulf, som hade så vänliga ögon, och frågade, om han icke ville följa honom och se skogens alla hemligheter, ibland en häst och sporde, om han icke ville rida omkring världen och se allt märkvärdigt där. Sådant gjorde gossen trånsjuk och missnöjd med sin fångenskap, och det var nog hans afsikt att rymma, när han kunde. Då kom en afton till Vagnhöfdes gård en ryttare på åttafotad häst. Han var en äldre, långskäggig man, hvars ena öga var tillslutet. Han talade vänligt med Vagnhöfde och Hardgreip och tackade dem för den vård de ägnat pilten. Vagnhöfde lyfte Hadding upp i sadeln framför ryttaren.

Gossen var förtjust öfver att få komma ut, men Hardgreip grät. Ryttaren svepte sin vida mantel öfver och omkring Hadding och red bort.

När de ridit en stund, vardt Hadding nyfiken och ville se, huru det var omkring honom. Han öppnade på manteln och såg då till sin häpnad och förskräckelse, att land och vatten lågo djupt under springarens hofvar.

Oden slog åter mantelfliken öfver hans hufvud och tryckte honom till sitt bröst. Fram mot natten satte Sleipner sina hofvar på marken. Hadding var då i Manheim, i det land, där Mimer anvisat de landsflyktige asarne borgar och trygg vistelseort. Här fick han leka på ängarna så mycket han ville.

Här lär han på idrottsvallen öfvats af Tyr, och af Brage i runor och skaldskap. Stundom kom äfven Heimdall, hans stamfader, och såg honom och bevittnade hans förkofran i vett och styrka. När Hadding kommit till vapenför ålder, sjöng Oden öfver honom siande skyddsgalder och gaf honom en dryck, ljuf att smaka, som kallas "Leifners eldar" - hvilken förlänade Hadding den förmåga, som Svipdag fått genom Groas galdersång, att med sin andedräkt upplösa band och bojor.

Nu var det tid för Hadding att träda in på den lefnadsbana, som låg framför honom. De mål, som han hade att sträfva till, var att hämna sin faders död och återbörda sin andel i väldet öfver de germaniska stammarne.

Bland dessa lefde Halfdans namn i äradt minne, och mången undrade, hvilket öde hans yngste son, den lille Hadding, rönt. Ett rykte gick, att han lefde och en dag skulle visa sig bland dem. Många voro missnöjda öfver den hårdhet, hvarmed Svipdag efter sin seger öfver Halfdan förfarit mot dennes vänner och förnämste stridsbröder. Han hade landsförvisat dem, och de hade dragit bort österut i de okända ängderna bortom germanfolkens gränser, och ingen visste nu rätt, hvar de uppehöllo sig, om de lefde eller voro döde. Bland dem voro Hamal, Halfdans fosterbroder, och Hamals söner och fränder, som äro kände under släktnamnet amaler. Bland dem voro några af ylfingarnes och hildingarnes släkter, främst att nämna Hildebrand. I Hildebrands hus hade Hadding under sina spädaste år vistats och fått sin första uppfostran, och ynglingen kom väl i håg sin trygge och gladlynte fosterfader och hans lärdomar. När Hadding rustade sig till bortfärd från Oden, sade honom denne, att han skulle rida västerut genom skogen till ett ställe, kalladt Märingaborg, där han väntades af vänner. Färden var farlig, och Oden sporde, om Hadding ville ha följe. Därtill svarade han nej och begaf sig ensam på väg.

Vägen var, som Oden sagt, farlig. När Hadding efter en tröttsam dagsresa en morgon vaknade, låg han, bunden till händer och fötter, i en berghåla, nära intill ett vidunder, och Loke stod framför honom.

Denne ville aftvinga honom en ed, att han utan motstånd skulle följa; vägrade han, skulle han kastas till föda åt vidundret. Hadding begärde en stunds betänketid och ensamhet för att samla sina tankar.

Loke gick. Då andades Hadding på sina bojor, som brusto och föllo af honom, grep sitt svärd, gaf vidundret banehugg och åt, såsom Oden för ett sådant fall anvisat honom, dess hjärta. Han vardt därigenom vis och kunde tolka djurläten. När han utträdde ur hålan, såg han icke Loke, men en skara stridsmän ligga sofvande på marken. De voro alla vederstyggliga med likbleka ansikten. Han erfor sedan, att de kallades baningar ("fördärfvare", "förpestare") och voro bröder till pestväsendet Leikin och söner af Loke med Gullveig. Odens galdersång följde Hadding under hela hans väg till Märingaborg, och det var den, som hade söft baningarne. Hadding fann sin häst och kom oskadd till Märingaborg.

Vid denna tid, sedan Loke förlagt sin verksamhet till Midgård, uppträdde han som höfding och stamfurste, äfven han. Baningarne voro den stam, som han behärskade.

I Märingaborg emottogs Hadding med glädje. Det var hit som Halfdans fördrifne vänner och stridsbröder samlat sig. Här sattes han i högsäte mellan Hamal och Hildebrand, och där nedanför vid dryckesbordet sutto välpröfvade kämpar: amaler, hildingar och ylfingar.

Några bland dem begåfvo sig ut till de stammar, som bebyggde det östra Germanien, för att meddela dem, att Hadding lefde och skulle komma för att höja stridsfana mot Svipdag. De borde göra sig beredda och samla sina stridskrafter, om de ville följa Halfdans och Alvigs son.

Förberedelserna till fälttåget kräfde tid. Medan de pågingo, kom till Märingaborg ridande en ung kämpe, som sade sig heta Vidga, son af Valand och Baduhild, Mimers dotter. Han red en af de vackraste hästar man sett. Hjälmen med sin gyllne ormprydnad, den lysande brynjan, det skinande svärdet, skölden, hvarpå tång och hammare voro målade till tecken af hans härkomst, hela hans utrustning var den skönaste och yppersta — verk af Valands och underjordssmedernas konst, klenoder ur Mimers skattkamrar. Han sade genast, att han icke kom i vänligt uppsåt: som ättling af Ivalde, son af Valand och syskonbarn med Svipdag var det hans plikt att bekämpa Halfdans ätt. Han utmanade därför Hadding till tvekamp på lif och död. Emellertid vardt han inbjuden i mjödhallen och där fägnad. Hjältarne sågo, att han hade en ren och trofast blick och funno mer behag i hans väsen än i hans ankomst dit, ty de fruktade för Haddings lif. Deras fruktan var icke ogrundad.

Tvekampen hölls, och Hadding dukade under för Vidgas öfverlägsna vapen. Då Vidga höjde svärdet till banehugg, ställde sig Hamal och Hildebrand framför honom och talade bevekande ord. Vidga stack då sitt svärd i skidan och räckte Hadding handen. Han stannade någon tid på Märingaborg, hade sin plats vid bordet närmast Hadding, och de voro gode vänner. En gång sade Hildebrand till Vidga, att han önskade, att detta vänskapsband aldrig sletes. Vidga svarade, att ödet lagt deras lotter i motsatta vågskålar. Den dag måste väl komma, då de strede hvar på sin sida; men ett ville Vidga lofva: att om han kämpade mot Haddings härskaror, skulle han likväl icke föra sitt svärd mot Hadding själf.

Hildebrand tackade för detta löfte, men omtalade det icke för Hadding.

Bud kom nu till Märingaborg, att de östre germanstammarne vore färdige till härtåg, och att de väntade på Hadding för att bryta upp. När Vidga hörde det, sade han farväl. Själf ämnade han begifva sig till de stammar, som hyllade Svipdags sak.

Hadding kom, och väldiga stridsmannaskaror samlade sig i det östra Germanien under hans fälttecken.

Svipdag visste säkerligen hvad som föregick där, men torde ej velat gripa in, förrän Hadding själf höjt stridsbanéret. Han, Svipdag, hade då ingen skuld i fejdens utbrott, och han gladde sig åt tanken att på valplatsen få nedlägga Halfdans son, såsom han nedlagt fadern.

Svipdag steg ned från Asgård och uppenbarade sig i germanernas urland på den skandiska ön och kallade dess stammar och danerna under vapen. Han sände bud till sin halfbroder och underkonung Gudhorm, och denne samlade sina stridskrafter, att förena dem med hans. Många och ofantligt stora skepp byggdes, på hvilka svearnes och danernas skaror fördes öfver hafvet.

Det nordiska urlandets, det västra och det östra Germaniens stammar voro således på antåg mot hvarandra. Valkyrior, sköna diser i hjälm och brynja, sågos rida genom luften. De kommo dels från Vanaheim och Asgård, dels från det i öster belägna Manheim. Svipdag lät genom de skalder, som följde hans och Gudhorms härar, förkunna för stridsmännen, att enligt gudarådets beslut skall enhvar, som på deras sida faller i de förestående drabbningarna, af valkyrior ledsagas till Fröjas härliga sal Sessrymner för att lefva där i evig glädje.

Hadding lät genom sina skalder förkunna de östgermaniske krigarne, att enhvar, som å deras sida faller, skall komma till Oden och njuta ovanskelig fröjd i hans salar.

Till Gudhorms hof hade vid denna tid anländt en främling, som sades vara en höfding från något aflägset land och af Gudhorm emottogs med heder. Han var så vältalig, erfaren och rådklok, att Gudhorm fick till honom största förtroende och sällan gjorde något, som icke han tillrådt. Han kallade sig Becke ("Vedersakare"). När han icke var på färder i Gudhorms eller egna ärenden, hvilket ej sällan hände, var han alltid i Gudhorms närhet.

Stundom kom på besök å Märingaborg en man, som, när man såg honom i ögonen, var Becke mycket lik och, likasom han, vältalig, rådklok och med ett insmygande väsen. Han sade sig heta Blind. De som efteråt lärde närmare känna honom, kallade honom Blind bölvise ("illsluge"). Becke och Blind var samme man. I guda-världen hette han Loke.

Gudhorm rådgjorde med honom om det förestående fälttåget, och syntes Becke äga så stora insikter i krigföring, att Gudhorm gaf honom att anföra sin härs ene flygel och gjorde honom till förste mannen i sitt krigsråd.

Gudhorms här förenade sig med Svipdags. Hadding tågade dem till mötes. Bland de släkter, som slutit sig till Svipdag och Gudhorm, var gjukungarnes.

Gjukungarne voro söner af Valands och Egils broder Slagfinn och således syskonbarn med Svipdag och Vidga, Valands son.

Från Svitiod det stora kom Gudhorms fosterfader Hafle med jättemöarna Fenja och Menja till Gudhorms krigshär. Till Haddings kom från Svitiod det stora hans fosterfader Vagnhöfde med sin dotter Hardgreip, som var klädd i en krigares dräkt. Midgård hade ditintills aldrig och har sällan efteråt sett så stora härar som de, hvilka nu ryckte emot hvarandra. De sträckte sig öfver berg och dalar. När de stodo i ordnade fylkingar till häst och fot, liknade deras spjutmassor en oöfverskådlig sträcka af sädesfält, mognade till skörd, och när det kom till slag, bröto de sig mot hvarandra som bränning mot bränning utefter hafvets brädd.

Flere drabbningar ägde rum, innan det för lång tid afgörande slaget stod. Natten före hvarje drabbning sågo härarne öfverjordiska skepnader likasom kämpa med hvarandra i stjärneljuset, och de igenkände i dem sina gudomlige gynnare och motståndare. Öfver Nordens och Västgermaniens fylkingar sväfvade ryttare, liknande Ull, Njord, Fröj och Vanaheims makter; öfver Haddings tyckte man sig se Oden rida med Tyr, Vidar, Vale och Brage, samt Tor bland molnen åka i sin char.

Man iakttog vidare, att när hagel- eller stormmoln förmörkade himmelen och från den sidan, där Nordens och Västerns fylkingar stodo, föllo öfver Haddings skaror — då kom i fladdrande mantel och lysande hjälm en ryttare, följd af molnmassor från andra hållet, och i dessa svängde Tor sin blixtrande hammare och dref västerns hagelbyar och stormskurar tillbaka.

Så kom det stora afgörande slaget. Haddings fylkingar fördes af Hamal, hans fosterfader och fältöfverste, och på deras sida var det han och Hildebrand med amaliska hjältar, med hildingar och ylfingar, samt Vagnhöfde och Hardgreip, som åstadkommo det största manfallet. Å andra sidan var det Svipdag, Vidga Valandsson, gjukungarne Gunnar och Högne, samt Hafle, Fenja och Menja. Dessa stridsmör från Jotunheim vadade genom gråbrynjade fylkingars böljor bland brutna sköldar och genomhuggna brynjor. Hardgreip kämpade bredvid Hadding. Den ena hären var den andra jämlik i mod och dödsförakt. Becke höll sig bakom stridslinjen och undvek att råka in i kampens tummel.

Under hela slaget drog han icke sitt svärd ur skidan och skulle varit den förste att taga till flykten, om han sett de sinas leder vackla; men icke dess mindre bidrog han till den utgång slaget fick, ty han hade ordnat Gudhorms fylkingar med stor skicklighet, så att de på hans flygel bragte Haddings i oordning genom angrepp från sidan och i ryggen.

Det stora slaget ändade så, att östgermanernas slagordning vardt bruten och sprängd. I spridda flockar och förföljde af segervinnarne hastade de från den med hopar af döde betäckta valplatsen, och var deras nederlag så grundligt, att Hadding efter slagets slut var ingenting annat än en värnlös flykting.

Följd af Hardgreip kom han undan i en skog och flackade någon tid omkring i ödemarker, innan han påträffades af Hamal och Hildebrand, som förde honom tillbaka till Märingaborg, där han återfann de andre sina bordvänner, som kommit med lifvet från detta vapenskifte.

Medan Hadding och Hardgreip irrade på villsamma stigar, kommo de sent en kväll till en boning, där de fingo härbärge öfver natten. Husbonden på stället var död, men ännu icke begrafven. För att utröna, hvilka öden väntade Hadding, ristade Hardgreip målrunor i ett trästycke och lät Hadding lägga det under den dödes tunga. Denne skulle då återfå talförmåga och sia om framtiden. Det skedde ock. Men hvad den döde sjöng med förfärande röst, det var en förbannelse öfver Hardgreip, som nödgat honom återvända fran lifvet i underjorden till jordelifvet, och en förutsägelse, att en straffande från Nifelheim skulle hemsöka henne för hvad hon gjort. En följande natt, då Hadding och Hardgreip sökt skydd i en af grenar och ris hopfogad koja, visade sig i denna en jättestor hand, som trefvade under taket.

Den förfärade Hadding väckte Hardgreip, som reste sig i hela sin jättekraft, grep fast i den hemlighetsfulla handen och tillsade Hadding att afhugga den med svärdet. Han försökte, men ur de sår hans vapen tillfogade spökhanden utrann mer etter än blod, och den grep med sina järnklor Hardgreip och sönderslet henne. När Hadding på detta sätt förlorat sin ledsagarinna, trodde han sig öfvergifven af alla. Men då kom Heimdall, den skinande guden, och förde honom på en stig, där Hamal och Hildebrand återfunno honom.

Heimdall följde städse sin ättlings öden och ingrep till hans bästa, når omständigheterna ovillkorligt kräfde det.

37 - Världskrigets slut

Nu inträdde en mångårig fredstid, hvarunder Germanien styrdes af Svipdags underkonungar och jarlar.

Själf hade han återvändt till Asgård, där han lefde i lycklig sammanvaro med Fröja och med henne födde sköna döttrar Noss ("Smycke") och Gersime ("Klenod") samt en son Asmund, hvilken han utsåg till konung öfver Norden. Hadding vistades under dessa många år — det säges trettio — i Märingaborg.

Östgermanien var efter det stora slaget så blottadt på stridsmän, att ett nytt släkte af vapenföre behöfde växa upp och i folkförsamlingen förlänas med spjut och sköld, innan Haddings fana åter kunde höjas.

Becke förblef under dessa år hos konung Gudhorm och var hans rådgifvare i allt. Om Beckes — eller för att nämna hans rätta namn: Lokes — rådslag kan i korthet sägas, att de gingo ut på att omintetgöra hvarje försoningsförsök samt att medelst förtal och lögner öka anledningarna till fiendskap mellan Halfdans och Ivaldesönernas afkomlingar, för att desse skulle utrota hvarandra inbördes. Han ville bereda germanfolkens undergång likasom deras gudars.

Gudhorm hade blifvit enkling och ägde en förhoppningsfull son Randver, nyss uppvuxen till yngling.

Gudhorm hade hört omtalas, att Svanhild, dotterdotter af Slagfinn och drottning öfver en af de nordiska stammarne, skulle vara en den skönaste kvinna, och enär hennes make aflidit, sände han Becke och sin son Randver att å hans vägnar fria till henne. Hon svarade ja och åtföljde sändemännen till Gudhorm. När de framkommit, sade Becke i hemlighet till denne, att Randver och Svanbild bedragit honom, samt att Svanhild bragt sin förre make om lifvet. Intetdera var sant, men Becke förstod att göra det sannolikt, och Gudhorm lät då hänga sin ende son och kastade Svanhild att söndertrampas under hästar. Vid åsynen af hennes sköna ögon ville hästarne ej trampa på henne. En slöja kastades då öfver hennes ansikte.

Det fanns två unga bröder, Imbrecke och Fridla, söner af Harlung och nära befryndade med Halfdans släkt. Några vilja veta, att Halfdan utanför sina laggilla äktenskap hade två söner, nämligen denne Harlung och Rolf med binamnet Krake.

Om detta är riktigt, så voro harlungarne Gudhorms brorsöner. Med lögnaktiga beskyllningar uppretade Becke Gudhorm emot dem, och denne lät afdagataga dem båda.

Svanhild hade två bröder, Sörle och Hamder. Deras moder befallde dem att fara till Gudhorm och kräfva hämnd på honom för deras systers grymma död, och innan de begåfvo sig på väg, sjöng hon öfver dem en galdersång, som gjorde dem hårda mot smidda vapen. De kommo till Gudhorm, där han satt vid dryckeshornet i sin sal, omgifven af kämpar. De stego fram, drogo sina svärd och höggo in på honom. Hans kämpar rusade upp och angrepo dem. Äfventyret slutade så, att Gudhorm fick ett svärdstyng i sidan och flera sår, hvaraf han alltsedan led, samt att Sörle och Hamder stenades till döds, sedan man funnit, att udd och svärdsegg ej beto på dem. Det tilldrog sig nu stora händelser i gudavärlden. Den splittring som rådde mellan asar och vaner gaf jättarne hopp om att kunna göra en stor eröfring. Alla deras stammar förenade sig för att angripa och ödelägga Midgård, och de föreslogo Oden, att om han bistode dem mot de gemensamme fienderna, vaner och alfer, skulle de förhjälpa honom att återtaga sitt högsäte i Asgård.

Men Oden, som tänkte mer på människornas väl än på sin egen makt och härlighet, skyndade att underrätta vanerna om det anfall som hotade, och han lofvade dem sin hjälp, om de behöfde den. Den var högligen af nöden, ty de härmassor, som samlat sig i Jotunheim och ryckte dels mot Bifrosts norra brohufvud, dels öfver Elivågor in i Svitiod det stora, voro ofantliga. Men asarnes, vanernas och alfernas förenade makt tillbakaslog dem med oerhörd manspillan. Elivågor voro så uppfyllda af slagna jättars kroppar, att man med svårighet rodde skeppen genom böljorna, och man kunde å ömse kusterna göra en tre dagars ridt utan att se annat än fallnes lik. Detta krig, som är kändt vid namnet hunkriget, bröt så jättarnes makt och förminskade så deras antal, att de aldrig mer varda farliga för världsträdet och Midgård förr än kort före Ragnarök, då en ny fimbulvinter skall inträffa och jättefolken resa sig i sin gamla styrka.

Intill dess är Tors hammare tillräcklig att hålla deras tillväxt inom vissa gränser.

Vanerna erkände, att Oden handlat högsinnadt, när han kom dem till hjälp, ehuru de drifvit honom från Asgård. De insågo äfven, att de voro i största behof af asafaderns och hans väldige söners bistånd i kampen mot jotunvärlden. När hunkriget börjat, erbjödo de fördenskull asarne försoning på följande villkor: De må återvända till sina borgar i Asgård, och Oden med en faders och härskares hela rätt intaga sitt högsäte i Valhall. De kämpar, som å Haddings sida fallit å valplatserna och åt hvilka Oden under sin landsflykt anvisat boningar och lekfält i underjorden, må följa honom till Valhall och som einheriar njuta sitt sällhetslif där. Men de kämpar, som fallit på Svipdags sida, kvarstanna i Fröjas sal Sessrymner, och hädanefter skola Oden och Fröja kora hälften hvar af det antal, som faller på slagfälten i Midgård. Vanerna frikännas från hvarje ansvar för de af asafaderns gärningar, som de ogillat, och till tecken på denna ansvarsfrihet må Njord, utan att vara bunden af sin plikt som gisslan, återvända till Vanaheim i tidernas fullbordan. Vanerna anse sig hafva fått bot för Gullveigs död; skulle hon pånyttfödas och åter visa sig, må hon icke brännas, utan förvisas till Järnskogen.

Dessa villkor antogos, och asarne tågade på Bifrost tillbaka in i Asgård. Man såg (lärefter Tor och Ull, styffader och styfson, kämpa, som förr, sida vid sida mot Jotunheims resar. De gamla banden voro återknutna, och alla kände sig däröfver lyckliga.

Medan vanerna voro herrar i Asgård, hade bland människorna den tro uppkommit, att gudarne nu fordrade större offer än i fädernas tid varit brukligt, och att offer och böner, ägnade på en gång åt flere eller alla gudar, icke ägde kraft att blidka och försona, utan borde enhvar af gudarne hafva sin särskilda offertjänst. Många trodde också, att bönerna i mån af sin längd och offren i mån af sin riklighet skulle af gudarne anses vittna om större fromhet samt påräkna villigare bönhörelse. Men Oden lät förkunna för människorna, att detta var villfarelse.

Den som af egennytta frambär rikligare offer för att af gudarne få vederlag i rikligare belöning, är Oden mindre kär än den, som frambär en ringa gärd, men gör det med fromt och oegennyttigt sinnelag.

Det återstod för gudarne en viktig sak att ställa till rätta. Fred rådde nu i gudavärlden; men freden i Midgård hotades på nytt af fejd mellan Halfdans söner. Det måste göras en ände på broderstriden, som nu igen höll på att flamma upp, ty Östgermaniens stammar samlade sig åter under Haddings fana.

Gudarne läto Hadding veta, att de icke skulle ogilla, om han afstode från blodshämnden, som ju vore omöjlig för en människa att fullgöra mot en Asgårdsinnevånare och medlem af gudarnes krets. Då gick Hadding med sina rådgifvare Hamal och Hildebrand till öfverläggning. Blind, som ofta kom till Märingaborg, deltog nog i öfverläggningen och torde sagt det vara mest ärofullt för Hadding att gifva gudarne nej till svar; men Hamal och Hildebrand rådde honom svara, att han ville afvakta Svipdags beslut, och detta svar afgaf han. Gudarne uppmanade nu Svipdag att bjuda Hadding försoning och den andel, som tillkom honom af hans faders rike; men Svipdag genmälde, att han aldrig förnyar ett afslaget anbud. Asar och vaner gingo då till sina domaresäten och dömde Svipdag att göra det. Men hvarken domen eller Fröjas tårar kunde beveka honom. Han begaf sig från Asgård ned till skandiska halfön och befallde sin son Asmund, som var svearnes konung, att samla sitt folk samt skicka budkafvel till danerna och till Gudhorms stammar.

Inom kort voro de germaniska härarna åter i rörelse mot hvarandra. Gudarne sände den trotsige Svipdag en yttersta hotande befallning att ställa sin vilja under de laggilla världsstyrande makternas beslut. Han svarade nej och seglade med den stora sveaflottan, starkt bemannad, österut. Men innan flottan landat, var han försvunnen. Gudarnes vrede hade drifvit honom att kasta sig i hafvet. Där märkte han med fasa, att han var förvandlad i en besynnerlig djurskepnad. Förödmjukad och förtviflad dök han ned i djupet. Gudarne dolde hans öde för Fröja.

Svearne måste undrat öfver sin store höfdings försvinnande och anat en ond utgång på ledungsfärden.

De landstego och tågade under konung Asmunds ledning in i landet. Där förenade sig Gudhorms här med dem.

Becke följde hären äfven nu. En natt steg en högvuxen gammal man, enögd och långskäggig, in i Asmunds tält, där denne satt i samtal med Becke. Den gamle kallade sig Jalk. Han sade, att om Asmund icke eftersträfvade brödrakrig och frändedråp, kunde strid ännu undvikas.

Becke däremot torde invändt, att om Asmund slöte fred och tågade hem, skulle han bryta mot det åliggande han fått af sin fader, och det skulle tillräknas honom som ett bevis på feghet. Man kan föreställa sig, att Jalk och Becke betraktade hvarandra: att Odens skarpa öga såg in i Lokes med hotfull glöd, och att denne svarade med ett fräckt och gäckande ögonkast. Jalk aflägsnade sig. Mellan Asmund och Becke vardt det öfverenskommet, att den senare skulle anordna härens uppställning och rörelser, ty däri hade han visat sig vara mästare.

Asmund skulle föra den i striden.

Oden red därifrån till Haddings läger. Man väntade fältslag nästa morgon. Oden steg in i den gamle Hamals tält och talade länge med honom. Han undervisade honom i ett ditintills icke kändt sätt att uppställa fylkingarna, ett sätt, som gjorde Beckes krigskunskap om intet. När han var förvissad om att Hamal fattat allt, frågade han, om alla de till Haddings läger väntade kämparne anländt. Hamal hörde sig för och erfor, att Vagnhöfde saknades.

Vagnhöfde hade sent blifvit träffad af Haddings bud och hade lång väg till vapentinget. Men en enögd ryttare, som kallade sig Kjalar, mötte honom på vägen, tog honom upp på sin häst och förde honom öfver vatten och land, så att han, när slaget var som hetast och Hadding bäst behöfde hans hjälp, stod i dennes sköldborg. Kjalar var Oden, och från denna färd kommer det ordstäf, hvarmed hjälp i sista stund menas, att nämligen "Kjalar drog kälke", ty äfven Vagn och Kälke har Vagnhöfde varit kallad af skalderna.

Solen rann upp och härarne ryckte mot hvarandra. Sköldsången uppstämdes å båda sidor; men denna gång sjöngo inga gudar med under nord- och västgermanernas sköldar, medan valfaders röst samklingade med det stigande bruset under östgermanernas. Västerns spjutskogar bildade långsträckta fyrkanter; österns visade sig som kilar med spetsarne mot fienden och med sköld- och svärdklädda sidor. Det var den uppställning, som Oden under natten lärt Hamal. Att ordna trupper så har fördenskull länge kallats att "fylka hamalt" (äfven "trynfylka"). Tecken antydde och slagets utgång sannade, att samtlige gudar, vaner såväl som asar, nu gynnade Haddings sak. Dock vägde stridens vågskålar länge lika, ty Asmunds och Vidga Valandssons tapperhet öfvergick allt.

Äfven Fenja och Menja gingo hårdt fram, men fångades mellan sköldar och fördes bundna ur striden.

Asmund banade sig väg fram emot Hadding själf med skölden kastad på rygg och med båda händerna kring fästet på ett slagsvärd, som fällde allt omkring sig. Då ropade Hadding på asarnes bistånd, och plötsligt stod Vagnhöfde, ditförd af Oden, vid hans sida, svängande mot Asmund ett kroksvärd, medan Hadding kastade mot honom sitt spjut. Asmund stupade under dessa vapen. Hadding trängde därefter fram mot Vidga Valandsson, som säges i detta fältslag ha med egen hand nedlagt flere hundra man.

När han såg Hadding komma, svängde han om sin häst och flydde, och då Hadding upphann honom, lät han hellre döda sig af denne, än han lyfte vapen mot honom. Detta för att hålla löftet, som han i Märingaborg gaf Hamal och Hildebrand.

Då man fick veta, att Asmund fallit, uppstacks hvit sköld, och fienderna räckte hvarandra händer till fred.

Haddings härskaremakt i östern godkändes.

Han vardt en mild och lyckosamt styrande storkonung, känd af eftervärlden äfven under namnet Tjodrik (Ditrik, "storkonungen"). På världskriget i Midgård följde långvarig och lyckosam fred.

Hadding och en öfverlefvande sonson af Svipdag förenades af så innerlig tillgifvenhet, att den senare vid en ogrundad underrättelse om den förres död beröfvade sig själf lifvet. Och när Hadding erfor detta, ville ej heller han lefva längre, utan gick genom frivillig död till Valhall.

Då Svipdag icke afhördes, och ingen syntes veta något om hans öde, tog den sörjande Fröja sin falkham och flög genom alla världar, letande efter den älskade. Hon fann honom till slut vid ett skär i hafvet, Singastein, äfven kalladt Vågaskär. Huru det blef henne bekant, att djuret, i hvars ham Svipdag blifvit fängslad, omslöt denne, är numera icke med visshet kändt. Man vet blott, att så afskyvärdt vidundret föreföll henne, öfvervanns afskyn af hennes kärlek och medlidande, och hon kvarstannade hos den olycklige och sökte med sin ömhet trösta honom.

Hon medförde Brisingamen, och antingen det nu var detta underbara smyckes glans eller att själfva böljorna kände fröjd öfver att få hafva det sköna anletet och det trofasta hjärtat hos sig — från Singastein spred sig vida öfver hafvets spegel ett härligt skimmer, som efteråt sällan varit sedt. Fröja bär alltsedan binamnet Mardöll ("Hafsskimmer"). När vidundret var vaket, försökte hon vara glad och talade smeksamma ord. När det sof, kunde hon obemärkt hängifva sig åt sin sorg och gråta. Hvarje hennes tår vardt till en gulddroppe, som sjönk i hafvet men ej gick förlorad, ty det droppade en lika tyngd af medlidande med Svipdag och henne in i gudarnes hjärtan, och som de med oro visste henne vara borta från Asgård, vardt det deras beslut att förlåta Svipdag och återkalla honom.

Innan detta beslut hann verkställas, hände det, att Hadding en varm sommardag kom ned till stranden, utanför hvilken Vågaskär ligger, och gick i vattnet för att bada. Där råkade han i strid med ett besynnerligt djur och dräpte det. Han drog det upp på land, för att de stridsmän skulle få se det, hvilka åtföljde honom och slagit läger ett stycke därifrån. Men då han återvände till lägret, ställde sig i hans väg en kvinna, den skönaste han någonsin sett. Hon sade, att han dräpt ett i djurham höljdt heligt väsen, hennes make, Fröjas make, och hon nedkallade öfver honom gudarnes och alla elementers vrede, om han icke försonade det begångna dråpet.

Hadding förstod då, att han dödat Svipdag och sålunda ändtligen tagit hämnd på sin faders bane. Detta gladde honom, och han vägrade gifva böter. Men då rönte han så många missöden och motgångar och såg omkring sig så många järtecken, att han bekvämade sig gifva böter åt Fröj för dråpet på hans svåger, och skedde detta genom en stor offergärd åt honom, Fröjs-bloten, som alltsedan årligen ägnas honom.

Då Fröja såg Svipdag uppdragas död å stranden och skyndade sig att ställa sig i vägen för Hadding, hade hon glömt Brisingamen kvar på Vågaskär. Det låg där och upplyste nejden rundt omkring. Loke, som vid denna tid än i synlig, än i osynlig måtto höll sig i Haddings närhet, såg smycket, och kom genast på tanken att stjäla det. Det kunde vara godt att hafva, för att äga en lösen för sitt lif, ty alla gudars vrede hvilade på honom, och han visste, att Oden numera kände sig obunden af den ed han svurit honom i tidernas morgon. Men äfven Heimdalls blick följde Hadding och såg hvad som föregick omkring honom. Medan Fröja talade till Hadding, kröp en säl upp på Vågaskär och närmade sig Brisingamen. Det var Loke i sälham. Men från andra sidan kröp också en säl upp på klippan fram till smycket. En ham kan ej förvandla blicken, och Loke igenkände i den andra sälens ögon sin gamle fiende Heimdall. Sälarne kämpade, och Farbautes onde son måste draga sig tillbaka med oförrättadt ärende. Heimdall återförde Brisingamen till Asgård.

Fröja återvände dit, emottogs efter sin långa bortovaro med glädje och fördes in i Valhall till Oden. Öfverst bland einheriarne och närmast gudarne satt där Svipdag, så ung och vacker som i den stund, då han kom med Valandssvärdet till Asgård. Tvisten mellan gudarne och honom var nu bilagd och hans fel försonade, och Fröja och han kunde åter lefva lyckliga tillsammans i Folkvangs salar.

Gudarne sammanträdde på sin tingsstad för att rådgöra om viktiga ärenden. Fred var återställd i världen, men de onda makterna gingo ännu lösa. Man beslöt, att de skulle bindas och aflägsnas ur gudars och människors närhet. Mimers hufvud hade sagt, att Gullveig var pånyttfödd. Loke hade efter tvekampen på Vågaskär försvunnit. I Asgård fanns Lokesonen Fenrer ännu. Man visste nu, att han var född till gudarnes skada och borde förskaffas därifrån. Detta vardt beslutadt. Döda Fenrer kunde de icke, emedan han fått löfte om säkerhet till lifvet.

Fenrer hade Lokes lekfulla skick och falska ögon. Han var nu så stor och hade emellanåt röjt så våldsamt lynne, att man icke vågade låta honom gå fri omkring i Asgård. Han hade nog vid mer än ett tillfälle visat lust att sönderslita Gere och Freke. Fördenskull hölls han nu inom ett högt stängsel, och hade Tyr åtagit sig den vådliga sysslan att gå dit in och gifva honom hans dagliga föda.

Redan förut hade gudarne låtit Fenrer pröfva sin styrka på en mycket stark järnkedja, hvarmed han lät binda sig, väl vetande, att han kunde spränga den, och det gjorde han i ett enda ryck. Nu gjordes en vida starkare, och ulfven, stolt öfver sin styrka, lät lägga henne kring sig. Med en enda spänning kom han kedjan att brista, så att länkarne flögo åt alla håll. Svipdag begaf sig då till underjorden för att rådgöra med de dvärgar, som plägat betjäna Mimers söner i deras smedjor och ännu smidde där.

Dvärgarne lofvade försöka sin konst.

De visste, att hvad det grofva ej kan fjättra, kan måhända bindas af det lena. Efter någon tid hade de smidt åt gudarne det band, som kallas Gleipner, fint, smalt, mjukt och spänstigt utan like, gjordt af ämnen, som människans ögon knappt kunna se och hennes hörsel knappt förnimma. Tyr visade ulfven detta band och sporde, om han hade styrka att slita det. Fenrer svarade, att det såg så ömkligt svagt ut, att man hellre borde ställa den frågan till ett barn än till honom. Han kunde ej förvärfva någon heder med att spränga det. Tyr sade, att bandet var vida starkare än det såg ut. Tor kunde nog sönderslita det, men de andre gudarne svårligen.

Fenrer anmärkte, att bandet då måtte vara gjordt med list, och i detta fall vore det dumt af honom att låta lägga det på sig. Tyr torde genmält, att han alldeles icke ville dölja, att bandet var gjordt med list, ty frågan var nu den, om dvärgarne med all sin konst förmådde uträtta något mot Fenrers styrka. Man ville utransaka, hvad som hvar starkast här i världen: våld eller kunskap.

Fenrer sade, att detta kunde vara skäl att pröfva. Han, Fenrer, skulle fördenskull låta lägga bandet kring sig, men med det villkor, att man gåfve honom pant för att det skulle tagas af honom, om han icke fick makt med det. Tyr svarade, att pant skulle han få; men emedan han icke ville bedraga Fenrer, borde denne veta, att mottagaren af en pant har ingen rätt att säga sig sviken, om han får behålla panten. Han frågade, om Fenrer ville nöja sig med hans, krigaregudens, högra hand i säkerhet. Fenrer tillkännagaf, att den panten syntes honom god, ty dåraktig vore Tyr, om han uppoffrade en hand, helst högra handen, och en krigaregud, saknande de fingrar, som gripa om svärdfästet, vore just ej heller någon förmån för Asgård. Fenrer tillade, att han trodde sig redan vara kommen till den ålder och styrka, att han kunde mäta sig med Tor. Om någon tid skulle han nog kunna mäta sig med alla gudarne tillsammantagna, och han ämnade då icke låta sig hållas inom ett stängsel, utan skulle han fordra samma frihet att gå lös som han hade som unge. Lekfull vore han ännu, och gudarne skulle få lustiga lekar.

Tyr underrättade gudarne om öfverenskommelsen mellan honom och Fenrer. För gudarne syntes den hård; ett sådant offer som det, hvartill Tyr var färdig, kunde de ej af honom begära. Tyr torde genmält, att det var nödvändigt för Asgårds och världens trygghet. De gingo nu in till Fenrer. Tyr stack sin högra hand i ulfvens gap, och denne lät gudarne kringlägga bandet. När fängslet var färdigt, spände ulfven alla lemmar, men ju mer han spände, dess hårdare drog sig bandet kring honom. Han arbetade af alla krafter, men gagnlöst. När han då öfvertygat sig om att Gleipner var starkare än han, väntade han, att Tyr skulle draga sin hand ur hans gap. Men Tyr lät handen förblifva där. Detta måste

167

hafva synts ulfven öfver måttan märkvärdigt. Han hade bedragit sig själf, då han icke trodde, att Tyr kunde gifva sin hand förlorad. Då sprutade ilska ur Fenrers ögon, och han afbet intill handleden Tyrs hand och sväljde den.

Gudarne begåfvo sig med fången ned till Nifelheim. Därfinns i marken ett gap, som leder ned till en rad af stora grottor. Den yttersta grottan har en öppning, genom hvilken man kommer till stranden af Amsvartners haf, hvaröfver evigt mörker rufvar. Ute i hafvet ligger holmen Lyngve, som liknar ett klippfäste. Inne i fästet äro hålor, somliga fulla af eldslågor, andra icke. Ofvan på fästet står en underlig skog, hvars träd äro vattenstrålar, uppslungade ur heta källor. En af dessa hålor bestämdes till fängelse åt Fenrer. Till bandet, som omsnärjer honom, fogade gudarne länkar, som fästes djupt nere i jorden under väldiga stenblock. De satte ett svärd i hans mun med udden i öfverkäken. Där ligger nu Fenrer intill Ragnarök. Ur hans gap flyter fradga, som bildar ån Von. Hålan närmast innanför bestämde gudarne åt Loke.

Det gällde nu att fånga denne. Det dröjde länge innan så skedde, eftersom Loke kunde förvandla sig i flere slags djurskepnader och vistas i vattnet som på land. Men med dem, som äga denna förmåga, är det så ställdt, att de snart vantrifvas, om de icke allt emellanåt återkomma och oftast äro i sin rätta skepnad.

Det var vid den tid på året, då linet bärgas, och gudarne hade sitt vanliga gästabud hos Öger. Vid dryckeshornen samtalade de om mycket, äfven om Loke och hans efterletande. Då visade sig oförmodadt Farbautes son i mjödhallens dörr och steg in. Han visste, att gästabudssalen var fridlyst, och äfven vägfrid förkunnad för dem, som gingo dit och därifrån. Tor hade ännu icke kommit; men de andre gudarne, äfvensom asynjorna, sutto kring bordet. När gudarne sågo Loke, vardt det tyst i salen.

Loke sade: "Lång väg har jag vandrat, och törstig kommer jag hit för att bedja asarne om en dryck mjöd. Men hvarför tigen I? Ettdera af de två: gifven mig säte vid gillet eller visen mig på dörren!" Då sade Brage: "Här vid gillet får du icke säte; men en vedergällningens dryck är beredd åt en viss, som gudarne känna." Brage anspelade härmed på ord, som Skade sagt, innan Loke kom, att när de fångat honom och lagt honom i bojor, skulle hon fästa en ettersprutande orm öfver hans mun. Loke vände sig till Oden och påminde om, att de i ungdomen blandat blod samman, och att han lofvat icke dricka mjöd, utan att det bures till dem båda. "Stig upp, Vidar", sade då Oden, "och gif ulfvens fader säte vid bordet, så att han icke förbittrar vårt gille med lastande ord!" Vidar steg upp och skänkte i åt Loke, som sade, innan han drack: "Hell asar, hell asynjor och alla heliga gudar, Brage dock undantagen!" Brage genmälde: "Vill du låta bli att visa gudarne din ilska, så skänker jag dig af mitt eget gods häst och svärd." Med dessa ord hänsyftade Brage därpå, att om gudarne lyckades lägga Loke i bojor, skulle han få en häst af skarpkantiga hällar att rida och Brages svärd ställdt med udden i hans rygg. Loke förstod ej antydningen, men begrep väl, att det låg hån i den, och han öfveröste först Brage, därefter samtliga närvarande gudar och gudinnor, den tyste Vidar dock undantagen, med de värsta smädelser, och skröt med sina ogärningar.

Därmed fortfor han ännu, när Tor steg in i salen. Äfven denne fick några stickord; men då Tor vardt vred, tystnade Loke och gick ut, sedan han önskat värden på stället allt ondt.

Han kom oantastad från denna färd för vägfridens skull. Men några dagar därefter började man efterleta honom. Från Lidskjalf iakttog man, att högt uppe i Svitiod det kalla var på ett berg en egendomlig boning uppförd, som ditintills icke varit sedd i den ödemarken, och man beslöt taga reda på hvem nybyggaren var. Det var Loke, som uppfört ett hus med fyra dörrar, så att han kunde se ut därifrån åt alla håll. Stället var så tillvida väl valdt, att strax där bredvid brusade en djup och strid älf, Franangers fors, dit Loke, om fara nalkades, kunde taga sin tillflykt. Han tillbragte sina dagar med att i laxskepnad fara ned och uppför forsen, när han icke satt vid härdens eld och grubblade eller förehade något handarbete. Hvarjehanda saker, såsom lin och garn och virke, hade han fört dit till ämne för tidsfördrif. Så kom han en dag på den tanken: "Huru skulle jag själf bära mig åt för att kunna fånga någon, som gjort sig till lax och simmade i forsen?" Han satt en stund eftertänkande; därefter tog han garn och band det första nät som blifvit gjordt. Under det han sysslade med nätet, kommo Tor och några andra af asarne så hastigt öfver honom, att han nätt och jämt hann kasta nätet i elden och springa ut och ned i älfven. Då asarne kommit in i huset och sågo på härden de rutor af aska, som det uppbrända nätet bildade, samt garnet, som låg där bredvid, förstodo de, att Loke här gjort en uppfinning, hvarmed han själf kunde fångas, och de satte sig genast och bundo ett ganska drygt nät efter det mönster de hade på härden. När det var färdigt, gingo de ut, kastade nätet i forsen och drogo det ned efter älfven; Tor gick och drog vid ena älfkanten; några af asarne vid den.

Medan de drogo, simmade Loke i laxskepnad framför nätet, tills han kom till två nära hvarandra varande stenar. Mellan dem stannade han, och det gick som han beräknat: att nätet gled öfver och förbi honom.

Gudarne märkte emellertid, att nätet rört vid något lefvande. De vände då om, bundo tyngder vid nätet, så att ingenting kunde slinka under det, och drogo det på nytt ned för älfven. Loke simmade åter framför nätet.

På detta sätt kommo de ned till älfmynningen; men som Loke ej ville ut i saltvattnet, vände han sig, hoppade öfver nätets öfversta kant och arbetade sig åter uppför forsen. För andra gången gingo då asarne tillbaka. De delade sig nu i två hopar, som å hvar sin sida drogo nätet, medan Tor vadade midt i forsen, och så kommo de igen till älfmynningen. Då vände Loke och gjorde ett raskt hopp öfver nätet; Tor grep efter honom och fick honom om lifvet, men han gled i handen på honom och skulle kommit undan, om icke Tor fått bättre håll om stjärten. Loke var nu fången, och väl kommen ur älfven, återfick han sin vanliga skepnad med de listiga och fräcka anletsdragen och den af Sindres syl märkta munnen. Gudarne förde honom till den håla å Lyngveholmen i Amsvartners haf, som ligger innanför den, där Fenrer är fängslad. Strax efter att han blifvit fångad, kom en jättekvinna, Sigyn, som var hans laggilla hustru och honom i mycket olik, och bad, att hon måtte få dela Lokes öde, huru än gudarne bestämde det. Då de nu rodde till Lyngveholmen, var fördenskull Sigyn med i båten, och när de rodde därifrån, satt hon bredvid den olycklige i hans straffhåla. Där ligger Loke på tre å kant ställda hällar, en under hans skuldror, den andre under hans länder, den tredje under hans knäveck. Bojorna, som fängsla honom, äro gjorda af en ulfs tarmar.

Ulfven var en af Lokes söner, som vardt söndersliten af en annan ulf, hans broder. Ett svärd är af Brage ställdt med udden i Lokes rygg, till hämnd för att han bortröfvade Idun, och öfver hans ansikte fäste Skade en giftorm, som sprutar sitt etter ned mot hans mun, detta till straff för att Loke vållade Valands död. Men Sigyn håller en skål under etterdropparne. När skålen är full och hon slår ut ettret, kommer ormgiftet i hans mun. Då vrider sig Loke af smärta så våldsamt, att jorden skälfver. Så skall han ligga intill Ragnarök. Under tiden förvandla sig håren å hans hufvud till hornhårda spjut, som gömma stinkande pestgift i sig. Att afrycka ett sådant hårstrå vore farligt.

Äfven Gullveig fångades af gudarne. Hon förvisades till Järnskogen och förblifver där, af mäktiga galder tvingad, till Ragnarök. Hon uppsökte Eggter, som i Järnskogen förvarar Valands segersvärd och vallar ulfhjordarne, hennes och Lokes barn. Järnskogen är uppfylld af trolldom och fasor. Dalarne mellan de svarta, stormpiskade, vildt splittrade bergen fyllas af nästan ogenomträngliga skogar eller af träsk, hvari vidunderliga giftdjur vältra. Vindarnes oafbrutna tjut i de tusenåriga trädens malmhårda, dolkhvassa blad fyller hjärtat med ångest och förvirrar sinnet. Nattetid likna de från fjällen nedstörtande vattnen eldforsar, och giftiga flammor fladdra öfver marker, där ingen blomma trifves.

Sedan ondskans värste främjare blifvit sålunda oskadliggjorda, råder endräkt i gudavärlden, och i världslifvet all den ordning, som under det nuvarande tidehvarfvet är möjlig. De besjungna stora urtidshändelsernas ålder, "släktenas morgontid" (de mytiska händelsernas ålder) är därmed afslutad.

De fleste hade sitt upphof i Lokes och Gullveigs ränker och i Jotunheims maktutveckling. Men jättarnes makt är för lång tid bruten genom hunkrigets utgång, Loke ligger i länkar, Gullveig är bannlyst från himmelen och Midgård. Oden förfogar öfver Mimers ord och Mimers tankar, och om mellan de olika gudasläkterna eller enskilda gudar en tvist uppstår, kommer den ej till människors kännedom, ty tvisten har inga följder för Midgård. Forsete, Balders son, förliker alla sådana mål.

Gudarne ha haft en lärotid, äfven de. Den var nu fulländad.

Sällan förete sig gudarne numera för människornas ögon. Förbindelsen dem emellan är dock aldrig afbruten.

Den upprätthålles genom böner, offer och tempeltjänst, men framför allt genom en lefnad, som ställer sig Urds och gudarnes stadgar till efterrättelse. Dock händer någon gång, att när en germanhär rycker till strid, deras siare skåda Oden rida framför fylkingarna och än oftare hör man hans röst i sköldsången. Den här-uppställning, som han lärde Hamal, iakttages ständigt: alltid fylka sig germanernas skaror i kilform, emedan den ordningen är dem helig. De välska folken bakom Rhen och de höga bergen hafva lärt Lokes sluga krigskonst, men ehuru många germanhöfdingar känna denna slagordning väl och själfve anfört välska härar, använda de den aldrig hos sina landsmän.

Stundom hör man Oden fara genom rymden, följd af asar och asynjor och Asgårds ulfhundar. Då är storm i luftkretsen, som Oden rensar från sjukdomsandar och andra skadliga väsen.

Än oftare höres Tor åka i molnen och ses hans blixtar, kastade mot Bergelmers ättlingar. De skulle återvarda för många, minskade han dem icke med sin ljungeld. Stundom lär han i mänsklig skepnad vandra i Midgård och tillse landtmännens arbete. Tor tycker om de odlare, som arbeta ej blott för eget bästa, utan för kommande släktens. Den som bygger endast med tanke på att det skall stå i hans tid, och den som ej vill lägga ett frö eller sätta en telning, emedan han själf ej får njuta trädets skugga och frukt, han gynnas ej af Tor, och straffet drabbar honom, den själfviske, eller hans ättlingar.

Alla jättar, som bosatte sig i Midgård under fimbulvinterns dagar, hafva icke återvändt till Jotunheim.

Här och där bor någon kvar, särdeles i vilda fjällbygder eller djupa skogar. Någon gång kan vandraren höra deras betande hjordars pinglor från trakter, som sällan beträdas af människofot. Mellan desse jättar och deras mänskliga grannar består ett tyst fördrag: om grannen icke oroar jätten eller hans boskap, oroar han ej heller grannen och hans egendom. Någon gång kan till och med välvilja och tjänstaktighet dem emellan råda. Oftare händer dock, att jättar hemligen göra intrång på fördraget: att vackra människodöttrar bergtagas af dem; att de förvända syn på ensamma vandrare och narra dem på villostigar, och att ifall de fått ett sjukligt barn, de smyga till en människoboning och lägga det i vaggan och bortföra det friska och välbildade människobarnet. Sådana bortbytingar äta otroligt mycket. Är den sitt eget barn beröfvade modern medlidsam mot bortbytingen, inträffar det, att jättemodern däraf röres, samt återlämnar det tagna barnet, lägger guld till det i vaggan och förer bortbytingen tillbaka till berget.

Mångfaldiga väsen af alfernas och dvärgarnes släkter syssla nu som fordom i världshushållningen och främja under Fröjs tillsyn grodd och växtlighet. Alferna äro sköna och välvilliga, men snarstuckna och, om de förnärmats, hämndlystna. De hämnas med att afskjuta osynliga pilar ("älfskott"), som förorsaka sjukdom. Eller om någon är för närgången mot dem, då de ej vilja störas, såsom när de i månljusa nätter tråda ringdans på ängarna, kan det hända, att den alf, som han kommit för nära, andas på honom; han får då "älfvablästen".

Alfdiserna äro obeskrifligt väna att åse. I somliga berg hålla dvärgar till, som skapa malmådror därinne och smida.

Ett slags dvärgar hålla sig till människogårdarne och främja årsväxten, icke på själfva marken, utan inne ladorna, där de föröka den bärgade grödan och göra henne dryg. Till hvarje nybyggd tomt kommer en sådan dvärg och stannar där, om han finner vistelsen behaglig. Och behaglig är den honom, om där råder endräkt, god vilja, flit och renlighet, samt vänlighet mot husdjuren. För sitt arbete fordrar han blott ett ringa mjölkoffer hvarje jul. För öfrigt ser han helst, att man icke talar till honom eller låtsar om honom.

När hungersnöd eller farsot förestår, säges det, att några kunna se Leikin vara ute, ridande på en trebent häst.

Jägare och kolare må akta, att de icke låta bedraga sig af syner, som de få i skogen. En och annan af Gullveigs fränkor kan hålla till under furors och granars skymning och framträda därur för att locka med skenfagra behag. Framtill äro de vackra att skåda; men ryggsidan är ihålig som ett tråg. De kallas skogs-nufvor och skogsrån.

Dock äro dessa farliga väsen på långt när icke så många, som de välvilliga i naturen eller de oskadliga.

Många sådana hafva uppkommit ur de lifsfrön, hvarmed Audumla mättat skapelsen. Allt har lif, ehuru lifvet är af många slag. Så lefva väsen inne i träden. De gamla vårdträden, som växa på gårdplanerna, hafva själar, som känna med de människor, som de sett födas och växa upp i närheten af sin skugga.

Bor en släkt länge på samma gård, och har vårdträdets själ sett många barn af den släkten leka under dess krona och växa upp till dugande människor, då uppstår ett förtroligt förhållande mellan vårdträdet och släkten. När den senare blomstrar, frodas vårdträdet, äfven i sin höga ålder, och vid vinterfesten, då det står utan blad, smyckas det af gårdfolket med brokiga band. Aldrig sjunga fåglarne vackrare än i vårdträdet, och när en man, som varit länge borta på sjöfärder eller i krigsäfventyr, kommer hem, då hälsar honom en susning i dess krona, som väcker hans käraste barndomsminnen.

Afven häraderna hafva sina vårdträd, under hvilka rätt skipas, och folkstammarne hafva sina, där de samlas till tings och rådgöra om krig och fred.

På hafvet i stormen hör man necken slå sin harpa, och från älfvar och forsar förnimmes stundom i sommarnätterna strömkarlens strängaspel.

Ej sällan händer, att två af Järnskogens farligaste Lokesöner, ulfvarne Skall och Hate, lämna sitt tillhåll och jaga efter solen och månen under deras färder på himmelen. Asagudarne hafva hitintills alltid lyckats frälsa dessa undan deras förföljare, ehuru de ofta kommit dem så nära, att de blifvit skymda för människornas ögon (vid sol- och månförmörkelser). Fullt trygga känna sig sol- och månehästarnes länkare först, när de hunnit till varnernas skog i aftonrodnadsalfen Billings land.

Varnerna äro aftonrodnadsalfens stridsmän. Sedan solen gått till hvila, vaka de ännu öfver henne "med burna ljus och tända facklor", som kasta sitt sken på himmelen och förgylla kvällens skyar.

Till minne af det gamla fäderneslandet, af urfädernas grafvar och af de viktiga händelser, som i urtiden timade på den skandiska halfön, bedja de söder om hafvet boende germanerna med anletet vändt emot Norden.

38 - Nornorna
Domen efter de döde
Salighets- och strafforterna

Urd, ödets dis, är också dödens. Emedan hon bestämmer hvarje människas lefnadsöden och lefnadslängd, bestämmer hon äfven hennes dödsstund. Hon, som lägger lifvets lotter, lägger dödens.

Hon, som med sina systrar råder öfver det förflutna, närvarande och tillkommande, råder öfver och samlar under sitt rikes spira det förflutnas, närvarandes och tillkommandes alla släkten.

Såsom dödens dis och härskarinna i underjorden kallas hon äfven Hel. Hel är namnet såväl på lycksalighetsriket i underjorden som på dess drottning.

Urd har oräkneliga hjälparinnor och tjänarinnor, emedan de varelser, för hvilka hon bestämmer inträde i lifvet, lefnadsställning och död, äro oräkneliga. De bilda två stora flockar: den ena är verksam i hennes tjänst med afseende på lifvet, den andra med afseende på döden.

Närmast under henne äro hennes systrar Verdande och Skuld. De tre äro de förnämsta nornorna. De rådgöra tillsammans och döma gemensamt.

Det är förut omtaladt, att hvarje människa har en skyddsande, som kallas hennes fylgia eller haminga.

Fylgiorna äro Urds tjänarinnor. När ett barn födes till världen, utser Urd åt det en fylgia, som då stiger upp ur underjorden vid västerns rand, sväfvar öfver hafvet och uppsöker sin skyddsling i Midgård och i osynlig måtto följer honom genom lifvet, ser hans tankar, hviskar i hans samvete, manar och varnar honom i hans drömmar. Hvarje dag sväfva tusentals fylgior öfver vattnen till Midgård, och hvarje dag återvända tusental för att bereda sina skyddslingar boningar i salighetsriket, om de förtjäna det. En fylgia lämnar icke den, som anförtrotts åt hennes vård, förr än kort före hans död, och hon gör det då för att återförenas med honom i sällhetsvärlden. Dock händer, att hon för alltid öfvergifver honom om han blifvit en niding. Den som öfvergifvits af sin fylgia är en förlorad man.

Ett annat slags nornor äro de diser, som utvälja mödrar åt de barn, som framom jordelifvets tröskel vänta på att födas till världen.

Dessa alla äro Urds lefnadstjänarinnor. Den andra flocken af tjänande diser fullgöra hennes dödsdomar och föra de dödas själar till underjorden.

Förnämst bland dem äro valkyriorna, sköna ungmör med tankfulla anleten. Där en drabbning står, där infinna de sig till häst, fullt rustade, och utpeka med spjutskaften de kämpar, som Oden eller Fröja korat till sina salar, samt föra de fallne till underjorden och därifrån på Bifrost till Asgård. När de icke äro ute i dessa ärenden, fylla de dryckeshornen åt valfader och einheriarne i Valhall och Sessrymner. Urds syster Skuld är valkyriornas härskarinna och själf valkyria.

Till de Midgårds innebyggare, som ej äro bestämda att falla för svärdet, sänder Urd andra tjänarinnor af mycket olika skepnad, allt efter arten af deras död. Till dem, som svikta under årens börda, kommer den dis, som är "de böjdes och lutandes hjälparinna". Barnen ha sina dödsledsagarinnor, moderligt ömma och vänliga.

Till dem, som bortryckas af pest eller andra farsoter, komma Leikin och Nifelhelsväsen, som likna henne; och de, som dö af andra sjukdomar, bortföras af de motsvarande sjukdomsandarne.

Till en början vandra alla hädangångna en gemensam väg. En och samma färdeled är föreskrifven dem, och samma Helport öppnar sig dagligen för skaror af själar, som väntas af olika lotter. Kvinnor och barn, ynglingar, män och ålderstigne, de som sysslat i fredliga värf och de som blodat vapnen, de som lefvat i enlighet med nornornas och gudarnes stadgar och de som brutit dem — alla hafva de att taga samma kosa. De komma till fots och till häst, anförda af skönrustade valkyrior, af den milda ålderdomshjälperskan, de vänliga barnledsagarinnorna, eller af den blåhvita Leikin, de dystra sjukdomsandarne. De samlas utanför österns Helport. Och när alla de kommit, som den dagen väntats, kringvrides nyckeln Gilling i låset, porten gnisslar på sina hakar och slås upp.

De dödas allfarväg i underjorden går först i västlig riktning genom djupa och mörka dalar. På ett ställe har man att gå öfver en milsbred törnbevuxen hed utan stigar. Då är det godt att hafva Hel-skor till skydd för fötterna. Fördenskull försumma ej en afliden människas fränder eller vänner att binda Hel- skor på liket, innan det jordas. Det är visserligen sant, att dessa skor, likasom allt annat, som liket medför i griften, såsom kläder, vapen och smycken, stanna i grafven; men allt i skapelsen, äfven de af människor slöjdade tingen, har ett inre ämne och en inre form, och det är de graflagda tingens inre väsen, som följer den döde till underjorden.

De efterlefvandes omsorg om de döda räknas dessa till godo, och ha de Hel-skor, komma de med välbevarade fötter öfver törneheden. Ha de det icke, och om de i lifstiden varit obarmhärtiga mot dem, som få vandra jordelifvets törniga stigar, då komma de ej utan rifna och blödande fötter däröfver. Men åt de barnhärtiga, som sakna Hel-skor, räckas sådana från ett träd, som växer där törnevandringen börjar.

Därefter hinna de döda till en älf med forsande vatten, i hvars hvirflar det är fullt af egghvassa järn.

Fotsbreda ribbor flyta där, men bro finnes icke. Ribborna bära, när de barmhärtigas fötter stiga på dem, och föra dem oskadda öfver älfven. För de obarmhärtigas fötter slinta de undan; dessa falla i älfven och måste under svåra kval genomvada den. Ehuru de förskräckligt sargas af järnen, synes dock däraf intet spår, när de kommit upp på stranden.

På andra sidan denna älf börjar det ljusna och i gryningsdager ligga gröna ängder, genomströmmade af floden Gjall. Ofver den för en guldlagd bro, Gjallarbron, och på andra sidan den är vägskäl. En väg går norrut till Mimers rike; en söderut till Urds brunn. Det är på den leden de hädangångna fortsätta färden, ty deras slutmål är nejden kring Urds brunn. Här är tingsstaden, där dom förkunnas öfver alla döda.

Hela denna vandring har skett under oafbruten tystnad. De dödas tungor äro kalla och stela och frambringa icke ett ljud. Ej heller deras steg höras. Deras hästar, när de komma å sådana, sätta sina hofvar ljudlöst på dödsrikets mark. Endast under valkyriehästarnes hofvar dånar den guldlagda bron öfver Gjall.

När de döda anländt till tingsstaden, sättas de i långa bänkrader framför den heliga kretsen af domarestenar. Här äro de inväntade af sina fylgior, som gått före dem till dödsriket och nu ställa sig, enhvar invid sin skyddsling. Olycklig den, som ingen fylgia har å tingsstaden vid Urds brunn, där de domar afkunnas, som ha evig giltighet!

Asagudarne äro domare här. De hafva två tingsplatser: en uppe i Asgård, där ärenden afgöras, som vidkomma gudavärlden; en vid Urds brunn, där de döma de döda. En gång om dagen rida de på Bifrost dit ner och komma genom den södra Helporten in i Urds rike och öfver åtskilliga älfvar till färdens mål. Hästarne, som de rida, äro Sleipner, Glad, Gyller, Gler, Skeidbrimer, Silfvertopp, Siner, Gils, Falhofner, Gulltopp och Lättfote. Tor rider aldrig, och på denna resa får han ej heller åka, ty hans åskande char kunde skada Bifrost.

Han går fördenskull och har på vägen att öfvervada fyra älfvar, Karmt och Armt, och två med namnet Kerlaug.

När de andre asarne stiga af sina hästar, är äfven han framme, och aldrig har det å denna tingsstad händt, att rättens ledamöter låta vänta på sig.

Oden sätter sig i högsätet och de andre asarne å rådstolar å ömse sidor. Framför dem sitta å sina bänkrader de döda, bleka och med märkena af den död de lidit. Tigande hafva de att åhöra rättsförhandlingarna och emottaga domen, såvida de icke äga målrunor, som ge dem kraft att tala och själfva försvara sig mot anklagelser. Ytterst sällan händer, att någon äger dessa runor; om så är, får han stiga upp i en talarestol, byggd för detta ändamål, och anföra hvad han kan till sitt försvar. Men ingen annnan gör det, än den som blifvit öfvergifven af sin fylgia och fördenskull ej har någon sakförare vid tinget. De andra behöfva icke tala, lika litet som de mäkta det, ty hvarje fylgia försvarar sin skyddsling; hon är ett välvilligt vittne för honom och tillika det pålitligaste inför domstolen, ty hon känner alla hans tankar, bevekelsegrunder och handlingar. Sällan kräfves, att hon talar; ty hennes närvaro invid den döde är i och för sig ett bevis, att han ej gjort sig skyldig till någon oförlåtlig synd.

Utanför tingskretsen vänta skaror af straff-andar på domstolsförhandlingens slut för att ledsaga de till osalighet dömda och öfverantvarda dem åt deras yttersta bestämmelse. Bland dessa straff-andar äro heiptorna, som äro väpnade med törnegissel.

Till tinget vid Urds brunn böra de döda komma väl klädda och prydda. Stridsmännen medföra sina försvars- och anfallsvapen; kvinnorna och barnen smycken, som varit dem kära. Bilder af de saker, som fränder och vänner nedlagt i grafhögarne, medfölja de döda till vittnesbörd inför domarne, att de åtnjutit de efterlefvandes aktning och tillgifvenhet. Den åsyn de till tinget samlade förete ådagalägger, i hvad mån de efterlefvande iakttaga den lag, som bjuder vördnad för döden och omsorg om de hädangångnes stoft.

Många dö under förhållanden, som omöjliggöra för fränder att iakttaga denna omsorgs plikter. Då böra främlingar träda i fränders ställe. Det skick, hvari dessa döda anlända till tinget, visar bäst, om fromt sinnelag är rådande i Midgård. Ty ädla sinnen behjärta de råd, som så lyda: "Visa de lik du finner på marken den sista tjänsten, de må vara sotdöda eller drunknade eller vapenfallna! Du skall göra bad åt dem, som äro döda, två deras händer och hufvud och kamma och torka dem, innan du lägger dem i kista och bjuder dem säll sömn."

Deras naglar böra vara klippta. Det finns tjänstgörande andar, som å tingsstaden undersöka, om de äro det, och i annat fall klippa dem. Straff-andar samla det klippta affallet, taga det med sig och förskaffa det till Lyngveholmen i Amsvartners haf, där osynliga händer arbeta på ett skepp, som kallas Nagelfar och bygges af de dödes å tingsstaden samlade naglar. När skeppet är färdigt, förestår världsförstörelsen. Då brista Lokes, Fenrers och de andra världsfördärfvets söners fjättrar; de stiga ombord å

Nagelfar och segla med detta skepp till kamp mot gudarne. Enhvar, som försummar de lefvandes plikter mot de döda, påskyndar således denna världs undergång och främjar det ondas sak i kampen mot det goda.

Mänskliga fel och svagheter dömas af gudarne mildt. Under sin lärotid hafva de ju själfva felat. De tingförda ha att vänta en god dom, om de gått genom lifvet svekfria, hederliga, hjälpsamma och utan dödsfruktan — om de iakttagit vördnad för gudarne och templen, för frändeplikter och för de döda.

Men lögn, om därmed afsetts att skada andra, får en genom långa tider räckande vedergällning; mened, smygmord, äktenskapsbrott, tempelskändning, kummelbrytning, förräderi och nidingsdåd straffas med onämneliga fasor.

De, som af domstolen förklarats salighet värdiga, få, innan de lämna tingstaden, smaka en dryck, som utplånar hvarje märke den lekamliga döden efterlämnat, återställer deras lifsvärma, lossa deras tungor, förhöjer deras lefnadskraft, ökar deras styrka och förlänar dem sorgeglömska, dock utan att bortplåna kära minnen eller medföra förgätenhet af det, som man kan erinra sig utan saknad eller ängslan. Drycken kallas "krafternas dryck" och är en blandning af safter ur de tre källor, som underhålla Yggdrasils lif: ur Urds och Mimers källor och ur Hvergelmer. Därför säges om densamma, att den består af "Urds kraft, köldkall sjö och Sons vätska". (Den köldkalla sjön är Hvergelmer och Son är ett af namnen på Mimers källa.)

Denna dryck räckes dem i ett guldsmidt uroxehorn, kring hvars rand bilden af en orm är ristad. Om en obefogad hand vidrör hornet, får ormen lif och dräper gärningsmannen. Mångahanda andra ristningar pryda hornet: bilder af drakar, som vakta underjordsportarne, bilder af örter, som växa på salighetsrikets evigt gröna ängar, samt välsignelsebringande runor.

Äfven för de till osalighet dömda är en dryck bestämd, men den är blandad med etter, kvalfull att smaka och ryslig i sina verkningar. De dö genom den drycken en andra död, som består däri, att anden, som de före sin födelse fått af Oden och är den ädlaste beståndsdelen i människan, flyr bort ifrån dem.

Med den flyr också den af fina grundämnen bildade inre lekamen, som Lodur gifvit hvarje människa, den lekamen, som är bildad efter gudarnes skepnad och ger det yttre kroppsliga höljet den form, som detta bär i jordelifvet. I och med det att denna inre lekamen lämnat dem, får den fördömda själen ett annat hölje, hvars utseende afbildar själens ondska och alltid är styggt, ofta vidunderligt fult att skåda.

När de, som fått dom till salighet öfver sig afkunnad, lämna tinget, ledsagas de af sina fylgior till de sköna hem, som dessa åt sina skyddslingar iordningställt i "gudars gröna världar", på underjordens lycksalighetsfält.

Ifriga äro de att se de härliga ängdernas många under och att besöka fränder och vänner, som gått före dem till den yttersta bestämmelsen. Fylgian ledsagar sin skyddsling på "glädjestigar" genom fält, som äro "honungsskeppens (blommornas) hemstad". Här kan den vetgirige söka och samtala med förfäder och urfäder och få sin släkts, ja forntidens alla märkligare öden förtalda af dem, som sett det de förtälja.

De svärdfallne, som valkyriorna ledsaga, göra halt på tingsplatsen, mötas där af sina fylgior och emottaga "krafternas dryck". Saknar en svärdfallen sin fylgia, måste han stiga ur sadeln och sätta sig på de dödas bänk; han är då visserligen en niding, och kan han ej med målrunor försvara sig, dömes han till pinovärldens kval. De redlige stridsmännen begifva sig efter undfången dryck från tinget, besöka sina fränder på salighetsfälten och beskåda märkvärdigheterna där, tills tid är inne, att de fortsätta färden till Asgård. Då äro asarne där före dem, och när de höra Bifrosts dån under de anländande ryttarne, skickar Oden, Brage och Svipdag eller andra bordvänner att med välkomstbägaren möta dem i gafvelporten till Valhall. Där tillbringa de sina dagar i umgänge med gudarne och roa sig med stridslekar, när de icke sitta vid dryckeshornet i glada samtal eller lyssna till Brages sång och harposlag.

Till Valhall komma äfven sotdöde hjältar och höfdingar.

När domen öfver dem, som begått dödssynder, afkunnats, hafva de att vandra till mötes sin förfärliga bestämmelse. Deras forna fylgior gråta, när de se deras affärd. Fly är dem icke möjligt, nornornas bojor fängsla dem, och de drifvas sin väg fram af heiptorna, väpnade med spöknippor af törne, som obarmhärtigt gissla dem på dröjande hälar. Deras väg från Urds källa går norrut genom Mimers rike.

Det är så anordnadt, att de före sin ankomst till kvalens värld skola hafva sett lycksalighetens ängder.

De få sålunda veta, hvad de hafva förspillt. Så leder dem deras kosa öfver älfven Leipt, vid hvars skinande, klara, högheliga vatten dyra eder pläga sväras, och som flyter mellan "glansfält" med blomster, som aldrig vissna, och skördar, som aldrig skäras — öfver denna älf förbi Breidablik, den strålande borgen, där Balder och Nanna bo med Leiftraser och Lif; förbi Hoddgoda, en af flere underjordsfloder omslingrad borg, där Mimer samlat skatter för en kommande världsålder; förbi Mimers med sjudubbel guldinfattning sirade källa, i hvilken Yggdrasils nedersta bladrika grenknippa speglar sig, och hvari dess mellersta rot nedsänker sina silfverhvita rottrådar; förbi de sofvande sju Mimersönernas tysta borg och förbi Natts och hennes disers salar. Allt starkare förnimmes dånet af Hvergelmerkällans brus och världskvarnens gång, ty man nalkas Nidafjällets södra sluttning. Tåget går upp i denna fjälltrakt genom dälder och kjusor, där de från Hvergelmer söderut rinnande älfvarna leta sina vägar. Det lämnar Hvergelmer och världskvarnen bakom sig och sätter öfver gränsvattnet Raun (underjordens Elivågor). Där bakom resa sig Nifelhels svarta, brådstupande fjällmurar. Stegar eller trappor leda öfver svindlande djup till portar, som kallas likportarne ("nagrindarne"), emedan de, som i underjorden dödt den andra döden och sålunda blifvit för andra gången lik, föras genom dem till sitt mål. Tjut och skall från de portvaktande Nifelhelshundarne båda de fördömdas ankomst. Då ila i täta flockar bevingade vidunder, Nifelhels roffågelskaror, världs-trädets gnagare Nidhögg, örnarne Are och Räsvälg ("lik-sväljaren") och deras likar söderut och slå sig ned kring likportarnes klippor. Dessa öppna sig på rasslande hakar, och när de fördömda kommit genom dem, störta de vingade demonerna öfver de åt dem utsedda offren, trycka dem under sin dolkhvassa fjäderklädnad och flyga med gräsliga skrän genom Nifelhels töckenrymder till de för dem bestämda pinorummen.

De trakter, öfver hvilka demonskaran flyger, äro desamma, som Svipdag skildrade för Gerd, då han hotade att med Valandssvärdet försända henne till dödsriket.

Det är Nifelhel, rimtursarnes, de döde underjordsjättarnes och sjukdomsandarnes hem. Det är där som Ymers fötters afföda bor, de vidunderligt födde och födande urjättarne, eller snarare deras själar, höljda i en spöklekamen, liknande deras vanskapliga jordiska. De tala icke; de endast tjuta och stirra med vilda ögon. De bo tillsammans i en stor hall, medan de till Nifelhel förflyttade medlemmarne af den yngre jättesläkten bo i gårdar, spridda öfver den stinkande träskiga marken, genom hvilken den från Hvergelmer norrut flytande älfven Slid söker i dyig bädd sin väg. Det är där den rastlösa orons, själavåndans, den skakande gråtens och vanvettets demoner hafva sin hemstad; där som farsoternas och sjukdomarnes andar bo med sin drottning, Lokedottern Leikin, hvars tröskel är fallförsåt och hvars bädd är sjukläger. Rymden är ständigt uppfylld af töcken.

Detta dystra land är dock endast förgården till de egentliga kvalhemmen. Ett svalg för därifrån ned till nio under Nifelhel belägna ofantliga pinohålor. Ur svalget uppstiga vidriga ångor, och älfven Slid vräker sina svarta slammiga vattenmassor ned för dess branter. I detta svalg är det som Nidhögg och de andra flygande demonerna störta sig med sina offer. Innan de aflämna dem, borra de sina näbbar, käftar och klor i deras lemmar och slita dem i trasor; men lemmarne växa åter tillsammans: en tredje död ges för de fördömda icke.

Därefter fördelas dessa mellan pinohålorna i enlighet med de dödssynder, som de begått. De nio straffvärldarne bestå af nio oerhördt vidsträckta fjällgrottor, förenade med hvarandra genom öppningar, brutna i bergväggarna och stängda med portar, utanför hvilka stå väktare som till skepnad och uppförande äro vartecken af de synder, hvilkas förövfvare de bevaka. Den längst i norr belägna straffhålan kallas " Likstränderna " (Nastränderna), emedan man genom en port i dess norra fjällvägg kan komma till Amsvartners haf. I en förgård utanför porten vakta svartalfer, hvilka underhålla en eld, hvarifrån röken hvirflar in i den oöfverskådligt långa sal, som är byggd i pinohålan. Byggnadsämnet består af lefvande ormar.

Väggarna utgöras af deras flätade ryggar; genom taköppningarna spruta ormarnes hufvud gift i störtande skurar. Under taket är upphängd en rad af järnbänkar, öfverspänd med ett nätverk af bly. På bänkarne ligga menedare och lönmördare och emottaga mellan krampaktigt öppnade läppar ormgiftet.

Under denna bänkrad är en annan, och under den andra en tredje och flere, och förbrytarne på hvarje öfre bänkrad äro "etterrännor", genom hvilka ormgiftet forsar och öfversköljer de under dem liggande.

Liknande straffhålor äro inrättade äfven inom Lyngveholmens berg i Amsvartners haf för Lokes och Fenrers närmaste fränder, "världsförd ärfvets söner" (Muspelssöner).

39 - Högbyggarne

Människan dör på samma gång "till Hel" och "till hög", till underjorden och till grafkullen. Hennes egentliga jag flyttar till underjorden; men hon har till en tid en dubbelgängare, ett andra jag i sin grift.

Detta har sin förklaring i hennes naturs beståndsdelar. Så länge hon lefver på jorden, äro dessa sex till antalet: anden, som är Odens gåfva; själen, som är Höners gåfva; den efter gudaskepnaden bildade inre lekamen, som är Lodurs skänk; blodet, som äfven är skänkt af Lodur, samt växtkraft och jordämne. De båda sistnämnda funnos i Ask och Embla, medan de ännu voro träd, och de finnas i de på världsträdet vuxna frukter, som bäras af Höners bevingade tjänare till dem, som skola varda mödrar.

"Lit" är af gammalt det namn, hvarmed den inre lekamen betecknas. Af "litens" form beror kroppens utseende. Är liten skön, så är kroppen det äfven, och om liten förändras, förändras kroppen. Det finns människor, som för en kort tid kunna byta lit med hvarandra, den ene får då den andres utseende, utan att de fördenskull förändras till själ och ande.

Den jordiska döden består däri, att jordämnet, växtkraften och blodet skiljas från människans ypperligare beståndsdelar och kvarstanna på jorden. Den döde, som färdas till underjorden, utgör fördenskull en förening af ande, själ och lit. Dömes han i underjorden att dö en andra död, skiljes från honom anden och den gudaformade liten. Det återstår då hans själ, och denna får, såsom redan är nämndt, en lit, som öfverenstämmer med själens tillstånd.

De i grafhögen gömda beståndsdelarne af den aflidne fortsätta en längre tid sin växelverkan med hvarandra och bilda ett slags enhet, som bevarar något af hans personlighet och egenskaper, emedan de i jordelifvet varit genomträngda af hans ande och hans själ. Grafhögen kommer på detta sätt att innesluta en dubbelgängare af den till dödsriket nedstigne. Dubbelgängaren kallas "högbo", högbebyggare och draug. Draug betyder egentligen en från sin rot afhuggen trädstam; högbebyggaren kallas så, emedan han är skild från sin lifsrot, själen, och efter hand, om än mycket långsamt, skattar åt förgängelsen och går sin upplösning till mötes. Högbebyggaren liknar till skaplynnet den själ, af hvilken hans beståndsdelar varit genomträngda. En afliden nidings dubbelgängare är ond och farlig; de hederligas och välvilligas dubbelgängare äro goda att hafva i sin närhet och verka framför allt till sin släkts bästa. Fördenskull vill man gärna hafva släktens grafhögar nära intill hemmen. Vanligen sofver högbebyggaren om dagen i sin grift; men han kan nattetid vakna eller väckas genom bönens kraft, såsom då Svipdag väckte Groa. Förestå viktiga händelser i släkten, samlas dess högbebyggare och rådgöra sins emellan.

Om en innerligt älskad frände eller vän för häftigt sörjer den döde, stör dess sorg hans sällhet i dödsriket och mäktar draga honom tillbaka till jorden. Då uppsöker han sin grafhög, och han och hans andra jag, högbebyggaren, varda för en stund till ett. Det berättas, att så hände en gång med Halfdan.

Sedan han fallit för Valandssvärdet, sörjde honom hans maka Alvig så djupt och oaflåtligt, att han från Valhall återvände till

185

jorden och red till sin grift, där Alvig kom till honom och ville hvila på hans arm. Men sedan Halfdan sagt henne, att hennes tårar föllo urkalla på hans bröst och genomträngde det med smärta, samt lofvat, att hon en gång tillsammans med honom skall dricka underjordens sorgestillande safter, red han åter bort, för att, innan hanen gol, vara tillbaka bland de hädangångne hjältarne. Det finnes, utom sorgens kraft och bönens, en tredje, som kan återkalla en död till jordelifvet. Det är besvärjelsens; men en dödsbesvärjelse är, såsom Hardgreips öde visat, en svår synd, som gör föröfvaren hemfallen åt straff-andarne.

40 - Ragnarök

Världsförnyelsen

Alla fel hafva långt räckande följder. Ondt aflar ondt. De fördärfvets frön, som Gullveig i tidernas morgon sådde i människornas sinnen, bära skördar genom århundradena, och med hvarje århundrade allt rikligare.

Sedan gudarne genomgått sin lärotid, har världsstyrelsen varit präglad af visdom, men deras dessförinnan begångna misstag kunna ej till sina verkningar upphäfvas. Mimers källa förblifver i denna världsålder sjunken djupt under sina bräddar. Den rot, ur hvilken den store asken Yggdrasil suger andlig lifssaft, vattnas otillräckligt, och dess vårdare äro borta. Asken åldras och förtorkar.

Gudarne kunna ej hjälpa det. Människorna förvärras, släkte efter släkte, och ej heller det mäkta gudarne hindra; ty han, som skulle kunnat skänka det goda större växtkraft än ogräset — han, Balder — är inom underjordens Breidabliks stängda murar, och spiran är tagen från den milde Höner. Den erbjöds honom åter efter asarnes och vanernas försoning, men han vägrade. Han känner sig för svag att föra henne i detta järnhårda tidehvarf. Först i världsförnyelsen omfattas hon ånyo af hans hand för att aldrig falla därur.

Men hvad godt som är kvar lefver under gudarnes värnande hand, och det skall lända dem till ära, när på den sista stridens stora dag det godas härar möta fördärfvets med jämnvägande styrka.

När detta tidehvarfs ände nalkas, båda tecken hvad komma skall. Solens ljus och värme minskas sommar efter sommar; de tyglar, makterna haft på vindarne, slitas, och genom stormens dån förnimmes Fenrers tjut från Gnipahålan ("de stupande branternas håla") å Lyngveholmen, och Fenrers fränders från Järnskogen. Bland människorna råder förvildning. De döfva sin ångest i utsväfningar och blodbad. Sedernas band äro afkastade, urtidens heliga runor förgätna. Löften och eder aktas icke, makar svika hvarandra, broder varder broders bane, och systrars söner utgjuta hvarandras blod.

Från Järnskogen gör Hate ströftåg in i Midgård. Skaror af baningar och ulfvar följa honom. Midgårds höfdingar ställa sig till motvärn; landen fyllas med slagfält, och deras borgar sköljas röda af sårsaft.

Yxan, svärdet och dolken härja. Bygder varda ödemarker, de döde äro för många att jordas, och ulfvarne frossa i kapp med förruttnelsens Nidhögg på otaliga lik.

Nu kommer den andre fimbulvintern. Väl stiger solen, som vanligt, efter den kortaste dagen, högre på himmelen, och dagens längd tilltager; men det allt svagare ljuset återkallar en allt svagare grönska.

Frostjättarne rycka öfver Elivågor in i Midgård; isjöklarne växa, snöfälten utbreda sig och smälta icke.

Asks och Emblas alla afkomlingar på jordens yta bortryckas af vapen, farsoter, köld och hunger. Hate i ulfham slukar månen.

Öfver den förödda jorden brusa vilda, etterkalla vindar. Yggdrasil våndas och kvider.

I Järnskogen slår stormjätten Eggter, vaktaren af Gullveigs ulfhjordar, sin harpa och kallar med skadegladt strängaspel på eldjätten Fjalar, ty tiden är inne, när denne skall få hämnd. Fjalar kommer i den röde hanens skepnad, och ur trollträsket räcker honom Gullveig, "den gamla i Järnskogen", Valands svärd. Fjalar flyger med det ned i de mörka "djupdalarne", där de i sina hålor gömda världsfördärfvets eldar bereda sig till utbrott, och han räcker vapnet till sin fader Surt.

Yggdrasil skälfver från roten till kronan. Då bäfvar Asgård, jord och underjord. Då faller gjallarhornet, där det hängde i helig skymning bland Yggdrasils löfverk, och kommer i Heimdalls hand. Asgårds väktare lyfter det, och dess åskande toner genomtränga världen. Mimers sju soner, väckte af hornskallet, springa upp ur århundradens sömn. De fatta sina vapen och stiga till häst för att deltaga i striden mot det onda. För dem gäller det främst att skydda underjordens gröna riken mot Nifelhels vidunderskaror. Dvärgarne komma ut ur sina fjällboningar och stå ångestfulle vid sina bergväggar.

Lycksalighetsfältens fredliga innebyggare äro gripna af förskräckelse. Pinohålornas fångar komma lösa och storma, i förening med Nifelhels vidunder, mot Hvergelmer och Nidafjället, för att härja Mimers och Urds riken, eller de störta ut genom den norra porten åt Amsvartners haf, där de invänta Loke. Då Yggdrasil skälfde, lossnade hans och Fenrers och de andra Lyngvefångarnes länkar, och de ilade till skeppet Nagelfar, som, nu färdigbyggdt, lossas från stranden och sätter ut. Lokes broder, Helblinde, vattendjupens jätte, följer i kölvattnet det väldiga skeppet, vid hvars roder Loke står. Han styr till Likstränderna och hämtar de fördömde, som bida honom där. Han tager därefter kosan österut till stränderna af Järnskogen, där hela hans ulfyngel skall hämtas till striden. Allt hvad skogar, berg och vatten hysa af trolska väsen far i förvirring öfver markerna. Öfver hela Jotunheim hörs det vildaste gny. Dess jättar samlas under den andre Lokebrodern Byleist-Ryms ledning.

Världshafvet vältrar höga böljor, ty Midgårdsormen vaknade, då Yggdrasil skalf, och slingrar sig i jotunvrede. Hans rysliga hufvud lyfter sig redan öfver vattenbrynet med blodtörstiga ögon.

I Asgård råder lugn. Oden har för sista gången talat med Mimers hufvud, och han vet, hvad som skall komma. Asar, vaner och alfer äro i full rustning samlade å tinget, och deras hästar stå sadlade, väntande på sina ryttare. Einheriarne, anförde af Svipdag och andra urtidshjältar, af Sköld-Borgars ättlingar och af Ivaldes, af ynglingarnes, budlungarnes, hildingarnes, ylfingarnes, amalernas hjältar, sitta redan till häst i ordnade leder. Så äfven valkyriorna.

Å gudatinget rådslås icke om frälsning, utan om gudarnes platser i striden. Vanerna med Sessrymners einheriar skola möta Surt och Suttungssönerna. Njord har begifvit sig till Vanaheim; men Fröj, hans son, har stannat i Asgård, och han påyrkar att få sin plats mot Surt till bot för den dårskap, som bragte Valandssvärdet i jättevåld.

Efter slutadt ting tacka hvarandra gudarne för snart tilländalupen sammanlefnad och taga afsked af sina asynjor och diser.

Dessa skåda, medan de afvakta döden, ut från Lidskjalf, för att intill det yttersta hafva för sina ögon dem de älska.

Asgårds krigarskaror dela sig och rycka å ömse sidor ned för Bifrost. Vanerna med sina einheriar rida ned på den södra halfbågen. Där brister Bifrost under ryttarskarornas tyngd, och simmande i lufthafvet tillryggalägga de den återstående vägen till Oskopners slätter.

Asarne med sina einheriar tåga ned på den norra halfbågen för att möta Jotunheimskarornas anlopp.

Striden kommer att stå längs Jormungrunds hela randbälte, där Oskopners slätter och Vigrids sammansluta sig till ett enda stort slagfält.

Angrepp äro att vänta från alla håll. Mot norr mörknar synkretsen af snö- och hagelbyar öfver frost- och stormjättarnes framryckande massor. De hålla sköldarne framför sig och vråla under dem sin orkanvilda stridssång.

Östern svartnar af Järnskogens svärmar. Gullveigs och Eggters vidunderhjordar, anförda af Hate, baningarne och Nifelhels fördömda innebyggare, anförda af Loke, "världsfördärfvets söner" (Muspels söner) komma där i oöfverskådliga skaror.

Söderns synkrets rödfärgas som af lågor. Surt och Fjalar med "Suttungs söner" anrycka därifrån. Surt bär Valandssvärdet i sin hand. Det är som om solen åter skene med sin forna glans öfver världen; men skenet kommer från svärdet, ej från den tynande "Alfrödul".

I väster höjer Midgårdsormen sitt hufvud högre öfver hafvet. Vidar den tyste var ej å tinget. På sin egen mark, det ensliga och gräsbevuxna Vide, sadlade han sin häst och iklädde sig sin rustning. Där band han på vänstra foten en märkvärdig sko, på hvilken osynliga händer arbetat under århundradenas lopp. Det förhåller sig med denna på följande sätt: Förfäderna hafva stadgat, att när skor göras, skola stycken af lädret afskäras vid tå och häl och förvaras åt fattigman. Den det gör, han ger osynligt ämne åt den sko, som skall skydda Vidars fot, när han ställer den i Fenrers öppna käftar. Af skons styrka och ogenomtränglighet för Fenrers tänder, gift och etter beror om Vidar skall gå med lifvet ur striden eller icke. Minsta barmhärtighetsgärd kommer sålunda gudarne och deras sak till godo på slutuppgörelsens dag.

När striden börjar, har Vidar intagit sitt rum i fylkingen och rider sin fader Oden nära.

Anförde af gudar, valkyrior och urtidshjältar spränga einheriarne fram i täta leder, som bryta sig, här mot Jotunheims fylkingar, där mot baningarnes och mot Järnskogens odjurshorder, där mot Suttungssönernas skaror.

Öfver allt strid och död — tursar, vidunder och eldjättar fallande under einheriarnes spjut och svärd; einheriar störtande, man och häst, till jorden under jättarnes klubbor, odjurens käftar, baningarnes pestpilar och Suttungssönernas gnistrande vapen.

Tyr, som svänger sitt svärd i vänster hand, träffar Hate i vapenträngseln. Tvekamp dem emellan. Hate faller. Men äfven den ridderlige asaguden, som, dödligt sårad, dignar ur sadeln.

Heimdall och Loke, de gamle fienderna, söka fram mot hvarandra. Loke är afskyvärd att se.

Århundradens pinor, hat och hämndekänslor drifva honom fram till orädd kamp. Heimdall kämpar en svår strid; han segrar och skiljer med svärdet Lokes hufvud från hans kropp.

Men lemmarne af Midgårdsormens fader lefva äfven i styckadt skick; det ohyggliga hufvudet, fullsatt med pestladdade, spjutlika horn, återstudsar från marken och borrar sig väg genom Heimdalls bröst.

Den rene eldens ädle gud stupar. Då slocknar solen, och stjärnorna falla från himmelen.

Fenrer rasar i einheriarnes leder. Oden rider på Sleipner mot honom, men dignar framför odjurets ettersprutande gap och försvinner däri. Då kastar sig Vidar af sin häst, ställer venstra foten på Fenrers underkäk, griper om hans öfre med väldig hand och stöter svärdet i hans hjärta. Där håller guden vapnets udd kvar, tills ulfven tumlar på sidan och ligger död. Så hämnar Vidar den tyste sin fader.

Oskadd går den starke och blygsamme asasonen ur Ragnarökstriden.

Midgårdsormen har under striden sträckt hufvudet upp öfver Vigrids slätt och börjar spruta etter öfver gudarnes fylkingar. Tor har blicken fäst på honom och har aldrig kastat sin hammare med den asakraft som nu.

Ormen störtar ned med krossadt hufvud; men förgiftad af hans etter vacklar segervinnaren nio steg tillbaka och faller död.

Fröj på sin ypperlige häst Blodughofve stormar genom Suttungssönernas svärmar mot Surt. Då höjer denne det förfärliga Valandssvärdet, och Fröj stupar under hugget af sin fosterfaders smide, brudköpet för Gerd; men i samma stund är Jotunheims öde fullbordadt. Svärdet, svängdt af en jätte, skulle tillintetgöra jättevärlden. Det ödet hade Valand smidt in i dess klinga. Himlahvalf efter himlahvalf remnar. Fjällen, som i Surts dalar höllo djupens lågor fängslade, brista; flammorna omhvärfva slagfältet, tillintetgöra jättarnes, vidundrens och de fördömdes skaror och slå upp genom de sprängda himlarne. Genom rök och lågor rida Vidar, Vale och Tors söner Mode och Magne bort från det brinnande slagfältet och in i underjordens lycksalighetsrike till Mimers lund, dit döden och förgängelsen icke nå.

Den gamla syndbefläckade jorden, härjad först af fimbulvintern, sen af Surtbranden, sjunker i hafvet och upplöser sig i slagg och aska. Lågorna slockna. Luften är renad af dem och hvälfver sig klarare blå än någonsin. Och upp ur hafvet stiger en annan jord med härlig grönska. Det är Mimers och Urds lycksalighetsriken.

Det är de tre världskällornas jord med Mimers lund och Breidablik, bostaden för Balder, Nanna, Had och Leiftraser och Lif, som skola varda föräldrarna till den nya världsålderns människosläkte. Forsar falla från Nidafjällen, som nu öfverspännas af en högre himmel, och öfver dem flyger, spanande efter fisk, det örnpar, som, i likhet med många andra djurslag, blifvit i Mimers rike förvaradt undan förstörelsen.

Gudar återfinna hvarandra på Idaslätten. Höner, Vidar, Vale, Mode och Magne och Mimers söner samlas där kring Balder, Nanna och Had. De samtala om det härliga världsträdet, som öfverlefvat förödelsen och skall blomstra i förnyad kraft, ty visdomskällan har åter stigit till sin brädd, och Mimers söner skola vårda det. De påminna hvarandra om alla öden de genomlefvat och om urtidens heliga runor. Och i Idaslättens oförvissneliga gräs återfinna de det underbara tafvelspel, hvarmed gudarne lekte i tidens morgon. Sorgfrihetens dagar hafva återvändt.

På den nyuppståndna jorden skola osådda åkrar bära skördar, och dygdiga släkten samlas till oförgånglig lycka i Gimles guldtäckta salar, som skina härligare än solen.

Vid kedjan af de heliga sånger, som diktades i urtiden och blifvit ärfda från släkte till släkte, har således nornan fäst det dyrbaraste af alla smycken, då hon sjöng, att

»all brist skall bättras
och Balder komma.»

Ja, hon har siat, att en mäktigare än han skall komma, den Gud, hvars tjänarinna Urd är, han, hvars ande genom visdomsbrunnen mängde sig in i skapelsen, en allsmäktig Gud och en fridens Gud tillika, som då

»stadgar en dyrkan,
som stånda skall.»

Ordlista

A.

Ae (Ái), en af de konstnärer, som arbetade under Mimersonen Dvalins ledning. Deltog i tåget från Svarins hög till Aurvangalandet.

Ae (Ái, Farfaders fader), gift med Edda (Farmoders moder). Bodde i Aurvangalandet, då Heimdall under namnen Skef (Kärve) och Rig (Hövding) härskade därstädes. Heimdall besökte dem, och nio månader därefter föddes i Aes och Eddas hydda en son, som de kallade Träl (Þræll) och som gav upphov åt de ofrias ätter. Även trälarna ansågos således hava gudomlig börd, deras stamfader betraktades som halvbroder till de frias och de högättades och som den äldste av de tre halvbröderna.

Aes och Eddas hem skildras i sången om Rig som tarvligt, men icke nödställt. Den mat de framställa för sin gäst är soppa, kalvkött och en kaka, "tung och tjock med täta sådor".Träl vart gift med Ty (Þy, Trälinna) och levde med henne ett arbetsamt, men lyckligt liv.

Man kan jämföra med vad Tacitus (Germania) förtäljer om germanernas milda sätt att behandla sina trälar. Hos dem hade trälen eget hus och hem, och ehuru han kunde av sin herre saklöst dödas, var det sällsynt, att denne tillät sig slå honom. Anmärkningsvärt är, att Träls och Tys utseende skildras som ickegermanskt. Träl har mörk hy, Ty har krokig näsa. De övriga kännemärken, som meddelas om deras utseende, såsom lutande rygg, valkiga händer med tjocka fingrar, samt långa hälar och solbrända armar, hänvisar mer till deras levnadskall och sysslande än till deras ras.

Aldafader (Aldaföðr, de varandra följande släktenas fader), binamn till Oden.

Aldagaut (Aldagautr), binamnn till Oden.

Ale (Ali) anses vara ett av guden Vales binamn.

Alf (Álfr). Namnet tillkommer i sin förnämsta bemärkelse den tredje av de germanska gudasläkterna, som voro asar, vaner och alfer. Alferna intogo i början en lägre ställlning än de båda andra, de voro dessas edsvurne hjälpare, utmärkta som naturkonstnärer och hjältar. Det var alferna, som i förening och tävlan med Mimers söner smidde, under oskuldstiden, härliga klenoder åt asar och vaner.

Klenodernas beskaffenhet hänvisar till jordens smyckande med blomster och skördar. Alferna, de manliga och de kvinnliga ("älvorna", "växtlighetsdiserna"), skildras som utomordentligt sköna väsen, samt hjälpsamma och välvilliga men på samma gång snarstuckna, envisa och ytterligt hämndgiriga, när de blivit förnärmade. Detta deras skaplynne framträder i gudasagan i synnerhet hos alfhöfdingen Valand och dennes brorson Svipdag. En stor del av gudasagan upptages av de händelser, som vållades genom den av Loke anstiftade fiendskapen mellan asarna och alferna. Ödesdisen Urd länkar dessa händelser så, att de efter svåra skiften slutar med försoning och de förnämste alfernas och växtlighetsdisernas upptagande bland Asgårds gudar och gudinnor.

Till alferna hör Delling, som är morgonrodnadens herre, Breidabliks väktare, fader till Dag och genom honom farfader till "ljusalferna". Till alferna höra vidare växtlighetsdiserna Groas och Sivs fader Sigtrygg och dennes broder Ivalde, som med en ljusdis föder Idun, Auda och andra växtlighetsdiser, samt med en jättinna de ryktbara bröderna Valand, Egil och Slagfinn-Gjuke. Valand har med nattdisen Baduhild sonen Vidga, Egil har med Groa sonen Svipdag och med Siv sonen Ull. Slagfinns söner äro de i hjältesagan besjungna gjukungarna. Ivaldes avkomlingar hava i hjältesagan det gemensamma namnet niflungar (nibelungar), av vilka gjukungarna utgöra en gren. Benämningen alfer nyttjas icke alltid i strängt begränsad betydelse, åtminstone icke i senare källor, där benämningen utsträckes till Surts söner, "svartalferna", och där alfer och dvärgar stundom förblandas med varandra.

Alf brukas även som personnamn. Bland dem, som i Völuspas "dvärg"-lista uppräknas såsom deltagare i tåget från Svarins hög till Aurvangalandet, äro Alf och Yngve. Dessa namn stå här endast symboliskt och beteckna, att det var alfer och ynglingar (svea-hövdingar), som voro tågets ledare. Ur gudasagan hava "Alf och Yngve" blivit inflyttade till den i kristen tid, av mycket olika element hopsatta, till stor del på fri hand diktade Ynglingasagan.

Alfheim, alfernas odal-land, beläget på underjordens östra randbälte. Fröj, skördeguden, fick Alfheim i tandgåva och blev därmed härskare över alferna. Sedan Ivalde och hans söner blivit utsedde till Vergelmers och Midgårds väktare mot frostmakterna, fingo dessa alfer land i "Svitiod det stora", där Valand hade landet Trymheim och Egil och Slagfinn landet Ydalarna med borgen Ysäter vid Elivågor.

Alfhild, ursprungligen namn på en soldis.

Alfrik. En av de konstnärer, som smidde Brisingamen.

Alfrödul, namn på solen och även på solgudinnan Sunna

Allfader, binamn till Oden.

Allvalde (Allvaldi), binamn till Ivalde.

Allsvin (Alsviðr, "mycket snabb"), den ene av Sols hästar. Den andre är Arvak.

Allvitter (Hervör Alvitr), binamn till Idun.

Altjof (Alþjófr), smideskonstnär.

Alvig, **Almveig**, **Alfny**, namn på den växtlighetsdis, med vilken Halfdan, efter att hava bortskickat Groa, gifte sig och födde sonen Hadding.

Allviss (Alvíss). I poetiska eddan förekommer en lärodikt, Allvíssmál, vars uppgift är att uppräkna poetiska synonym till jord, himmel, måne, sol, vind, eld o. s. v. Sången inklädes i en mytsaga, enligt vilken en dvärg, Allviss, tillägnat sig en mö, över vilken Tor har giftomannarätt, samt är med henne på väg till sitt underjordiska hem, då han påträffas av Tor, som ej vill låta honom behålla mön på annat villkor, än att han kan och vill besvara alla de frågor Tor har lust att ställa till honom beträffande de olika sätt, varpå vissa föremål benämnas i de olika världarna: bland asar, vaner, alfer, dvärgar, underjordsbebyggare, människor och jättar. Dvärgen, som är stolt över sin namnkunskap, ingår på förslaget och besvarar Tors frågor, ända tills solen går upp, då "dagskygga dvärgar"enligt sagan förvandlas till sten.

Amaler, Hamalsättlingar.

Amma, hustru till Ave, de fribornas stamfader.

Amsvartner, det av evigt mörker betäckta havet utanför Nastränderna, i vilket holmen Lyngve är belägen, där Loke, Fenrer och Muspels (världsfördärvets) söner ligga fängslade intill Ragnarök.

Anar, Annar, Onar (Ánarr, Annarr, Ónarr), binamn till Fjörgynn, som med Mimers dotter Natt födde jordgudinnan Frigg. Anar-Fjörgynn är en vanagud och efter all anledning densamme som Höner.

Andlang (Andlangr). Våra fäder antogo, att flera himmlar välvde sig över varandra. Underjorden har sin himmel, i jämförelse med vilken den över jorden synliga kallas upphimlen, uppvärlden (upphiminn, uppheimr). Över denna välver sig en andra himmel, Andlang, och över denna en tredje, Vidblain (Viðbláinn).

Andrimner (Andhrímnir). I dikten Grimnersmal säger en strof: "Andrimner låter i Eldrimner koka Särimner (Sjörimner), detta är det bästa fläsk - men få äro de som veta, med vilken föda einheriarna näras". Man har därav dragit den slutsatsen, att Valhall ägde en kock med namnet Andrimner, och att denne i en verklig kittel, Eldrimner, kokade en verklig galt, Särimner, vars fläsk skulle tjäna einheriarna till föda. Och för att Särimner skulle dag efter dag räcka till för detta ändamål, har man vidare antagit, att han hade samma egenskap som Tors bockar och dagligen, efter varje slakt, levde upp igen (se Snorres edda). Allt detta beror på missförstånd. Med dikten Grimnersmal äro införlivade strofer av en gammal sång, som rört sig alltigenom med symboliska bilder: som t. ex. framställer döden och sömnen

(Dáinnoch Dvalinn) såsom hjortar i Yggdrasils krona, bron Bifrost som en fisk (emedan broände kallas i isländskan "fiskstjärt").

Yggdrasils med mjödsaft mättade bladkrona som en get, ur vars spenar det mjöd flyter, som einheriarna dricka o. s. v. Symboliska äro även Andrimner, Eldrimner och Särimner, såsom redan prof. N. M. Petersen i sin Mytologi påvisat. Namnens gemensamma sammansättningsdel, -rimner, hänvisar till rim (hrím), "den första och finaste övergången från flytande till fast form".Namnens främre sammansättningsdelar, And-, Eld- och Sä- (Sjö-)angiva på tydligaste sätt, att Grimnersmals skald menat elementen ande (luft), eld och vatten och därmed velat säga, att endast de finare elementen, men icke något jordämne, ingått som beståndsdelar i einheriarnas föda.

Andvare, en av de dvärg-konstnärer, som arbetade i Dvalins smedja och deltogo i tåget från Svarins hög till Aurvangalandet. Hjältesagan gör honom till väktare över de skatter, som Valand efterlämnade, då han med sina bröder flydde till Ulvdalarna. Andra sången om Sigurd Fafnersbane och Skaldskaparmal berätta följande: Oden, Höner och Loke voro i sällskap ute och genomforskade världen. De kommo till en å och följde den till en fors, där det satt en utter. Han hade fångat en lax i forsen och åt den halvt blundande. Loke tog en sten och slog den i huvudet på uttern, så att han dog. Han skröt icke litet med att han sålunda i ett tag fångat både uttern och laxen. Med detta byte gingo gudarna vidare och kommo till en gård, vars ägare var den trollkunnige Reidmar. Asarna begärde natthärbärge, men sade, i det de visade sin fångst, att de själva hade mat tillräckligt. När Reidmar sett uttern och funnit, att det var hans son Utter, som blivit dräpt, kallade han på sina två andra söner Regin och Fafner och överföll med dem asarna, band dem och lät dem veta, att han hade att på dem hämnas ett sondråp. Asarna bjödo böter så stora som Reidmnar själv ville bestämma, och de gjorde en överenskommelse, som bekräftades med ed. Uttern flåddes, och asarna skulle fylla och alldeles övertäcka skinnet med guld - sådan var överenskommelsen.

Loke skickades ut att anskaffa guldet, och han begav sig till den förut omtalade forsen, Andvarefors, där uttern blivit dräpt. Där bodde dvärgen Andvare, som plägade i gäddskepnad hålla till i den fiskrika forsen och där skaffa sig mat. Innan Loke gick till Andvarefors, hade han besökt Ran och fått låna hennes nät. Därmed fångade han Andvare, om vilken han visste, att han vaktade en stor guldskatt, som Gust ("Väder-il", binamn till stormutsändaren Valand) hade ägt. Andvare måste lösa sitt liv med att utlämna så mycket av skatten, som ansågs behövligt. De gingo in i berget, och Loke mottog guldet, men sedan han fått vad han skulle ha, märkte han, att Andvare hade kvar en ring (förmodligen en, som droppade andra ringar, likt Draupner och Valandsringen i Ulvdalarna), och Loke tog även den. Då uttalade Andvare den förutsägelse, att den tagna skatten skulle lända bröder till bane och skapa mycket ont mellan stormän. Med detta guld återvände Loke till Reidmar.

Utterskinnet fylldes och betäcktes därmed. Oden hade dessförinnan undangömt den dyrbara ringen, och han trodde, att överenskommelsen nu var uppfylld. Men Reidmar såg noga efter och fann ett obetäckt hår vid munnen. Då måste guldringen fram att betäcka det, först därmed var "uttergälden" fullgjord, varefter asarna frigåvos. Fafner och Regin begärde därefter av sin fader andelar av skatten som brodergäld efter Utter. Reidmar vägrade. Då dödade honom Fafner, medan han sov. Fafner tog allt guldet och vägrade att giva Regin hans andel, varefter han, Fafner, lade sig i ormham på Gnitaheden med Ögerhjälm (skräckhjälm) på huvudet och ruvade skatten. Regin, som var skicklig smed, begav sig till konung Hjalprek och smidde hos honom.

Hjalpreks son Alf var gift med Hjördis, som förut varit maka till konung Sigmund och med honom fött sonen Sigurd (Fafnersbane). Sigurd uppfostrades hos konung Hjalprek. När han vuxit upp och kommit till krafter, eggade honom Regin att uppsöka Fafner på Gnitaheden, döda honom och taga hans skatt. Regin gav honom för detta ändamål ett utomordentligt svärd, och Sigurd lyckades med detta att dräpa Fafner. När det var gjort, kom Regin, som under striden hållit sig undan, fram och lyckönskade Sigurd till den utförda bragden. Men Regins uppsåt var att lönmörda Sigurd och göra sig till ensam ägare av Fafners skatt. Regin skar ut hjärtat ur ormen, drack av hans blod och bad Sigurd steka hjärtat, medan Regin vilade sig.

Medan Sigurd gjorde detta, tog han med fingret på hjärtat för att känna, om det var stekt. Då brände han fingret och stack det i munnen. Så snart Fafners hjärteblod kommit på den unge hjältens tunga, blev denne "vis" därav och förstod, vad fåglarna, som sutto i ett träd i närheten, sade. De läto honom veta, att Regin hyste förrädiska tankar, och att han borde döda smeden och själv taga allt guldet.

Denna saga bildar inledningen till diktcykeln om Sigurd Fafnersbane i dennas nordiska form. Sagan är diktad i kristen tid med tillhjälp av fritt ombildade mytiska element.

Angeja, **Angöja** (Angeyia, "hon som gör öarna trängre"), en av de nio jättemör, som kringvrida världskvarnen, "skärens kvarn". De andra äro Gjalp, Greip, Eistla, Ejrgjafa, Ulfrun, Imd, Atla och Järnsaxa. De kallas "Heimdalls nio mödrar", emedan han, den rena eldens, gnideldens, gud framföddes genom kvarnstenarnas gnidning mot varandra.

Angerboda (Angrboða), "den gamla i Järnskogen", det namn, som Gullveig bär, sedan hon blivit förvisad till nämnda skog, där hon förbliver med sina och Lokes barn, ulvjätten Hate och hans bröder, intill Ragnarök.

An (Ánn), konstnär under Mimer. Saxo Grammaticus ger Egil, den store bågskytten, bland andra namn, även namnet An bågskytten (Ano sagittarius).

Anund (Onundr), binanmn till Valand.

Armt (Örmt), en af de älvar Tor har att genomvada påvägen till gudarnas tingsstad vid Urds brunn.

Arvak (Árvakr), den ene af Sols hästar.

Are, örnjätte.

Asar (Æisir, sing. Ass), i äldre form Anser. Benämningen i sin vanliga och inskränktare betydelse omfattar Oden och hans ättlingar, i vidsträcktare bemärkelse även de i Valhall upptagna gudarna av vanastam. De i Asgård varande gudinnorna kallas asynjor (ásynjur).

Asabrag (Asabragr), binamn till Tor.

Asbro (Ásbru), binamn till bron Bifrost.

Asgård, i vidsträcktare mening den värld i Yggdrasils övre grenknippa, där asarna hava sitt hemvist, i inskränktare mening området inom Asgårdsvallen, där Valhall och de andra asaborgarna äro uppförda.

Ask (Askr), människosläktets stamfader, danad av ett träd, som uppvuxit ur ett ollon från världsträdet.

Asken Yggdrasil (Yggdrasill), världsträdet. Det kallas även Mimerträdet (Mimameiðr), emedan Mimer vårdat dess mellersta rot, Saftträdet (Læráðr, Hrár viðr), emedan det näres av safterna i de tre källorna i underjorden, Ödesträdet (Mjötviðr) och Vattenbegärliga karet (Sægjarnker). Se Yggdrasil.

Asmegir, Asens barn. Så kallas de i Mimers lund med Balder boende människorna Lif och Leiftraser, som skola varda stamföräldrar för den kommande världsålderns människor.

Asmund (Ásmundr), konung i Svitiod, son av Svipdag och Fröja, en av hjältarna i "det första storkriget".

Asolf (Ásólfr), binamn till Valand.

Asvin (Ásviðr, asa vän), binamn till Mimer.

Atla, en av Heimdalls nio mödrar. Se Angeja.

Atrid (Atriðr), binanm till Oden.

Atride (Atriði), binamn till Fröj.

Auda (Auða), svanmö och växtlighetsdis, även kallad Ladgun Svanvit, syster till Idun (Hervör Allvitter), och gift med Slagfinn-Gjuke.

Audumla (Auðhumla), urkon.

Aurboda (Aurboða), jätten Gymers hustru. Densamma som Gullveig.

Aurgelmer (Aurgelmir), binamn till Ymer.

Aurvangalandet (Aurvanga sjöt), människosläktets eller den germanska mänsklighetens urland, sydligaste delen av skandinaviska halvön.

Ave (Afi), make till Amma och stamfader till de fribornas ätter. Heimdall besökte hans hem i Aurvangalandet, och nio månader därefter föddes därstädes sonen Karl, ljuslätt, med friska kinder och spelande ögon. Då Heimdall inträdde hos Ave, satt han och slöjdade en vävbom. Hans hår och skägg voro vårdade och putsade och hanslivrock satt väl efter kroppen. Amma svängde sländan. Hon hade dok om huvudet, lin för barmen, duk om halsen och vackra axelspännen. Hemmet var välburget, dess innebyggare renliga och prydliga. Karl växte upp, trivdes väl och lärde sig att tämja oxar, timra hus och lador, slöjda redskap och köra plog.

B.

Baduhild (Bödvildr), en av Mimers döttrar, syster till Natt och nattdiserna. Moder till Vidga Valandsson, en av det första storkrigets hjältar.

Balder, solgud, son av Oden och Frigg. Gift med Nanna, dotter af Nöckve, luftkretsens och månens väktare. Balder har binamnen Fal ("den älsklige") och Meile. Om Balders död och bålfärd berättar "Gylfaginning" (en avhandling i prosaiska eddan) följande historia: "Sedan de blivit kunnigt för alla, att ingenting skulle skada Balder, blev det ett tidsfördriv för Balder och asarna, att han skulle ställa sig på tingsplatsen, men alla de andra skulle, somliga skjuta på honom, somliga hugga, somliga kasta stenar. Men vad man än gjorde, skadade det honom icke, och det tycktes dem alla vara en stor heder. Då Loke, Laufejs son, såg detta, förargade det honom, att Balder ej skadades. Han gick till Fensal och Frigg och förvandlade sig i kvinnoskepnad. Då frågar Frigg, om den kvinnan vet, vad asarna förehade på tinget. Hon svarade, att alla sköto på Balder, utan att det gjorde honom men. Frigg sade då: "varken vapen eller träd skada Balder, ty jag har tagit ed av dem alla". "Hava alla ting svurit att skona honom?" frågade kvinnan. Frigg svarade: "det växer en späd telning östan om Valhall, som heter Mistelten, den syntes mig för ung att avlägga ed."

Därefter gick kvinnan sin väg. Men Loke tog Mistelten och ryckte upp den och gick till tinget. Där stod Had ytterst i mankretsen, ty han var blind. Loke sade till honom: "varför skjuter du icke på Balder?"Men han svarade: "emedan jag icke kan se, var han står, och dessutom är jag vapenlös". Loke sade: "gör du som de andra och visa, likasom de, Balder heder. Jag skall visa dig var han står. Skjut på honom med denna telning!" Had tog Mistelten och sköt den på Balder efter Lokes anvisning, skottet gick igenom Balder, och han föll död till jorden... Men asarna togo Balders lik och buro det till havet.

Ringhorne hette Balders skepp, det största av alla. Gudarna ville skjuta det i sjön för att därpå göra Balders bålfärd, men de fingo icke skeppet ur stället. Då sändes bud till Jotunheim efter den gyg (jättekvinna), som hette Hyrroken. Hon kom, ridande på en ulv med huggormar till tömmar. Oden befallde fyra bärsärkar att hålla honom, men de kunde icke få makt med ulven, utan att kasta honom omkull.

Hyrroken gick till skeppets förstam och fick det i första taget sådan fart, att eld stod ut från rullarna och alla land skälvde. Då blev Tor vred och grep sin hammare och skulle krossat hennes huvud, om icke alla gudarna bett om fred för henne. Därefter bars Balders lik ut på skeppet, men då hans hustru Nanna, Neps dotter, såg det, överansträngdes hon av sorg och dog. Hon bars ut på bålet, och detta antändes. Då stod Tor där och vigde bålet med Mjölner, framför hans fötter sprang en dvärg, som kallas Lit (Litr, lax), honom sparkade Tor till, så att han kom i elden och brann.

Till denna bålfärd kom mycket slags folk. Först är att nämna Oden, och att med honom foro Frigg och valkyriorna och hans korpar, Fröj åkte i vagn efter den galt, som heter Gyllenborste eller Slidrugtanne.

Heimdall for på sin häst Gulltopp, och Fröja for med sina kattor. Där kom också en mängd rimtursar och bergresar."

Denna av orimligheter uppfyllda framställning har sin källa i en dikt av den hedniske skalden Ulf Uggeson, som levde, då kristendomen började införas på Island. Källan har emellertid ingen annan del i orimligheterna, än att hon begagnats och blivit fullständigt missförstådd av Gylfaginnings författare, som levde mer än 200 år efter Ulf Uggesons tid och hade oklara föreställningar om sina fäders mytologi.

Omkring åren 985-990 höll den praktälskande isländske hövdingen Olof Höskuldsson ett gästabud, varmed han invigde en nyuppförd manbyggnad på sin gård Hjardarholt. En så ståtlig byggnad hade man ditintills icke sett på Island. Panelningarna, takbjälkarna och taket voro prydda med bilder, om vilka det säges, att de voro så vackra, att man tyckte salen såg mycket präktigare ut, när tak och väggar ej voro behängda med bonader. Bland de inbjudne gästerna var skalden Ulf Uggeson. För att hugfästa tilldragelsen och roa värdfolket ochgästerna hade denne diktat ett kväde, som skildrade salens utseende och därför kallats Husdrapa.

Särskildt hade sången till uppgift att noga beskriva salens bildverk, som framställde åtskilliga mytologiska tilldragelser: Heimdalls strid med Loke om Brisingamen, Tors strid i Hymers båt med Midgårdsormen, samt episoder ur Baldersmyten. I likhet med alla den tidens bildverk voro de av Ulf Uggeson besjungna av en symbolisk-allegorisk karaktär. Därom vittna de strofer av Husdrapa, som kommit till vår tid. Bildverkets mästare hade bemödat sig om att genom bifogade symboler så mycket som möjligt klargöra, vilka personer hans figurer föreställde, och vilka de tilldragelser voro, som han avbildade.

Ulf Uggeson å sin sida framställde i ord en så trogen kopia som möjligt av vad konstnären framställt i bild, vadan han också, till gästernas roande, besjöng som rena verkligheter de symbolisk-allegoriska elementen i bildverket. När konstnären ville göra tydligt, att en av de personer, som deltogo i Balders likfärd, var Oden, lät han denne följas av Odens korpar och hans valkyrior. För den skull sjöng Ulf Uggeson, att korparna och valkyriorna följde Oden i liktåget. När konstnären ville klargöra, att med en annan av hans figurer menades Fröj, sällade han till denne åkerbrukets symbol, galten Gullenborste.

Ulf Uggeson sjöng fördenskull, till åhörarnes förlustelse, att även galten deltog i likfärden.

När konstnären ville i bild tolka den i Baldersmyten liggande tanken, att Balders död var en förlust för världen, och att han var så älskad, att det till och med fanns rimtursar och jotunheimsboar, som sörjde honom, så gjorde han det så, att han lät även rimtursar och jättar uppträda i likfärden, och Ulf Uggeson, troget fasthållande sin uppgift att skildra bildverket sådant det var, lät också sådana väsen deltaga i tåget, ehuru de äro enligt myten portförbjudna i Asgård och säkerligen icke blivit av gudarna inbjudna till högtidligheten.

När konstnären ville uttrycka, att Gullveig och Loke voro de, som förorsakade Balders död, och att dem förutan Ringhorne aldrig lupit ut med Balders bål i havet, ställde han Gullveig (Hyrroken, "den eldrökta", den förgäves brända) vid skeppets framstam och lät henne rycka i denna, medan han under skeppets bakstam framställde Loke i dennes vanliga skepnad av en lax (Litr).

För att tydliggöra vem han menade med kvinnan, som drog ut skeppet i havet, begagnade han flera utvägar: 1) han ställde Tor med hammaren lyftad mot Gullveig-Hyrroken, emedan Tor med hammaren dödat henne i myten, 2) han tecknade eldslågor under skeppet, emedan Gullveig av gudarne blivit bränd och Balders död och följande bålfärd var en av henne härför utkrävd hämnd, och 3) han gav henne till ridhäst Fenrer och till tyglar ormar, emedan hennes halvt svedda hjärta födde med Loke Fenrer, Midgårdsormen och deras gelikar. Att med laxen menades Loke, tydliggjordes så, att Tor sparkade laxen in i elden, emedan Tor var den, som förskaffade Loke ur Franangers fors in i de hålor för underjordisk eld, som finnas i hans fängelse på Lyngveholmen.

Allt detta framställdes i Ulf Uggesons sång så, som det förekom i konstverket, och emedan Litr, lax, är icke blott ett binamn till Loke, utan även till en dvärg, som nämnes i Völuspas dvärglista, blev laxen gjord till "dvärgen Litr".

När konstnären slutligen ville tydliggöra, att Had ouppsåtligt dödade Balder, och att Loke var den verklige banemannen, tillgrep han ett även av andra svmboliserande konstnärer nyttjat medel, i det han framställde Had blundande, när han avsköt skottet, och Loke bredvid honom riktande hans båge.

Därifrån kommer "Gylfaginnings"orimliga uppgift, att Had var blind, ehuru han både i isländska källor och hos Saxo skildras som idrottsman, krigare och utmärkt bågskytt. De naturmytiska och mythistoriska gissningar, som detta missförstånd föranlett, äro förkastade.

Balders ögonlock, Balders brå (Baldrs brá), blomsternamn. Över hela den germanska världen hava vissa blommor blivit uppkallade efter Balder. Namnet Balders brå, varmed dels anthemis cotula, dels matricaria inodora blivit uppkallad, förekommer ännu i södra Sverige, Danmark, Norge, Island, Färöarna och norra England (Baldeyebrow). I vissa delar av Tyskland kallas liljekonvaljen"weisser

Baldrian" (Baldrian är en biform till Balder, likasom Wolfram till Wolf, Sintram till Sindre o. s. v.). I övre Österrike kallas den Faltrian, i trakten av Salzburg Villumfalum och i Tyrolen Fildron-faldron.

Jämför Baldersnamnet Fal. Det botaniska namnet Valeriana, varur man velat förklara dessa benämningar, har med dem ingenting att skaffa.

Balöjg, Bilöjg (Báleygr, Bileygr), binamn till Oden.

Bambur (Bömburr), dvärgnamn.

Baningar, Lokes söner och klanfolk.

Bara, (Bára, bölja). I pros. eddan säges havsjätten Öger haft med Ran nio döttrar: Himmelglöva (Himinglœfa), Duva (Dúfa), Blodighadda (Bloðughadda), Häfring (Hefring), Unn (Uðr), Rönn (Hrönn), Bölja (Bylgia), Bara (Bára) eller Drafn och Kolga. De äro en senare tids personifikationer av böljan, och intet bevis föreligger för att de haft någon betydelse för mytologien.

Barre (Barrí), den tysta lunden, vari Gerd stämde möte med Fröj.

Baugregin ("guldringarnas verkmästare"), binamn till Mimer.

Bavur (Bafurr), dvärgnamn.

Becke, Gudhorms rådgivare, densamme som Loke.

Beisla (Beizla, Bestla), Mimers syster, Odens moder.

Bejla, **Böjla** (Beyla), hustru till Fröjs tjänare Byggver, som tillser världskvarnens mäld och dess fördelning över jordgrunden. Då Loke infann sig vid gästabudet hos Öger och "blandade bitterhet i gudarnas mjöd", hotade Byggver att krossa honom i sin kvarn. Till gengäld kallade Loke Byggver en örontasslare hos Fröj och en orättvis fördelare av kvarnmälden, och hans hustru Bejla en smutsig trälinna.

Bele (Beli), hövding för de skällande jättarnas stam, till vilken Valand överlämnade Fröj och Fröja. Bele dödades av Fröj med ett hjorthorn.

Bergelmer (Bergelmir), rimturs, son av Trudgelmer och sonson av Aurgelmer-Ymer.

Berling (Berlingr), en av de fyra konstnärer, som smidde Brisingamen.

Bicke (Bekki, Bikki), Lokes namn, då han var Gudhorms rådgivare.

Biflinde (Biflindi), binamn till Oden.

Bifrost, **Bifrast** (Bifröst), bron, som förenar Asgård med underjorden. Kallas även Asbro, Bilröst och Tjodvitners fisk.

Bil, dotter av Ivalde och syster till Hjuke, med vilken hon blev upptagen av månguden.

Billing, aftonrodnadens herre, varnernas hövding, fader till Rind och morfader till asaguden Vale.

Bilskirner (Bilskírnir), binamn till Valhall. Prosaiska eddan, stödjande sig på ett uttryck hos skalden

Gamli, antager med orätt, att Bilskirner är Tors borg.

Bivur (Bifurr), dvärg.

Bjärt (Björt), en af Fröjas diser.

Blain (Bláinn), binamn till Ymer.

Blid (Bliðr), en av Fröjas diser.

Blind (Blindr), kallad Illsluge (Bölvísi). Under detta namn uppträder Loke som rådgivare hos konung Hadding.

Blodighadda, en av böljans personifikationer. Se Bara.

Blodighove (Blóðughófi), Fröjs häst.

Bodn (Boðn), ett av namnen på Mimers källa.

Borgar (Borgarr, Borcarus), den förste domaren-jarlen i Aurvangalandet, Halfdans fader, kallas även Sköld.

Borghild (Borghildr), densamma som Drott, Sköld-Borgars maka och Halfdans moder.

Brage (Bragi), Odens son, Valhalls skald, gift med Idun.

Breidablik (Breiðablik), Balders och asmegirnas, d. v. s. Leiftrasers och Lifs borg i Mimers lund.

Brimer (Brimir), binamn till Mimer. Även svärdsnamn.

Brisingamen (Brísingamen), Fröjas bröstsmycke.

Brock, underjordskonstnär, son av Mimer.

Brune (Brúni), dvärg.

Budlungar, se "Fader" och Danp.

Bur (Burr), Odens fader, gift med Beisla, Mimers dotter.

Bure(Buri), gudarnas stamfader, Odens, Höners och Lodurs farfader.

Bure (Buri), dvärg.

Byggver, Fröjs tjänare. Se Bejla.

Byleist (Byleistr), Lokes och Helblindes broder. Stormjätte.

Byrger (Byrgir), mjödkällan, vars innehåll tillika med Bil och Hjuke upptogs till månen. Sån, vari de båda syskonen buro den ur Byrger östa saften, kallas Sægr och såstången Simuleller Sumul.

Böltorn (Bölþorn), binamn till Ymer.

Bölverk (Bölverkr), binamn till Oden.

D.

Dag, son av morgonrodnadsalfen Delling och Natt. Ljusalfernas stamfader.

Dain (Dáinn), ett epitetnamn till en av de förnämste underjordssmederna. Han nämnes några gånger vid sidan av Minmersonen Dvalin och är antagligen densamme som Sindres medhjälpare Brock. I dikten Hyndluljod kallas de smeder, som gjort Asgårds gyllene galt, Dain och Nabbe; i prosaiska eddan kallas de Brock och Sindre.

207

Epitetnamnen Dain (Död) och Dvalin (Försänkt i dvala) anspela säkerligen på de öden, som desse konstnärer rönt i gudasagan. Då den allegoriserande dikten (Grimnersmal vill uttrycka, att döden och sömnen äro betydelsefulla makter i världsförloppet, låter den Dain och Dvalin i hjortskepnad uppehålla sig i Yggdrasils krona. En senare hand har till dessa hjortar fogat två andra: Dúneyrroch Dúraþrór, vilkas namn äfven synas häntyda på vila och slummer.

Danp (Danpr), urtidshövding, fader till Sköld-Borgars hustru och Halfdans moder Drott. Likasom Halfdan har äfven Drott, i sin egenskap av de germanska konungaätternas moder, åtnjutit gudomligt anseende. Danp är sannolikt densamme som Budle, budlungarnas stamfader.

Delling, morgonrodnadsalfen, utanför vars dörrar dvärgen Tjodrörer (þjóðreyrir) varje morgon sjunger väckelse- och välsignelsesången över världen. Delling har med Natt fött Dag, och han är väktare över Breidablik, dit intet orent eller ontt får komma.

Diar (Díar), en gammal, nästan förgäten benämning på gudarna. Luftkretsen kallas "diarnas fjärd". I kristen tid har namnet antagits betyda tempelföreståndare. Detta sedan mytologien blivit historierad och Oden troddes hava varit en jordisk konung och de tolv asagudarna hans rådgivare och offerföreståndare.

Dis, diser (dís, dísir), kvinnliga gudomligheter av högre och lägre börd. Närmast användes namnet om nornorna och deras tjänarinnor, fylgiorna, hamingorna.

Dolgtraser (Dólgþrasir), dvärg.

Dore (Dori), en av de under Dvalin arbetande konstnärer, som prydde Breidablik.

Drasul (Drösull), Dags häst.

Draug (Draugr), högbebyggare.

Draupner (Draupnir), 1) Odens märkvärdiga ring. 2) Dvärgnamn.

Drome (Drómi), den andre av de fjättrar, som Fenrer sprängde, innan han blev bunden med bojan Gleipner.

Drott, Danps dotter, Sköld-Borgars maka, Halfdans moder. Sannolikt densammna som Tacitus omtalar under namnet Tanfana.

Duf (Dúfr), dvärg.

Durin (Durinn), även Durner(Durnir), densamme som Surt, underjordseldens personliga makt, fader till Suttung-Fjalar och stamfader till Suttungs söner. Han var i tidernas morgon gudarnas vän och samarbetade med Mimer. Blev därefter gudafiende och gömmare av Byrgers mjöd. Deltager i Ragnarökstriden, för där Valands svärd och åstadkommer världsförbränningen.

Dvalin (Dvalinn), Mimerson och en af underjordens förnämsta konstnärer, sannolikt densamme som Sindre. Han, likasom Dain, bredvid vilken han mer än en gång omtalas, fick i tidernas morgon smaka vishetskällans mjöd, som därför kallas "Dvalins dryck". Han var runomästare och skald. Kunskapen om runorna spreds av honom bland dvärgarna, liksom av Dain bland alferna, och drapan liknas vid ett smycke som "klingar fram mellan Dvalins fingrar". Han var en av de konstnärer, som smidde Brisingamen och det i hjältesagan ryktbara svärdet Tyrving. Dvalins döttrar äro människoälskande diser, som tillika med diser av asa- och alfbörd välja mödrar åt de barn, som skola födas till världen, och främja deras födelse.

Dvalin hade under sin ledning en flock av konstnärer, somn prydde Breidablik, men som efter brytningen mellan gudarna och urtidssmederna deltogo med svearna i folktåget från Svarins hög till Aurvangalandet. Dvalin ställes av myten i nära förbindelse med Delling. Dennes son Dag kallas Dvalins lek-vän. Så kallas även Sol. Dvalins häst heter Modner. Dvalins namn angiver, att han är en av de sju Mimers söner, som blivit stuckna med sömntorn och sova i vapen- och smyckefyllda salar, till dess Heimdalls lur väcker dem att deltaga i den sista striden. Om den symboliska hjorten Dvalin, se Dain.

Dvärgar, urtidskonstnärer, blott delvis föreställda som småväxta.

E.

Ebur (Wild-Ebur, Vilifer, Ibor, Ebbo), i historierade mytsagor och hjältesagor, binamn till Ivaldesonen Egil.

Edda, Aes maka, Träls moder.

Eggter (Eggþér,"svärdvaktare"), jätte, frände till Gullveig, delar med henne förvisningen till Järnskogen, där han vallar Gullveigs vidunderhjordar och vaktar det där gömda Valandssvärdet, som han överlämnar till Surts son Fjalar, när Ragnarök förestår.

Egil (Egill), den ypperste av alla bågskyttar, Ivaldes son, Valands och Slagfinns broder, Groas och därefter Sivs make, fader till Od-Svipdag och Ull samt fosterfader till Tjalve. Han är en av gudasagans förnämsta personligheter. Egil förekommer i de mytologiska urkunderna, i hjältesagorna och de historierade mytberättelserna under flera namn. Hans vanligaste epitet är Örvandil (Örvandill, pilskötaren). I tyska sägner Orentel.

Därav har man gjort Oren Tell, Uri-boen Tell, vars ryktbara bragd med bågen– då han skjuter en pil från sin sons huvud – är lånad från sagan om Egil. I den tyska medeltidssagan om Kristi osydda rock uppträder Egil under namnet Eigel, och hans son Od-Svipdag kallas där Orentel. I den i kristen tid bildade sagan om Helge Hundingsbane uppträder Borgar-Skölds son Halfdan som Helge och hans motståndare Egil kallas Hödbrodd. Saxo upptager Egil i sin danska historia under bågskyttnamnen Ano (Avo) och Toco.

Samtlige de tre Ivaldesönerna hava haft sina djursymboler. Egil bar i sin sköld bilderna av en vildgalt och en björn och har blivit uppkallad efter båda dessa bilder. På vildgaltsymbolen häntyda namnen Ebur och Urnir, vilkas betydelse är galt, på björnsymbolen hans binamn Isolf. I Vilkinasaga uppträder han under namnet Villefer (Wild-Ebur) som sin brorson Vidga Valandssons beskyddare.

De tre Ivaldesönerna hava slutligen även namn, vilka använts om dem i deras egenskap av jättevärldens bundsförvanter. Valand kallas i denna egenskap Tjasse (Þjazi), Egil Gang (Gángr) och Slagfinn Ide (Iði).

Eikenskjalde (Eikinskjaldi), konstnär.

Eiktyrner (Eikþyrnir,"ekstingare"), den ovanför Asgård belägna vattensamlare, varifrån de med vaferämne laddade åskmolnen utsläppas.

Einheriar, de efter döden till Valhall och Sessrymner förflyttade hjältarna från Midgård.

Eir, läkedoms-asynja, tillhör kretsen av Fröjas diser och är sannolikt, likasom Frid, Blid, Bjärt, Fröjas syster och dotter av Njord.

Eirgjava, **Öjrgjava** (Eyrgiafa), en av Heimdalls nio mödrar.

Ejlime, **Öjlime** (Eylimi), ursprungligen ett binamn till månguden.

Elder (Eldir), tjänare hos Öger. Se Fimafeng.

Eldrimner, symbolisk kittel. Se Andrimner.

Elivågor (Elivágar), den med Vergelmerkällan i förbindelse stående havsvik, vid vilken Egil hade sin borg Ysäter. Viken, som skiljer Jotunheim från Midgård, kallas även Raun (Hraunn), Gandvik och Eindils (Örvandels) mo.

Eljudner (Eljuðnir), ett av namnen på det rike eller den borg i underjorden, där Balder vistas.

Elle (Elli), jättinna. Personifikation av ålderdomen.

Embla, människosläktets stammoder. Se Ask.

Erik (Eiríkr), det namn, varmed Od-Svipdag uppkallats, sedan han efter Halfdans död blev nordgermanernas konung. Hans halvbroder Gudhorm kallas, sedan han blev storkonung, Jormunrik (Jörmunrekr, Ermanrich), och dennes halvbroder Hadding Tjodrik (Þjoðrekr, Tidrik, Dieterich). Den fornkonung Erik, åt vilken svearna på åttahundratalet byggde tempel, är sagans Od-Svipdag, Fröjas make.

F.

Fader (Faðir), gift med Moder (Moðir). Med dessa epitetnamn benämnas stamföräldrarna till de högbornas ätter, för att beteckna deras samhällsställning såsom senare uppkomna, i jämförelse med de fribornas, vilkas stamföräldrar kallas Ave (farfader) och

Amma (farmoder), medan det lägsta ståndets kallas Ae (farfars fader) och Edda (farfars moder).

Faders och Moders personligheter och hem skildras som än prydligare än Aves och Ammas. I salens dörrstolpe satt ring, golvet var strött. Ett äkta par satt därinne, såg varandra i ögonen och "lekte med fingrarna". Husfadern snodde en bågsträng, krökte almvirke till en båge och skäftade pilar. Husfrun sysslade med sin dräkt. Hon hade högt uppsatt dok, på hennes bröst glänste ett smycke, klänningen var lång och linnet blåstripigt. Hennes änne var klarare, hennes barm vitare och hals skärare än den vita snö.

När Heimdall kommit, tog Moder en vit, med mönster sirad duk och bredde över bordet, vitt vetebröd lades på duken. Kanna med vin och kostbara bägare, silverbeslagna fat med svinkött och stekt fågel framsattes. Heimdall stannade där tre dygn, och nio månader därefter födde Moder en son, som vattenöstes och kallades Jarl. Gossen hade ljust hår, blomstrande kinder och skarpa ögon. Han växte upp, snodde bågsträng, böjde alm till bågträd, skäftade pilar, kastade till måls med spjutet, red på hästrygg, jagade med hundar, svängde svärd och simmade.

I den hedniska sagan om Heimdalls vandring – varav sången om Rig är en överarbetad kopia – har detta hus varit de högborna ätternas, främst sköldungarnas stamhem och medelpunkt, och gossen, som efter Heimdalls besök därstädes födes, är den förste "jarlen" och"domaren" Sköld-Borgar, som i sin ordning varder Halfdans, den förste konungens, fader. I den i kristen tid och på fri hand hopsatta Ynglingasaga svarar Domald (Dómvaldr) till fader, Domar (Dómarr, domaren) till jarlen Sköld-Borgar, och Dyggve (Dyggvi, "den värdige") till Halfdan. Dyggve är, likasom Halfdan, son af Danps dotter Drott och, likasom denne, den förste med konunganamn, vilket bevisar deras ursprungliga identitet.

I den äldsta hedniska "Ynglingasaga" eller "Ynglingatal" hava även dessa tre, Domald, Domar och Dyggve (Sköld-Borgars fader, Sköld-Borgar själv och Halfdan) haft sin plats, emedan Halfdan efter sitt segerrika tåg mot Norden varder även svearnas konung, och emedan ynglingar (skilfingar) och sköldungar hava gemensam mytisk rot. De förste och egentlige ynglingarna äro emellertid Ivalde och hans släkt. Ivalde, som även hetat Svigder, Svegder, är den förste bland dem och omtalas som konung över Svitiod det stora, vars sydliga del bebos av svearna och vars nordliga trakter innehavas av "skridfinnarna" och de vid Elivågor vakthavande alferna, varför Ivalde även kallas Finn, Finnalf och Finnkonung.

Utan tvivel är det i sammanhang därmed som hans söner Valand, Egil och Slagfinn skildrats som utmärkta skidlöpare och jägare. I den senare Ynglingasagan, sådan hon föreligger i Heimskringla, bär Svegders son namnet Vallande eller Vanlande, en korrumperad form för Valand. Bortser man från vad som i texten i denna saga blivit hopdiktat om honom, och håller man sig till vad den ur hednaskalden Tjodolfs Ynglingatal lånade strofen förmäler om hans död, finner man, att det är Valand-Tjasses död i lågorna kring Asgård som omtalas.

Vanlande, heter det där, var på färd till Oden, d. v. s. till Asgård, när hans död, föranlett av ett trollkunnigt väsen, inträffade. Efter Dyggve följer i den förfalskade Ynglingasagan Dag den vise, vilken liksom i den verkliga Ynglingasagan Svipdag den vise, efterträder Halfdan sedan denne fallit för Valandssvärdet, vilket svärd i den ursprungliga Ynglingasagan spelat samma roll som Visburs guldsmycke i den senare, och vad i denna berättas om Dags död, är icke annat än en förvrängning av myten om Svipdags.

Detta vad vidkommer ynglingaättens mytologiska förhållande till sköldungarna. De i hjältesagan ryktbare gjukungarne utgöra, såsom härstammande från Slagfinn-Gjuke, en gren av ynglingarna och hava, i en senare tid, fått tillika med dem benämningen niflungar (nibelungar). Andra ryktbara mytiska ätter äro budlungarna, hildingarna, ylfingarna, amalerna, harlungarna och häklingarna (hegelingarna). Danp, Drotts fader och Halfdans morfader, synes hava varit budlungarnas stamfader.

Hildingarnas stamfader Hilder var, innan Drott förmäldes med Sköld-Borgar, gift med henne och hade med henne sonen Hildeger.

Enligt den tyska dikten Biterolf äro ylfingarna komna från samma släkt som hildingarna. Amalerna härstamma från Halfdans fosterbroder och Haddings fosterfader Hamal, son av Hagal. Från Hagal härstammar även en annan ätt, häklingarna, hegelingarna, från vilka lodbrokiderna utgått. Harlungarna utgöra en gren av Sköld-Borgars ätt och ställas på samma gång i nära samband med Brisingamens smeder eller Mimers ättlingar, vadan de äro fränder även till Vidga Valandsson, som på fädernet är av Ivalde- eller ynglingasläkten och har Mimerdottern Baduhild till moder.

Fafner (Fáfnir), se Andvare.

Falhofner (Falhófnir), en av asarnas hästar.

Farbaute (Fárbauti), jätte, Lokes, Byleists och Helblindes fader.

Farmatyr, binamn till Oden.

Feng, binamn till Oden.

Fenja, jättemö. Om henne och hennes syster Menja berättar en senare, efter myten om världskvarnen bildad saga följande:

Sköld hade sonen Fridleif, som styrde Danmark efter honom. Fridleifs son hette Frode. Han vart konung efter sin fader vid den tid, då kejsar Augustus gjorde fred över hela världen och Kristus föddes. Men emedan Frode var den mäktigaste konungen i nordanlanden, kallade nordmännen efter honom freden med namnet Frodefreden. Ingen människa skadade då den andra, även om man träffade sin faders eller broders baneman lös eller bunden. Och då fanns ingen tjuv eller rånare, så att på Jalangers hed låg en guldring länge, utan att någon rörde honom.

Konung Frode besökte i Svitiod den konung, som hette Fjölner, där köpte han två trälinnor, Fenja och Menja, som voro stora och starka. I Danmark funnos då två kvarnstenar så stora, att ingen var stark nog att draga dem, och hade kvarnen den egenskapen, att hon malde vad den som drog henne, begärde.

Kvarnen hette Grotte, och den, som gav henne till Frode, hette Hengekäft. Konungen befallde trälinnorna draga kvarnen och mala guld och fred och lycka åt Frode, men då han icke unnade dem tillräckligt vila och sömn, malde de en fientlig härs ankomst, och samma natt kom en sjökonung Mysing och drap Frode och tog mycket byte.

Därmed slutade Frodefreden. Mysing tog med sig ombord både kvarnen och de båda trälinnorna och befallde dem mala salt. Det gjorde de, men vid midnatt frågade de Mysing, om han icke fått salt nog.

Han befallde dem mala mer, och kort därefter sjönko hans skepp. Grotte sjönk till havets botten och fortfar där att mala. Därav kommer, att havet är salt. Ebb uppstår, när havsvattnet störtar ned genom kvarnögat. Äldre än denna berättelse och bevarande flera minnen av den verkliga myten är den s. k. Grottesången. Det bör tilläggas, att Fenja och Menja, som i myten uppträda på Ivaldesläktens sida, voro befryndade med denna släkt. De jättar, som voro Fenjas och Menjas fäder, hade till modersamma jättinna, med vilken Ivalde födde Valand, Egil och Slagfinn.

Fenrer (Fenrir), Fenrersulven, son av Loke och Gullveig.

Fensalar (Fensalir), Friggs borg, belägen i hennes födelsehem, Vanaheim.

Fimafeng, en av Ögers tjänare. Då Loke hörde, att Fimafeng var en pålitlig och duglig tjänare, slog han ihjäl honom.

Fimbultul (Fimbulþulr), binamn till Mimer.

Fimbultyr anses vara ett binamn till Oden.

Fimbulvinter (fimbulvetr = "den stora vintern")ett tecken på att Ragnarök obevekligen var i antågande.

Fimbulvintern sades vara en vinter som varade i tre år utan någon sommar och den hade trollats fram av Valand.

Finn, **Finnalf**, **Finnkonung**, binamn till Ivalde.

Fjalar, eldjätte, son av Surt, kallas även Suttung.

Fjölner, binamn till Oden.

Fjölsvinn (Fjölsviðr), binamn till Oden.

Fjörgynn, binamn till Frigg.

Fjörgynn, vanagud, Friggs fader.

Fjörsvartner, binamn till Natts häst Rimfaxe.

Fold, binamn till Frigg.

Folkvang, Fröjas område i Asgard.

Fornjot (Fornjótr), jätte, dödad av Tor. Stormen och den härjande elden framställas som hans söner.

När man i kristen tid antog, att Oden egentligen varit en människa, en konung, som i spetsen för en skara trojaner invandrat till Norden, antog man i sammanhang härmed, att jättarna varit en människostam, som före trojanernas ankomst hit befolkat Norden och haft en konungaätt, "den fornjoterska", som börjat med Fornjot och slutat med Gylfe. "Den fornjoterska konungaätten" spökade i våra historiska skolböcker ända intill Erik Gustaf Geijers tid. Den på Island hopsatta Ynglingasagan, som börjar med Oden som invandrarhövding och fortsätter med Njord, Fröj, Fröja och Ivalde-Svegder, som sveafurstar, borde även förvisas därifrån.

Forsete, asagud, Balders son.

Franangers fors (Fránangrs foss), vattnet, vari Loke i laxskepnad fångades av gudarna.

Freke, 1) den ene av Odens varghundar, kallas även Gifr, den andre är Gere. 2) benänmning för varg i allmänhet.

Frid (Frid), en dis i Fröjas omgifning. Sannolikt en av hennes åtta systrar.

Fridla, son av Harlung, frände till Halfdan.

Frigg, gudinna av vanabörd, Odens maka, Asgårds drottning. Kallas även Fjörgyn, Lodyn (Hlóðyn), Jord (Jörð), Fold, Lin (Hlín).

Froste, symboliskt namn på en deltagare i det av fimbulvintern förorsakade tåget från Svarins hög till Aurvangalandet.

Fröj, vanagud, Njords son, Fröjas broder, jordbrukets gud. Har binamnen Atride och Menglad (Menglaðr). Hans syster Fröja har sammna binamn i feminin form (Menglöð).

Fröja, asynja, Njords dotter, kärlekens och fruktsamhetens gudinna, gift med Od-Svipdag. Kallas även Menglad (Menglöð), Mardall (Mardöll), Syr, Gefn, Horn (Hörn), Skjalf, Gunnvor.

Fulla, asynja, Friggs syster och förtrogna.

Fylgior, hamingor, nornor, som äro människornas osynliga ledsagare och skyddsandar.

G.

Gambantein, Valands hämndesvärd.

Gandul, valkyria.

Gandvik, den trollska viken, benämning på vattnet Elivågor (Raun), som skiljer Midgård från Jotunheim.

Gang (Gángr), binamn till Egil.

Ganglate, tjänare hos Nifelhels härskarinna Leikin. En tjänarinna hos densamma kallas Ganglat.

Gangrad (Gángráðr), binamn till Oden.

Gardrova (Gardrofa). I prosaiska eddan förtäljes följande episod, som sannolikt tilldragit sig i kriget mellan asar och vaner:

Asynjan Gna (Gná), som Frigg utsänder i sina ärenden, har en häst, som springer genom luft och vatten och heter Hofvarpner. Vid ett tillfälle då hon red honom, sågo henne några vaner i luften och frågade, vem som for där. Gna svarade, att hon red på Hofvarpner, som Hamskerper födde med Gardrova.

Garm. 1) Namn på mytiska varghundar i allmänhet. 2) Varghund, som skäller vid Gnipahålan, då Ragnarök förestår, och det ondas bundna makter varda lösa. 3) Jätten Hate, månens förföljare, kallas Månegarm.

Gastropner ("den som tillbakavisar objuden främling"), vallen kring Asgård.

Gaumul, underjordsälv.

Gaut (Gautr), binamn till Oden.

Gefion (Gefjun), asynja. Hon är ungmö, och de kvinnor, som dö ogifta, komma till henne. Oden säger i dikten Lokasenna om henne, att hon känner släktenas öden lika väl som han. En förmodligen svensk eller dansk lokalsaga har berättat, att hon med fyra jätteoxar utplöjde ur svensk mark och förflyttade ett stycke land, som nu är Seland, så att i Sverige en sjö (sannolikare Vänern än Mälaren) uppstod, vars strandinskärningar motsvara Selands strand, uddar, utrundningar och näs.

Gefion är förmodligen en av Fröjas åtta systrar och dotter till havets och segelfartens gud Njord, som bland anglosaxarna burit namnet Geofon. Hon äger ett halssmycke, om vars åtkomst den försmädlige Loke i Lokasenna berättar en historia, påminnande om en, som i kristen tid diktades om huru Fröja fick Brisingamen. Eder svuros i forntiden vid Gefions namn. Islänningarna under medeltiden jämförde henne med Diana eller Minerva.

Gefn, binamn till Fröja.

Geirraud (Geirrauðr), jättehövding.

Geirskagul (Geirskögul), valkyria.

Geirvandil (Geirvandill, "den spjutskicklige"), ett binamn till Ivalde, vilken var lika ryktbar spjutkämpe, som hans son Egil-Örvandil var bågskytt.

Geirvimul, en underjordsälv, som välver vapen i sina böljor.

Geirönul, valkyria.

Geiter ("getherren"), binamnn till jätten Gymer. Likasom jättehövdingen Beles ("skällarens") män föreställts utrustade med huvuden, påminnande om hundens, har Gymers antagligen haft ett utseende, som i ett eller annat avseende påmint om bocken. Ett annat binamn till Gymer är Gullner.

Geld (hos Saxo Gelderus), binamn till Slagfinn-Gjuke.

Gerd, Gymers och Gullveig-Aurbodes sköna dotter, i vilken Fröj blev förälskad.

Gere, den ene af Odens varghundar. Den andre är Freke.

Gersime ("Smycke"), dotter av Fröja och Svipdag.

Gevar (Gævarr, Gevarus), binamn till Nannas fader, luftkretsens och månens väktare Nöckve. Kallas även Nep. Symboliseras i dikten Fjölsvinsmal som den guldlysande hanen Vidofner, bland vars nystkotor den glänsande skära förvaras, som kan bota

Sinmaras sorg, och mot vilken hon vill utlämna det i hennes förvar varande Valandssvärdet.

Gifer (Gífr), 1) trolska väsen, som kringflyga i luften. Oden och Tor äro stundom ute och rensa luften från dem, 2) binamn till Odens varghund Freke.

Gilling, Gylling, nyckeln till den underjordsport, genom vilken de döda ha att ingå.

Gimle, den med guld taklagda sal, i vilken den kommande världsålderns människor skola bygga och njuta evig glädje.

Ginnar, dvärg.

Ginnregin, benämning på gudarna, företrädesvis, som det vill synas, på vanerna.

Ginnungagap, det tomma svalget i Kaos, vari köld- och värmeböljorna mötte varandra.

Gipul, underjordsälv.

Gisl, Gils, en af asarnes hästar.

Gjall (Gjöll), älv i underjorden.

Gjallarbron, den guldlagda bron över underjordsälven Gjall.

Gjallarhornet, Heimdalls under världsträdet i underjorden förvarade lur, varmed Ragnarök skall förebådas.

Gjalp, en av Geirrauds döttrar. Har någon tid varit bland de jättemör, som draga världskvarnen, varför hon också räknas bland Heimdalls mödrar.

Gjuke (Gjúki), densamme som Slagfinn. Gjukungarna äro hans ättlingar.

Glad, en av asarnas hästar.

Gladsheim, det område inom Asgård, där Valhall står.

Glansfälten (Glæsisvellir), Mimers rike i underjorden.

Glapsvinn (Glapsviðr), binamn till Oden.

Glaser, lund med guldlöv framför Valhall

Gleipner, bojan varmed Fenrer blev bunden.

Glen (Glenr), Sols make.

Gler, en av asarnas hästar.

Glitner, först Balders, därefter Forsetes borg i Asgård.

Gna (Gná), asynja, Friggs budbärarinna. Ursprungligen har Gna varit en allmän benämning på gudinnor eller diser.

Gnipahålan (Gnípahellir, brådbranternas håla). Garm skäller utanför Gnipahålan, då Lokes och Fenrers bojor brista.

Gnitaheden. Heden, där Fafner ruvade Valandsskatten.

Goe (Gói). En i kristen tid diktad norsk lokalsaga, som gör jättarna till Nordens första bebyggare, förtäljer, att Fornjot hade tre söner, Lär (Hlér), Loge och Kare (Kári), att Kare (vinden) hade sonen Jökul (isfält) eller Froste, som blev fader till Snö (Snær). Denne åter blev fader till Torre (Þorri, barfrost), som fick sönerna Nor och Gor, samt dottern Goe. Denna blev bortrövad av en konung i Hedenmarken, Rolf i berget. Nor och Gor begåvo sig då ut att söka henne.

Gor tog sjövägen, seglade förbi de svenska öarna, kom till Danmark och for så vidare norr ut. Nor drog från Kvenland till Lappmarken och över Kölen till Trondhjemsfjärden. Sedan bröderna underlagt sig många landskap, möttes de slutligen i Nordfjärd i Sogn. Härifrån drog Nor till Hedemarken, där han träffade konung Rolf, som var son av Dovrejätten. Nor äktade en syster till Rolf, och denne äktade Goe. Och var detta anledningen till Norges bebyggande. Till grund för sagan ligger myten om den första fimbulvintern, då de nordiska landen behärskades av frostmakterna. Det övriga är fritt diktat.

I den svenska almanackan förekomma ännu namnen Torsmånad (Januari) och Göjemånad (Februari), och enär Tor är en mytisk personlighet och asagud, har man varit dess mer benägen antaga, att Göjemånad också har sitt namn från en mytpersonlighet, nämligen från en gudinna eller dis vid namn Göja, som skulle varit Tors dotter samt sädens och fruktbarhetens främjarinna. De äldre, på Island ännu nyttjade namnformerna äro þorra-mánaðr, "barfrostmånad",varav Torsmånad blott är en förvrängning, samt Góimánaðr, Goemnånad, eller Giemánaðr, som betyder den månad, som närmast följer årets första nytändning (gæ, gie). Ett offer som i nämnda månad förrättades, kallades efter månadens namn Gói-blot. Om Goe därjämte varit en gudinnas namn eller binamn, låter sig numera icke med säkerhet avgöras.

Goin (Goinn), namn, förmodligen symboliskt, på en orm som gnager världsträdets rötter tillsammans med andra ormar: Moin, Grabak, Grafvallad, Ofner, Svafner och Nidhögg.

Grafvitner. **Goin** (se ovan) och Moin kallas Grafvitners söner eller ledsagare.

Grane, en häst, som i hjältesagan rides af Sigurd Fafnersbane. I myten har Grane tillhört den ene eller andra av de ryktbara urtidskonstnärerna. Enligt den nordiska versionen av Sigurds saga vistades denne i sin ungdom hos sin styvfaders fader, konung Hjalprek. Denne hade en smedja, vari Fafners broder Regin arbetade. Då Sigurd på Regins anstiftan fäller Fafner, medför han hästen Grane, och då Hjalprek över huvud framställes som den, vilken utrustar Sigurd för hans färder, är det antagligast, att Grane varit att tillgå bland Hjalpreks hästar. Namnet Hjalprek,Hjálprekr, är en folketymologisk överflyttning av det tyska Elberich.

Den tyska mytsagan har känt två konungar och smeder, fader och son, med detta namn. Enligt Vilkinasaga anvisar Mimer Sigurd, huru han skall komma i besittning av Grane, och i Völundarkvida talas om "Granes väg", då Mimer-Nidad frågar Valand, varifrån han fått allt det guld han har i Ulvdalarna. Vilkinasaga vill även veta, att Sigurd i sin ungdom smidde hos Mimer, och en närmare undersökning visar, att den äldre Elberich är identisk med Mimer själv. Allt detta hänvisar, att myten om Grane stått i förbindelse med myten omurtidssmederna.

Greip, jättinna, Gjalps syster, dotter av Geirraud.

Grepp, jättenamn, buret av tre bröder, tillhörande Beles stam eller uppehållande sig bland denna stams jättar, då Fröj och Fröja voro i deras våld. De tre Grepparna voro bland dessa jättar ansedda som skalder.

Grer, (Grerr), en av Brisingamens fyra smeder.

Grid, jättinna, asaguden Vidars moder.

Grim (Grímr), binamn till Oden.

Grimner (Grímnir), binamn till Oden.

Griotunagård (stengård), jätten Rungners hem.

Groa (Gróa), växtlighetsdis, alfhöfdingen Sigtryggs dotter, Sivs syster, Egils och därefter Halfdans maka, moder till Od-Svipdag (med Egil) och till Gudhorm (med Halfdan).

Grotte, namn såväl på mytens världskvarn som på sägnens Frodekvarn.

Gudhorm (Gudhormr), Halfdans och Groas son, Od-Svipdags och Haddings halvbroder. Densamme som Jormunrek, Ermenrich.

Gudmund, i senare sagor binamn till Mimer.

Gullenborste, Fröjs galt, åkerbrukssymbol. Kallas även Slidrugtanne och Hildesvin.

Gullenkamme, tupp i världsträdet, som väcker einheriarna i Asgård.

Gullentanne, ("han med gyllene tänder"), binamn till den rena eldens gud, Heimdall.

Gullfaxe, jätten Rungners häst, som efter hans död kom i asarnas ägo och av Tor skänktes till hans son Magne.

Gullner, jätte, densamme som Gymer.

Gulltopp, Heimdalls häst.

Gullveig, den tre gånger födda jättinnan, de onda runornas och trolldomens upphov. Hon kallades Heid, då hon kringvandrade på jorden och utlärde sina fördärvliga konster. Aurboda hette hon, då hon var gift med Gymer. Angerboda kallas hon under sin vistelse i Järnskogen. Såsom tre gånger bränd och likväl levande bär hon binamnet Hyrrokin (Hyrrokin),"den eldrökta".

Gungner, Odens spjut.

Gunn (Gunnr), valkyria.

Gunnar, son av Gjuke.

Gunnlad, **Gunnlöd**, jättemö, Suttung-Fjalars dotter.

Gunntorin och **Guntro** (Gunnþorin, Gunnþró), valkyrior.

Gunnvor (hos Saxo Gunvara), binamn till Fröja.

Gyller, en av asarnas hästar.

Gymer, jättehövding, Gullveig-Angerbodas make, Gerds fader.

Göll, valkyria.

Göndler, binamn till Oden.

H.

Had (Höðr), asagud, Odens son. Ur myten har han under namnet Hedin inkommit i hjältesagan. Han har även varit kallad Loddfafner efter en jätteorm, som han under en av sina jakter fällde. Myten har icke framställt bonom som blind, utan som utmärkt idrottsman och bågskytt.

Hadding, Halfdans och växtlighetsdisen Alvigs son, Gudhorms halvbroder. Sedan han fällt sin faders baneman Svipdag och blivit konung över många germanstammar, kallades han Tjodrek (Dieterich, storkonung). Hadding betyder "den hårfagre", och sannolikt har han kallats så, emedan han avlagt löfte att icke klippa sitt hår, innan han hämnats sin fader och återfått sin arvslott i hans rike.

Haddingaland kallas lycksalighetsfälten i underjorden, därför att Hadding fick nedstiga dit och se deras under, och emedan Haddings fallne kämpar vistades där, innan de kommo till Valhall. Saxo meddelar sagan därom.

Hafle, kämpe av jättebörd, Gudhorms fosterfader och deltagare i hans strider.

Hagal, Sköld-Borgars vän, Hamals fader, Halfdans fosterfader.

Hake, jätte.

Halfdan, Sköld-Borgars och Drotts son, germanernas förste konung, ansedd tillika som Tors son och hedrad med gudomliga ärobetygelser. Han är Svipdags styvfader, Gudhorms och Haddings fader. Tacitus kallar honom Mannus.

Hallenskide (Hallenskiði), binamn till Heimdall.

Hamal, Hagals son, Halfdans fosterbroder, Haddings fosterfader, stamfader till den amaliska släkten.

Hamder och **Sörle**, Svanhilds bröder.

Hamingor (hamingjur), fylgior, kvinnliga skyddsandar.

Hamskerper, häst. Se Gardrova.

Hangatyr, (Hángatýr), binamn till Oden.

Hannar, dvärg.

Haptagud, binamn till Oden.

Har (Hár), binamn till Oden.

Harbard (Hárbarðr, gråskägg), egentligen ett Odensepitet, men som Loke tillägnade sig vid ett i dikten Harbardsljod omtalat tillfälle, då han drev gyckel med Tor. Denne befann sig i Jotunheim på återväg till Elivågor, då han såg framför sig ett sund och på andra sidan detta en färjekarl med en båt. Sundet var en genom trolldom vållad synvilla (en velafjörðr). Färjekarlen, som hade utseendet av en yngling, var Loke. Tor, som kan vada även genom de djupaste vatten, ville hellre, då han såg färjekarl och färja vara till hands, begagna sig därav.

Han ropade på färjemannen och tillkännagav sin önskan, och nu uppstod ett samtal, varunder Loke uppträdde på det försmädligaste och retsammaste sätt mot asaguden. Då denne frågar, vad han heter, svarar han, ehuru han har en ynglings utseende, "Gråskägg", och i denna gäckande ton fortsätter han. I motsats till den verklige Harbard-Oden, kallas Loke i en skaldestrof "svekfjärdens Harbard"(Hárbarðr velafjarðar), och gudaförsmädande tal liknas vid en skränande sjöfågel, som flyger ut från "svekfjärdens Harbards tandgård".

Hardgreip, jättemö, Haddings ledsagarinna, dotter av Haddings fosterfader Vagnhövde.

Harlung, frände till Halfdan.

Hate, ulvjätte, månens förföljare (Hate månegarm) har sitt tillhåll i järnskogen. Kallas Rodvitners (Hróðvitnir) son.

Haugspore, uppräknas bland de konstnärer i Dvalins flock, som deltogo i tåget från Svarins hög till Aurvangalandet.

Have (Haví), binamn till Oden.

Hedin, namn bildat av namnet Had (Höðr, dativ. Heði). I hjältesagor, som hämtat sitt stoff ur myten om Had, uppträder en konungason med detta namn.

Heid (Heiðr). Under detta namn uppträdde Gullveig, när hon kringvandrade i Midgård och där utlärde trollkonster.

Heidraupner, binamn till Mimer.

Heidrun. 1) ett demoniskt nattväsen i getskepnad, 2) i dikten Grimnersmal "den klara ström" (av heiðr, klar och runi, ström) av mjöd, som fyller dryckeshornen i Valhall, symboliserad som en get, som närer sig i världsträdets krona.

Heimdall, den rena eldens gud. Har binamnen Skef, Rig, Stigande, Rate, Gullentanne, Hallenskide, Vindler, Rut.

Heiptor, kvinnliga straffandar, väpnade med törnegissel.

Hel. 1) dödsriket, i synnerhet dess lycksalighetsängder, 2) ödes- och dödsdisen Urd. I kristen tid, då det hedniska dödsriket ansågs vara helvetet, fick Nifehelsväsendet Leikin namnet Hel. Så i prosaiska eddan, medan i den poetiska Hel städse betyder dels Urd, dels underjordens lycksalighetsrike, där Urds och Mimers källor äro belägna.

Helblinde, vattenjätte, Lokes broder.

Helge Hjörvardsson. Med fritt begagnande av stoff ur Baldersmyten har en dikt blivit i kristen tid författad, vars hjälte bär namnet Helge Hjörvardsson och är skapad efter Balders förebild.

Helge Hundingsbane. Namnet på en hjälte, vars saga blivit hämtad ur mytsagan om Halfdan.

Helgrindar, **Helportar**, ingångarna till underjorden.

Hepte, dvärg.

Hermod, binamn till Od-Svipdag.

Hervor Alvitter. I hjältesagan uppträder Idun dels under detta namn, dels under namnet Segerdrifva.

Hild (Hildr), valkyria.

Hildebrand, krigare av hildingarnas släkt och befryndad med amalernas. Haddings erfarne och trogne vän.

Hildeger, son av Hilder och Drott, Halfdans halfbroder.

Hildegun, ljusdis, Nannas syster, Nöckves dotter, bortrövad och gift med Ivalde och moder till Idun och andra växtlighetsdiser.

Hilder ("krigaren"), hildingarnas stamfader. Har även kallats Gunnar (krigaren).

Hildesvin (Hildisvini), binamn till galten Gullenborste, även kallad Slidrugtanne.

Himmelsvärnet (Himinbjörg), det av Heimdall skyddade fästet vid Bifrosts norra broände.

Hjalmbäre, **Hjälmbäre**, binamn till Oden.

Hjalmtrimul, **Hjälmtrimul**, valkyria.

Hjuke, Ivaldes son, som med sin syster Bil blev upptagen till månen.

Hjörvard. 1) binamn till Oden 2) binamn till jätten Eggter. Hjörvard betyder, likasom Eggter, svärdvaktare.

Hoddgoda, en skattkammnare i Mimers rike.

Hoddmimer, densamme som Mimer.

Hoddraupner, binamnmm till Mimer.

Hovvarpner, hästen, som gudinnan Gna rider.

Holt, Mimers lund.

Hornbore, dvärg.

Huge, personifikation av tanken.

Hugin, den ene av Odens korpar. Den andre är Munin.

Hunkriget kallas det krig jättarna företogo mot Asgård, medan vanerna härskade därstädes.

Hvedrung, binamn till Loke.

Hvergelmer ("Kittelbrusaren"), den på Nidafjället under världskvarnen belägna källa, som vattnar världsträdets nordliga rot.

Hymer, jättehövding, gift med asaguden Tyrs moder.

Hyndla, namn på en jättemö. Hyndluljod kallas en i poetiska eddan intagen genealogisk dikt, bestående av hedniska brottstycken med tillsatser från kristen tid. Främst bland dessa tillsatser är diktens själva inklädnad, enligt vilken Fröja uppsöker den i mytiska släktförhållanden hemmastadda jättemön Hyndla, för att bedja henne vittna i ett arvsmål mellan Fröjas älskling Ottar (Od-Svipdag) och en Angautyr.

Hyrr (den glädjerike), en av salarna i Asgårdsvallen.

Hyrrokin (den eldrökta), binamn till den tre gånger brända och pånyttfödda Gullveig.

Häfring, personifikation av böljan.

Hängekäft (Hengikjöptr), en jätte, som skänkte Frode stenarna till hans Grottekvarn. Även en jättinna med detta namn omtalas.

Härfader, **Härjafader**, Oden.

Härfjätter (Herfjötur), valkyria, som åstakommer panik.

Härjan, binamn till Oden.

Härteit, binamn till Oden.

Höd, se Had.

Hödbrodd, binamn till Egil.

Högne, son av Gjuke.

Höner, Odens broder. Har binamnen Vee, Långben (Lángifotr) och Träskkonung (Aurkonungr).

Hörn, binamn till Fröja.

I.

Idaslätterna. I tidernas morgon arbeta gudarna och urtidskonstnärerna på Idaslätterna, slöjda verktyg, smida, timra och bygga. I världsförnyelsen samlas de överlevande gudarna där kring Balder.

Ide, binamn till Ivaldes (Idvaldes) son Slagfinn-Gjuke.

Idun, Ivaldes dotter, Valands halvsyster och käresta, därefter Brages maka och asynja, ägarinnan av gudarnes föryngringsäpplen.

Imbrecke, son av Harlung.

Imd, jättemö, en av Heimdalls nio mödrar.

Indride, binamn till Tor.

Inge, binamn till Svipdag, se Yngve.

Ingevoner, nordgermanerna.

Ingunar-Fröj, densamma som vanaguden Fröj.

Ire, dvärg.

Isolf, binamn till Egil.

Ivalde, alffurste. Födde med en ljusdis, Hildegun, växtlighetsdiserna Idun, Auda och andra svanemör, med en jättinna sönerna Valand, Egil och Slagfinn. Var med sina söner gudarnas edsvurna väktare vid Elivågor, tills han bemäktigade sig det i månskeppet förvarade mjödet från källan Byrger och därmed blev gudarnas fiende.

Fientligheten mellan asarna och deras skyddslingar å ena sidan, samt Ivalde och hans ättlingar å andra fortgår genom flera släktled: först faller Ivalde själv i denna kamp, därefter hans söner Valand och Egil, därefter Egils son Od-Svipdag och dennes son Asmund. I hjältesagan, där Ivaldes ättlingar uppträda under namnen niflungar och gjukungar, fortgår kampen mellan dem å ena sidan samt å andra amaler och budlungar, som höra till Halfdans av asarna gynnade släkt.

Ivalde förekommer i gudasagan och hjältedikten under flera namn och epitet, såsom Geirvandil, Geirvadil, Vade, Allvalde, Andvalde, Ölvalde, Svigder (Svegder), Svidur, Ölmod, Sumbl Finnkonung, Vidfinn, Finnalf, Laudver.

Av dessa namn bilda Ivalde, Allvalde, Audvalde, Ölvalde så till vida en grupp för sig, som de alla hava till bestående sammansättningsdel valde (valdi), mäktig, ett epitet, som bevarat sig ur gudasagan in i de hjältesagor, där Ivalde åter uppträder under namnen Valthari, Walther, Valdere o. s. v. och där enskilda moment av myten om honom behandlas.

En annan grupp bildar namnet Ölvalde med Ölmod, Svigder, Sumbl Finnkonung. Samtliga namnen i denna grupp hänvisa till deras bärares egenskap av en i myten om mjödet uppträdande personlighet.

Svigder betyder "stordrickare" och Sumbl är ett synonym till "öl","mjöd".

Namnet Sumbl Finnkonung knyter sig på samma gång till en tredje namngrupp: Finn, Vidfinn, Finnalf. Ivyalde, såsom hövding och väktare vid Elivågor, som skilja Jotunheim från Midgårds nordligaste delar, föreställdes i myten såsom härskare över dessa ängder, kända under benämningen Svitiod det stora eller Svitiod det kalla och bebodda i söder av den nordligaste germanstammen, svearna, och ovanför dem av "skridfinnarna", finnarna. I myten var således Ivalde den förste härskaren över svearna och finnarna.

Härifrån hans benämningar Svidur, Svidrer, Finnkonung, Finn, Vidfinn och Finnalf. Härmed står säkerligen också i förbindelse, att hans ättlingar, Valand, Egil, Slagfinn, Skade, Ull och Svipdag skildras som utmärkta skidlöpare. Den än i dag bland nordgermanerna fortlevande föreställningen, att bland finnarna och lapparna finnas utomordentliga trollkarlar, som genom hokus pokus mäkta åstadkomma storm och oväder, har sin rot i myten om Finnkonungs son Valand, som åstadkom fimbulvintern.

Den likaledes ännu icke utdöda föreställningen, att bland finnarna finnas de som hava insikter i en hemlighetsfull läkekonst, torde likaledes ha sitt ursprung i myten om Valand, som skänker Idun"gudarnas läkemedel mot åldrandet" och ännu i den tyska traditionen är ihågkommen som en märkvärdig läkare. Myten om Ivaldes hövdingsskap över svearna har fortplantat sig dels i hedniska källors uppgifter därom, dels i den kristna Ynglingasaga, där hans namn Svigder (Svegder), närmast efter de rena gudanamnen Oden, Njord, Yngve Fröj och Fjölner, ställes i spetsen för ynglingaätten och efterföljes av Vallande (Vanlande), vilket namn är en korruption av namnet Valand.

Den strof ur hednaskalden Tjodulfs dikt "Ynglingatal", som anföres i Ynglingasagan om Svigders död, är en trogen beskrivning på Ivaldes död, sådan den i myten skildrats, och i strofen om Vallandes död kan man ännu igenkänna myten om Valands. Dennes egenskap av fimbulvinterns upphovsman har i Ynglingasagan "historierats" i den form, att han hade "vintervist i Finland hos Snö den gamle"och där fick dennes dotter Drifva. Ivaldes binamn Geirvandil och Geirvadil tillkomma honom såsom mytens förnämste spjutkämpe (Geirr betyder spjut). Epitetet Geirvandil har sin parallell i epitetet Örvandil, som tillkommer Ivaldes son Egil, bågskytten. Binamnet Geirvadil knyter sig på samma gång till Ivaldes binamn Vade, som hänvisar på hans egenskap av väktare vid Tors vadställe över Elivågor. Såsom vadare har Ivalde själv blivit skildrad i Vilkinasaga, där han bär sin son Valand över ett sund.

Man behöver blott erinra sig, att Ivalde i myten varit skildrad som spjutkämpe, härskare över svear och finnar och väktare vid Elivågors vadställe, samt att han spelat en roll i mjödmyten för att finna förklaringen till samtliga dessa binamn.

Ividja, benämning på Valands dotter Skade.

Iving (Ifing), benämning på lufthavet. Säges i dikten Grimnersmal vara en å, som aldrig fryser och som skiljer gudarnas land från jättarnas.

J.

Jalk (Jálkr) Så kallar sig Oden, då han besöker Asmund Svipdagsson.

Jare, dvärg.

Jarl, epitet till Sköld-Borgar.

Jord (Jörd), binamn till Frigg.

Jormungand (Jörmungandr), Midgårdsormen.

Jormungrund (Jörmungrund), underjorden.

Jormunrek (Jömmunrekr), binamn till Gudhorm, sedan han blivit storkonung.

Jotunheim (Jötunheimar), jättelandet norr om Elivågor.

Järavallarne (Jöruvellir), Aurvangalandets (sydligaste Skandinaviens) gränsvall mot havet.

Järnsaxa, Magnes moder och en a Heimdalls nio mödrar

Järnskogen (Járnviðr), en i de nordligaste och östligaste ängderna belägen skog, uppfylld av fasor och trolldom, tillhåll intill Ragnarök för Gullveig-Angerboda, Eggter, Hate och andra "Fenrers fränder".

Järnvidjor, enligt pros. eddan benämning på de jättinnor, som uppehålla sig i Järnskogen.

Jättar, innevånare i Jotunheim.

Jökul, namn på en frostjätte.

K.

Kare (Kári), en vindjätte.

Karl, 1) binamn till Oden, 2) epitetnamn till det fria ståndets stamfader.

Karmt, älv, över hvilken Tor vadar på väg till domareplatsen vid Urds brunn.

Kerlaugar, två älvar, över vilka Tor på sina färder till Urds brunn vadar.

Kile, dvärg.

Kjalar, binamn till Oden.

Kolga, personifikation av böljan.

Koll, jätte, dödad av Egil.

Kon, binamn till Halfdan, den förste konungen.

Kvaser, personifikation av mjödet, ursprungligen ett av namnen på Mimers källa. Poesien kallas i ett strof av Einar Skalaglam "Kvasers saft". En i kristen tid diktad berättelse i pros. eddan säger, att när asar och vaner slöto fred, bekräftades detta därmed, att de spottade i ett kar och skapade, till ett försoningsmärke, av spotten en man vid namn Kvaser, som var utomordentligt vis, men föll offer för två dvärgar, Fjalar och Galar, vilka, när de voro hans värdar, dödade honom, läto hans blod rinna i ett kar, blandade det med honung och dära gjorde skaldemjödet. Denna pseudomyt om "försoningsmärket"Kvaser har sin enda grund däri, att en halvstrof av Einar Skalaglam blivit missförstådd eller avsiktligt misstolkad av pseudomytens tillverkare. Jämför Son.

L.

Lack, (Hlökk), valkyria.

Ladgun Svanhvit, benämning på Slagfinns svanemö Auda, Ivaldes dotter, Iduns syster.

Laudver, **Lödver** (Hlaudverr), binamn till Ivalde.

Laufej, **Löfö** (Laufey), Lokes moder, även kallad Nal (Nál).

Leifners eldar, en underbar dryck.

Leiftraser, den i Mimers lund boende stamfadern till en följande världsålders människosläkte.

Leikin, Lokes dotter, sjukdomsandarnas drottning. I kristen tid förblandad med Hel (Urd, ödes- och dödsdisen).

Leipt (Leiptr), en älv, med klart och skinande vatten, vid vilket eder svärjas, genomflyter underjordens lycksalighetsfält.

Lerbrimer, binamn till Ymer.

Lessö (Hlésey, Hléssey). På en ö med detta namn kämpade Tor, enligt Harbardssången, en gång med "bärsärkabrudar", jättemör, som "förvillat allt folket"(genom att vid soluppgången sänka ön i havet och vid solnedgången låta den stiga upp igen?). De sökte sönderslå Tors skepp, som han dragit upp på land och ställt där under kavlar. De angrepo honom med järnklubbor och hade drivit Tjalve på flykten.

Äventyret måste hava tilldragit sig vid den tid, då vid fimbulvinterns avtagande Norden åter nybyggdes, och Tjalve, beskyddad och understödd av Tor, återbefolkade öarna i de skandiska farvattnen.

Även i hjältesagan spelar Lessö en roll. På valkyrian Sigruns fråga, varifrån Helge Hundingsbane kommit med sina skepp, svarar han, att han och Hamal hava sina hem på Lessö. Även detta antyder, att Lessö omtalats i den mytiska berättelsen om Nordens återkolonisering, ty Helge Hundingsbanes saga är en omarbetning av episoder i myten om Halfdans tåg mot Norden vid fimbulvinterns slut och hans seger över hjältarna från Svarins hög.

Hjältedikten"Oddruns klagan" låter gjukungen Gunnar falla i ett för honom å Lessö ställt försåt, där budlungen Atle kastar honom i en ormgrop. Även i pros. eddans fritt diktade berättelser har Lessö fått en plats. Där "bodde den man, som heter Ægir ellerHlér", och som drog till Asgård i Asialand för att göra bekantskap med Oden och hans trojaner.

Lidskjalf, asarnas utsiktstorn.

Liv (Líf), den i Mimers lund skyddade ungmö som skall varda stammodern till den kommande världsålderns dygdiga människosläkte.

Lif (Hlíf) en av diserna i Fröjas omgivning, sannolikt en av hennes systrar.

Lin (Hlín), 1) binamn till Frigg, 2) enligt pros. eddan en asynja som tjänstgör hos Frigg.

Lit (lax), 1) binamn till Loke, 2) dvärgnamn.

Loddfafner (Loddfáfnir), binamn till Had. Flera drag ur sagan om Sigurd Fafnersbanes ungdomsäventyr äro hämtade ur myten om Hads. I sången om Fafner säges det: "I forna dagar trodde folk, att en döende mans ord mäktade mycket, om han förbannade sin ovän vid dennes namn". När den av Sigurd till döds sårade Fafner frågar sin unge baneman vad han heter, svarar för den skull denne: "jag heter Trögdjur" (gaufugt dýr, ej "härligt djur", såsom man hitintills översatt det), detta med anspelan på Fafner själf, som största delen av dygnet låg orörlig på sin skatt. Sigurd icke blott döljer till en början sitt eget namn, utan väljer ett, som är tillämpligt på frågaren, för att den väntade förbannelsen skall falla tillbaka på honom.

Även i Vilkinasaga uppträder en hjälte, Heimer, som uppkallat sig efter en drake, vars baneman han blivit. Detta förklarar, varför i Havamal en asayngling med det egendomliga drak- eller ormnamnet Loddfafner uppträder. Han befinner sig i Odens sal och emottager från denne råd och förmaningar, vilkas innehåll med bestämdhet hänvisar till myten om Had. Att Had kunnat benämnas Loddfafner har då sin grund däri, att han, som skildras som en utmärkt jägare, dödat en drake och kallat sig Loddfafner under samma förhållanden som Sigurd kallade sig gaufugt dýr. Loddfafner har den dubbla betydelsen av "raggig orm" och "trög orm" och kommer således betydelsen av gaufugt dýr mycket nära. Även i sången om Segerdrifva är Had, icke Sigurd, den ursprunglige hjälten.

Lodun (Hlóðyn), binamn till Frigg.

Lodur, en av Odens bröder, även kallad Vile.

Lofn, asynja. Enligt pros. eddan är hon god att åkalla av älskande, vilkas förbindelse är förbjuden eller annars omöjliggjord. För deras bästa använder hon den inflytelse hon äger på Oden och Frigg.

Loge, personifikation av elden i förstörelsens tjänst och som sådan tillhörande Surts husfolk. I kristen tid gjordes Loge till son av Fornjot och broder till Vatten och Vind (Hlér ochKári).

Loke, den av Oden i Asgård upptagne jätten, son av Farbaute och Laufej. En av mytologiens mest betydande personligheter, i förening med Gullveig det ondas princip och karakteriserad med ett psykologiskt skarpsinne och en humor, som saknar motstycke. Det förfärliga och det komiska äro i honom sammansmälta till ett. Loke uppträder under binamnen Lopt, Hvedrung, Harbard, Becke (Bicke), Blind bölvise.

Lone, dvärg.

Lopt, 1) binamn till Loke, 2) epitet till Valand som gudafiende betraktad och synonym till Valands binamn Byroch Gust (storm, vind).

Lora (Hlóra, Lóra). Pros. eddan har bevarat spår av en myt, enligt vilken Tor blev, likasom Tyr, under fredsåldern anförtrodd åt jätteväsen att uppfostras. Fosterföräldrarna kallas Vingner och Lora, men de måtte hava brutit mot sin fosterföräldraplikt och sökt svika den, ty Tordrap vid tolv års ålder dem båda. En liknande myt förtäljes om Indra, den med Tor identiske ljungeldsguden i Rigveda. Sin äldre hammare, den av sten slöjdade, måtte Tor hava medfört från dessa fosterföräldrars hus, ty hammaren kallas i Vaftrudnersmal för Vingners.

Lorride, **Loride** (Hlórriði, Hlóriði), binamn till Tor.

Lyngve, den holme i Amsvartners hav, där Fenrer, Loke och andra"världsfördärvets söner" ligga bundna intill Ragnarök.

Läbard (Hlæbarðr), binamn till Valand.

Läding, bojan, varmed Fenrer bllev bunden.

Lärad (Læráðr), binamn till världsträdet.

Lättfote (Lettfeti), en av asarnas hästar.

M.

Madgun, underjordsdis, som vaktar Gjallarbron.

Magne, son av Tor och Järnsaxa. Överlever världsbranden och ärver jämte sin broder Mode, Tors hammare.

Manheim, **Manheimar**, den del av världen, där Oden och asarna hade sin tillflykt, när Vanerna härskade i Asgård.

Mardall, **Mardöll**, binamn till Fröja med anledning av hennes vistelse i havet hos den förvandlade Svipdag.

Marmennil, havsmannen. Isländska sagor från kristen tid omtala marmenniln som klok och framsynt, men tystlåten. Det skall vid mer än ett tillfälle ha lyckats sjöfarare eller fiskare att fånga marmenniln, som då, mot löfte att åter varda släppt i havet, låtit förmå sig att förutsäga tillkommande ting.

Megingjord (Megingjörð), Tors starkhetsbälte.

Meile, asagud, densamme som Balder. Tor berömmer sig vid ett tillfälle av att vara Odens son och Meiles broder. Den blide Höner jämföres i ett av sina epitet (Fotmeile) med Balder. "Vapenregn" kallas dels"Meilregn", dels "Fals regn", med hänvisning på det"vapenregn", vari Balder stod, då gudarna sköto, kastade och höggo på honom.

Menglad (Menglaðr ochMenglöð, smyckeglad), binamn till Fröj och Fröja. Epitetet nyttjas även i pluralis och avser då dem gemensamt.

Menja, jättemö. Se Fenja.

Midgård, den mellersta, åt människosläktet upplåtna, av oceanen omgivna delen av jordskivan.

Midgårdsormen, en av Lokes och Gullveigs söner. Kallas även Jordmungand.

Midvitner, **Mjödvitner**, densamme som Fjalar, vars son Oden fällde, då han bemäktigade sig det hos Surt förvarade mjödet.

Mimer, underjordshärskaren, världsträdets bevarare, visdomskällans väktare, den andliga odlingens upphov, Odens morbroder, hövdingen över naturkonstnärerna eller urtidssmederna. Hans binamn äro Narve, Nidhad ("underjordsväsendet"), Nide, Brimer, Modsogner, Baugregin, Asvin (Asviðr), Fimbultul, Alfrek (Elberich d. ä.), Hoddmimer, Hoddraupner, Gudmund.

Mimerträdet (Mímameiðr), världsträdet.

Mist, valkyria.

Misteltein, egentligen pilen, varmed Balder dödades, sedermera svärdsnamnn. Bär i likhet med Valandssvärdet binamnet Gambantein, "hämdetenen".

Mjölner (Mjöllnir), gemensamt namn för de båda hammare, varmed Tor uppträder i myten. Den äldre hammaren, som kallas "Vingners Mjölner", var av sten och hade sannolikt förut tillhört nämnde jätte, Tors fosterfader. Den yngre, som var av järn och splittrades av Valandssvärdet, smiddes av Sindre. Se Vingner.

Mockerkalve (Mökkrkálfi), lerjätten, som fälldes av Tjalve.

Mode, Tors son, Magnes broder. Se Magne.

Moder, de högättades stammoder. Se Fader.

Modin, Dvalins häst.

Modsogner, binamn till Mimer.

Moin (Móinn), symbolisk benämning på en av de ormar, som gnaga världsträdets rötter.

Morgon (Morginn), binamn till Delling, morgonrodnadsalfen.

Morn, själavåndans sjukdomsande.

Mundelföre, binamn till Odens broder Lodur-Vile.

Munin (Muninn), den ene av Odens korpar.

Muspel, **Muspelsheim**. Prosaiska eddan antager, att den sydliga delen av Kaos, varifrån värmen kom, hette Muspelsheim, och ställer Muspelsheim i motsats till Nifelheim, urköldens rike. Antagandet är oriktigt. Ordet Muspel har betydelsen världsfördärvet, världsförstörelsen.

Muspels söner, världsfördärvets söner, kallas de onda väsen, som på skeppet Nagelfar följa Loke från holmen Lyngve i Amsvartners hav till valplatsen, där Ragnarökstriden förestår.

Mysing, sjökonung. Se Fenja.

Måne (Máni). Månguden är densamme som luftkretsväktaren Gevar, Nannas fader, även kallad Nep och Nöckve.

Månegarm. Se Hate.

Märingaborg, den flyktige Haddings vistelseort

Mörkveden, en i jättevärlden belägen skog, sannolikt densamme som Järnskogen, Järnveden.

N.

Nabbe, urtidskonstnär, som jämte Dain smidde galten Gullenborste-Hildesvin. Nabbe är sannolikt densamme som Dvalin, som annars plär nämnas jämte Dain.

Nagelfar, det av dödas naglar byggda skeppet, varpå Loke med Fenrer och Muspels söner begiver sig till Ragnarökstriden.

Nagelfare, vanagud, som med Natt föder Njord.

Nagrindarne, naportarne, Nifelhelsportar.

Naín (Nainn), dvärg.

Nal (Nál), densamme som Laufej, Lokes moder.

Nanna, måndis, Nöckves dotter, Hildeguns syster, Balders maka. Bland tyskarna har hon haft binamnet Sinhtgunt,"den som kämpar sig sin väg fram under natten". I sången om Helge Hjörvardsson, vilken är en kristen efterbildning av Baldersmyten, kallas Nanna Svava, som i myten varit ett av namnen på hennes moder, och hon skildras där som en valkyria, "som rider genom luft och vatten".

Nare, **Narve**, **Nere**, binamn till Mimer.

Nastränderna (Nastrendir), en av de fördömdes pinoorter.

Natt (Nótt), Mimers dotter. Gudamoder. Hon föder med Nagelfare Njord, med Onar-Fjörgynn Frigg, med Delling Dag. Hon har systrar, nattdiser, som enligt medeltidssagan äro till antalet tolv. En av dem är Baduhild.

Nep (Nepr, Hnefr, Hnæfr), binamn till Nannas fader.

Nidafjället. Skiljer de båda underjordsrikena Nifelhel (strafforterna) och Hel (lycksalighetsriket).

Nidaslätterna, desamma som Glansfälten, Mimers rike i underjorden.

Nide, binamn till Mimer.

Nides söner, sju till antalet, "sju sovare".

Nidhad ("underjordsväsendet"), binamn till Mimer.

Nidhögg, underjordsdrake och en av de fördömdas plågoandar. Skadar världsträdets rötter.

Nifeiheim, **Nifelhel**. De dödas strafforter.

Niflungar, Ivaldesläktens medlemmar.

Nikar, **Nikud** (Hnikarr, Hníkuðr), binamn till Oden.

Njarer, Mimer-Nidhads söner och kämpar.

Njord, gud av vanernas släkt, Friggs halvbroder, Fröjs och Fröjas fader, rikedomens, handelns, sjöfartens gud.

Noatun ("skeppens stad"), Njords odalgård i Vanaheim.

Nore, dvärg.

Nornor, ödesdiser. De förnämsta äro Urd, Verdande och Skuld. Till nornorna höra även födelsediserna, fylgiorna eller hamingorna och valkyriorna.

Noss (Hnoss, klenod), dotter av Fröja och Svipdag.

Nye, dvärg.

Nöckve, **Nöckver**, Nannas fader. Kallas även Måne, Öjlime, Gevar och Nep.

O.

Od (Óðr), binamn till Svipdag, Egils son, Fröjas make.

Oden (Óðinn), asarnas fader, Burs och Beislas son, den förnämste av den innevarande världsålderns gudar. Bär mer än hundra binamn och epitet.

Odrörer (Oðrærir, andeväckaren), ett av namnen på Mimers källa, som också kallats Bodn, Són och Kvaser.

Ovner, 1) binamn till Oden, 2) symboliskt ormnamn.

Okolner (Ókólnír, det aldrig kalla landet), ett av namnen på Mimers underjordiska rike.

Ome (Omí), binamn till Oden.

Onar, **Anar**, **Annar**, vanagud, densamme som Fjörgynn, Friggs fader.

Ope,sjukdomsande.

Ore,dvärg.

Orentel (Örvandel),binamn till Egil.

Oske (Óski), binamn till Oden.

Oskopner (Óskópnir),slätten, hvarpå Ragnarökstriden står. Kallas även Vigrids slätt.

Ottar,binamn till Svipdag Egilsson.

Otåle,sjukdomsande.

R.

Radgrid (Ráðgrið),valkyria.

Radsvinn (Ráðsviðr),dvärg.

Ragnarök (Ragnarök, Ragnarökr, Ragnarökkr), världsdomen, denna tidsålders och deras makters slut.

Den hävdvunna tydningen är"gudaskymningen".

Ran (Rán),Ögers maka, havsjättinna. Böljorna, symboliserade som nio systrar, Himinglæfa, Dúfa, Blóðughadda, Kólga, Hefring, Unr, Hrönn, Bylgia, Dröfn, kallas hennes döttrar. Att drunknade stanna hos Ran är en föreställning från den kristna medeltiden. Den mytiska föreställningen var, att de drunknade delade alla andra avlidnas öde och kommo till lycksalighets- eller pinovärldar.

Randgrid,valkyria.

Randver, son av Gudhorm.

Rane,binamn till Vale.

Raskva.Se Röskva.

Ratatosk ("Rates tand"), jämför Heimdalls binamn Gullentanne), Heimdalls eldborr, i dikten Grimnersmal symboliserad som en ekorre (vilken ännu i folktron gäller som ett vartecken av elden), vilken löper från Yggdrasils krona ned till dess rötter.

Rate ("vandraren"),binamn till Heimdall.

Raun (Hraunn, Hrönn), ett av namnen på Elivågor, som också kallas Gandvik, Vimur och Endils mo.

Regin, 1) namn på gudar och urtidskonstnärer, som deltogo i världsskapelsen, 2) smednamn. Jämför ginnregin, Baugregin, uppregin.

Reginleif, valkyria.

Regnhild, binamn till Skade.

Reidmar (Hreiðmarr), Fafners, Regins och Utters fader. Se Andvare.

Rig, 1) binamn till Heimdall. 28; 2) binamn till Heimdalls son Sköld-Borgar.

Rimfaxe (Hrímfaxi), Natts häst.

Rimgrimner (Hrímgrimnir), rimturs, densamme som Trudgelmer.

Rimner (Hrímnir), rimturs, densamme som Bergelmer.

Rimtursar (Hrímþussar), 1) den äldre jättesläkten, 2) frostjättar i allmänhet.

Rind (Rindr), aftonrodnadshärskaren Billings dotter, asaguden Vales moder.

Ringhorne (Hringhorni), Balders skepp.

Rist (Hrist), valkyria.

Rodvitner (Hróðvitnir), ulvjätte, säges vara Hates fader.

Rolf Krake, illegitim son av Halfdan.

Ropt (Hroptr), Odensnamn.

Roptatyr (Hroptatyr), Odensnamn.

Rosstjuf (Hrossþjófr), jätte, broder till Gullveig. Enligt en uppgift i Saxos danska historia skall Rosstjuf hava förutsagt Oden, att han med Rind skulle föda Balders hämnare. Dikten Vegtamskvida låter Oden rida ned i underjorden och väcka ur sin dödssömn en där begraven völva, som förutsäger honom detsamma. Det antydes, att völvan är Gullveig, Rosstjufs syster. Om diktens förutsättningar äro mytiskt riktiga, hava gudarna efter något av de tillfällen, då de förgäves brände Gullveig, låtit på heligt ställe i underjorden, i Mimers rike, och utanför muren kring Breidablik, dit intet ont får komma, låtit jorda häxans lämningar för att sålunda betrygga sig mot deras återupplivande.

Vegtamskvida angiver vidare, att hennes grift där nere varit höljd med snö –detta, ehuru den var belägen i en ängd, dit köld och snö annars icke komma. Denna uppgift är sannolikt av mytiskt ursprung. Vid den grav, som gömde "Gymers urkalla völva", har myten då låtit ett underverk inträffa av motsatt art till det, som enligt isländska medeltidssagor timat vid vissa mäns gravhögar, som stodo gröna både vinter och sommar.

Rota, **Rosta** (Róta, Rósta), valkyria.

Rund, valkyria.

Rungner, jätte, dödad av Tor.

Rym (Hrymr), stormjätte, en av jättarnes anförare i Ragnarökstriden.

Räsvelg (Hraesvelgr,"liksväljaren"), örnjätte, stormväckare.

Rögner, binamn till Valand.

Röskva, Tjalves syster, uppfostrad, liksom han, hos Egil, därefter Tors fosterdotter.

S.

Saga (Sága). Man har antagit, att den nordiska mytologien givit historien sin egen gudinna. Detta på grund av namnet Saga, som man trott vara identiskt med saga, berättelse, legend, historia. Gudinnenamnet Saga är dock i sin isländska form Sága, som sammanhänger med Saegr ("den med skummande saft"), namnet på den så, vari Bil och Hjuke buro Byrgers mjöd, då de upptogos till månen. Bil blir därefter asynja, och Saga är densamma som hon.

Om Saga heter det, att "hon och Oden glada dricka ur gyllne kärl i Söckvabäck (Sökkvabekkr), medan svala böljor susa däröver". Söckvabäck, det sig sänkande skeppet (bekkr),är en i den fornnordiska poesien förekommande poetiskt namn på månen, vilken som skeppslast bar Byrgers mjöd och var "Odens vinskepp". De svala böljor, som susa över Söckvabäck, äro lufthavets. Saga är således, om icke omedelbart historiens, så likväl skaldemjödets och skaldeingivelsens asynja, och enär historiska tilldragelser väsentligen genom diktkonsten, kan gudinnenamnet Saga fortfarande nyttjas i den omtalade bemärkelsen.

Salgofner, binamn till Gullenkamme, hanen i Asgård, som väcker einheriarne.

Sangrid, valkyria.

Sann, binamn till Oden.

Sanngetal, binamn till Oden.

Sceaf, **Scef**, **Skef**, **Skelfer**, binamn till Heimdall.

Segerdrifva. I hjältedikten uppträder med detta namn en dis, ursprungligen Idun.

Segerfader, epitet till Oden.

Segerhafvund, epitet till Oden.

Segertyr, epitet till Oden.

Sela, jätinna, syster till jätten Koll. Båda dödades af Egil.

Sessrymner, Fröjas sal, där de av henne korade einheriarne vistas.

Sid, underjordsälv.

Sidgrane, binamn till Oden.

Sidhatt, binamn till Oden.

Sidskägg, binamn till Oden.

Sif, **Siv**, Ivaldedottern, svanmö, växtlighetsdis, Egils andra hustru, som föder med honom den sedan i Asgård upptagne bågskytten och skidlöparen Ull. Sif blir efter Egils död Tors hustru och asynja.

Sigmund, binamn till Oden, Hads fader. I hjältedikten Sigurd Fafnersbanes fader.

Signe, densamma som Alvig, Almveig, Halfdans andra hustru, Haddings moder. Enär Saxo säger henne vara dotter av Sumbl Finnkonung, synes även hon ha varit en Ivaldedotter.

Sigrun. Halfdans båda hustrur Groa och Signe (Alvig) äro under detta namn förenade till en person i hjältedikten om Helge Hundingsbane, som hämtat sitt stoff ur myten om Halfdan.

Sigrunn, **Sigtro**, Odensbenämningar.

Sigtrygg, växtlighetsdisen Groas fader, slagen av Halfdan.

Sigyn, jättinna, Lokes hustru.

Silvrentopp, en av asarnes hästar.

Simul, Sumul, benämning på stången, varå Bil och Hjuke buro sån med Byrgers mjöd.

Sindre, en av Mimers konstfärdigaste söner. Jämför Dvalin.

Siner, en av gudarnas hästar.

Singastein, skäret, där Heimdall och Loke kämpade om Brisingamen.

Sinmara ("senskärerskan"), binamn till Mimers maka, Natts, Baduhilds och andra nattdisers moder. Binamnet hänvisar till att Mimer-Nidhads drottning lät avskära Valands knäsenor.

Sjöfn, asynja, tillhörande Fröjas krets. Hon sörjer för att mans och kvinnas håg vändes till älskog.

Skade, Valands dotter, skidlöperska och jägarinna. Blir asynja och gift med Njord. Är hos Oden, när denne, fördriven från Asgård, bor i Manheim.

Skagul, valkyria.

Skall, Skoll (Sköll), ulvjätten, som förföljer solen.

Skeidbrimer, en av asarnes hästar.

Skelfer, binamn till Heimdall. Se Sceaf.

Skidbladner, det skepp, som Ivaldes söner gjorde åt Fröj före brytningen mellan dem och gudarna.

Skilfingaätten, densamma som ynglingaätten.

Skinfaxe, Sols häst.

Skirner, binamn till Od-Svipdag.

Skjalf, binamn till Fröja.

Skridfinnar, se Ivalde.

Skrymer, binamn till Surt.

Skuld, norna, Urds och Verdandes syster, valkyriornas anförarinna.

Skäggald, valkyria.

Skävad, en av gudarnas hästar.

Sköld (Skjöldr), son av "Fader" och "Moder". Tillika son av Scef-Heimdall och dennes efterträdare som hövding i Aurvangalandet. Gift med Drott och fader till Halfdan. Själv den förste jarlen och domaren varder han sålunda den förste konungens fader och sköldungarnas stamfader. Binamn: Borgar, Rig II, Domar, i tyska dikter Berchter, hos Jordanes Berigo.

Sköldungar, ättlingar av Sköld.

Slagfinn, Ivaldes son, Valands och Egils broder, Audas (Ladgun Svanhvits) make, gjukungarnes stamfader. Binamn: Ide, Hjuke, Tackrad (Dankrat), Irung, Adrian, Geld, Hengest, Gjuke.

Sleipner, Odens åttafotade häst.

Slid, underjordsälv, som från Vergelmer flyter till Nifelhel.

Slidruggtanne, Fröjs guldgalt.

Snotra, asynja. "Hon är klok och har vackra later", säger prosaiska eddan.

Snö (Snær), jätte. En av symbolerna för fimbulvintern. Enligt Saxo utvandrade longobarderna från Svitiod, då "konung Snö" härskade där.

Snövar, binamn till Valand såsom fimbulvinterns upphovsman.

Sol, två vanadiser med detta namn, mor och dotter. Den senare skall efter världsförnyelsen köra solvagnen. Binamn: Sunna, Alfrödul. Jämte dessa omtalas soldiser, som varit deras fränkor: Hildegun och Alfhild eller Alfsol.

Solbjärt, binamn till Egil och till hans stjärna "Örvandils tå".

Son (Són), ett av namnen på Mimers källa. Detta namn har givit pros. eddan anledning att göra Kvaser, som är ett annat namn på Mimers källa, till "försonare" mellan asar och vaner. I myten uppträder Mimer själv med försök till försoning mellan asar och vaner och faller offer för striden mellan dem. Jämför Kvaser.

Sumbl ("mjödmannen") Finnkonung, binamn till Ivalde.

Sunna, Solgudinna. Se Sol.

Surt, underjords-eldens representant. I början gudarnas vän och samarbetare med Mimer, därefter deras fiende. Fader till Fjalar-Suttung och hövding för Suttungs söner. Siste innehavare av

Valandssvärdet, vid vars begagnande i jättehand underjordslågorna bryta ut och åstadkomma världsbranden. Binamn: Durin, Durner, Svarthöfde, Söckmimer.

Suttung, Surts son, Gunnlöds fader. Hämtar före världsbranden Valandssvärdet hos dess väktare i Järnskogen. Binamn: Fjalar, Mjödvitner.

Svadelfare, hästjätte, föder med Loke Sleipner.

Svafa (Svava), 1) Nannas moder, 2) i dikten om Helge Hjörvardsson Nanna själv.

Svafrtorin, vanagud, Njords fader, densamme som Nagelfare.

Sval (Svöl), underjordsälv.

Svalin (Svalinn), skölden, som skyddar solgudinnan mot den hetta hennes vagn sprider.

Svanhild guldfjäder, densamma som soldisen Hildegun, gift med Ivalde (Finnalf) och moder till Idun och hennes systrar. Namnet Svanhild bäres också av Hamders och Sörles syster.

Svanhvit, se Ladgun Svanhvit.

Svarang (Svárangr),"det tunga betrycket" eller "den tunge betryckaren",personifikation av fimbulvintern. De skandiska stammar, som fimbulvintern drev söder ut mot Aurvangalandet, och mot vilka Tor och Halfdan kämpade, först för att hejda dem vid sundet, därefter för att nödga dem tillbaka till deras fäders åter grönskande land, tills de slutligen anhålla om fred, kallas i Harbardsljod Svarangs söner.

Tor framställes där som försvarande "ån" (sundet söder om Aurvangalandet) mot dem, och det heter, att de över ån kastade stenar på honom, förenade, som dessa stammar då voro, med alfer och jättar, vilka senare i myten äro de egentliga, men icke de enda stenslungarna (även Tor och Halfdan kasta stenblock, sedan deras vanliga vapen svikit dem).

Det antagandet ligger nära till hands, att de erratiska stenblock, som påträffas söder om sundet och Östersjön, förklarades i hedna tid som kastade dit under fimbulvintern av "Svarangs söner".

Svarins hög (Svarins haugr), utgångspunkten för sveanas och deras bundsförvanters tåg mot Aurvangalandet. Saxo omtalar Svarin som en underkonung under Svitiodskonungen Sigtrygg, Groas fader, och giver honom sju äkta och nio oäkta bröder, som, i likhet med honom själv, stupade i kamp mot Halfdan. Man kan förmoda, att alla dessa bröder varit i myten stamfäder för Svea- och Götalandsfolkens fylkeskonungaätter. Möjligt är också, att någon av de väldiga gravhögarna i närheten av Upsala föranlett myten i dess nordiska skepnad att förlägga den skandiska folkvandringens utgångspunkt till en gravhög.

Svarthöfde, binamn till Surt.

Svidur, **Svidrer**, det binamn till Ivalde, vilket Oden antog, när han uppträdde i dennes skepnad och berövade Suttung Byrgersmjödet.

Svigder, **Svegder** ("stordrickaren"), binamn till Ivalde. Under detta namn har han, såsom i myten hövding över svearna, intagits i Ynglingatal.

Svipal, binamn till Oden.

Svipdag. Egils och Groas son, Fröjas frälsare och make. Konung över nordgermanerna. Mytens älsklingshjälte. Binamn: Od (Óðr), Ottar (hos Saxo Otharus, delvis även Hotherus), Erik, Skirner, Hermod.

Svipul, valkyria.

Svitiod (Sviþióð). Från urgamla tider har detta namn omfattat vida större sträckor än det egentliga Svealand. Norrut har Svitiods välde i myten ansetts sträcka sig till de mytiska Elivågor (Gandvik), som i norr var gränsvattnet mellan jättelandet och Midgård och omfattade även skridfinnarnas land.

Ivalde Svigder är på en gång svearnas och skridfinnarnas konung, och efter den "säter", Geirvadils säter, Ysäter, som han och hans son Egil hade vid Elivågor, ha ynglingakonungar kallats av Tjodulf "säterförsvarare".

Söder ut ansågs svionerna på Tacitus' tid, i första århundradet efter Kristus, vara det härskande folket på skandiska halvön. Jag förmodar, att den skarpare skillnaden mellan namnen svear och göter tillkommit efter Tacitus' tid, och att det funnits århundraden, då dessa namn icke voro så strängt fixerade, att icke göterna också kunde kalla sig svear och svearne göter, och då på samma gång en språklig skillnad mellan namnen göter och goter ej heller förekom och även de nuvarande norrmännen kallade sig goter. Spår därav förekomma ännu i dikterna.

Sylg, underjordsälv.

Syn, asynja. Enligt pros. eddan vaktar hon ingången till Valhall.

Syr, binamn till Fröja.

Säg, **Sög** (Sægr), sån med Byrgers saft, som Bil och Hjuke upptog till månen.

Särimner (Sæhrímnir). Se Andrimner.

Söckmimer, binamn till Surt.

Söckvabäck ("det sig sänkande skeppet"), namn på månen i dess nedgång. Se Saga.

Sörle. Se Hamder.

T.

Tackrad (Þakkráðr, Dankrat), binamn till Slagfinn-Gjuke. Av Völundarkvida framgår, att traditionen låtit även Slagfinn varda fånge hos Mimer.

Tanngnyst (Tanngnióstr), den ene av Tors bockar.

Tanngrisner (Tanngrísnir) den andre av Tors bockar.

Teck (Þekkr), binamn till Oden.

Tivar (Tífi, Tifar), namn på gudar av högre ordning, asar och vaner. Andra allmänna gudabenämningar äro *hapt, band.*

Tjalve (Þjálfi), först Egils och Groas, därefter Tors fosterson och ledsagare. Nybebygger efter fimbulvintern de skandinaviska öarna. Longobardernas saga upptog Egil under namnet Ibor och Agelmund, samt Tjalve under namnet Lamissio bland deras utvandrarehövdingar och förste konungar.

Tjase, **Tjasse** (Þjazi). Det binamn till Valand, som i de nordiska källorna företrädesvis nyttjas om honom, sedan han förvandlat sin natur, blivit fimbulvinterns upphovsman, jättarnas hövding samt gudarnas och Midgårds farligaste fiende.

Tjodnuma (Þjóðnuma), underjordsälv.

Tjodrörer (Þjóðreyrir), dvärgen, som utanför morgonrodnadsalfen Dellings dörrar sjunger väckelse- och välsignelsesången över världen.

Tjodrek (Þjóðrekr, Tidrek, Dieterich, "storhärskaren"), benämning på Hadding, sedan han blivit storkonung.

Tjodvarta (Þjóðvarta), en av Fröjas diser.

Tjodvitners fisk (Þjóðvitnis fiskr), omskrivning för bron Bifrost. En broände kan i isländskan kallas bro-fiskstjärt (brúar sporðr). Därav benämningen.

Tope, sjukdomsande.

Tor (Þorr), Odens och Friggs son, åskans gud, jordbrukets gynnare, Sivs make, Magnes, Modes och Truds fader, Ulls styvfader, Tjalves och Röskvas fosterfader. Binamn: Indride, Lorride, Veor, Vingtor, Björn, Asabrag, Sannung, Atle, Himinsjole.

Torgerd Hölgabrud. Enligt en kristen sägen dyrkade Hakon Ladejarl två diser Torgerd och Irpa, döttrar av sagokonungen Haloge i Halogaland. Om sägnen har någon grund, torde dessa diser hava tillhört jarlens mytiska stamträd, som gick upp till Skade och Valand.

Torkel Adelfar, en i kristna sagor omtalad djärv sjöfarare, som dels i sällskap med konung Gorm (Gudhorm), dels på hans befallning gjorde resor upp i det nordligaste havet (Amsvartners hav) och besökte Lyngveholmen, Nastränderna och Mimers lycksalighetsrike.

Sagorna hava mytisk grund. Enär även Svipdag och Hadding enligt den mytiska herossagan gjort färder i underjorden, är det sannolikt, att den Gorm, varom här är fråga, varit mytens Gudhorm, och att således alla tre halfbröderna, som efter

Halfdans död bekämpade varandra, varit omtalade som färdemän i underjorden.

Torre (Þorri,"barfrost"), frostjätte. Se Goe.

Train (Þráinn), en av urtidskonstnärerna.

Tramar, onda vättar.

Tride (Þriði), binamn till Oden.

Trima (Þríma), valkyria.

Trud (Þrúðr), asynja och valkyria, Tors dotter.

Trudgelmer (Þrúðgelmir), rimturs, Ymers son.

Trudheim, **Trudvang** (Þrúðheimr, Þrúðvangar), Tors odalmark.

Trym (Þrymr), jätten, som stal Tors hammare.

Trymgjall (Þrymgjöll), ett av namnen på Asgårdsporten.

Trymheim (Þrymheimr), Valands och Skades land i Svitiod det stora.

Träl (Þræll), son av Ae och Edda.

Tund (Þundr), binamn till Oden.

Tunridor, troll, som fara i luften.

Turs (Þúss), 1) benämning på medlemmar av den äldre jättesläkten, de i Nifelheim boende rimtursarna och sjukdomsandarna, 2) jätte i allmänhet.

Tvegge (Tveggi), binamn till Oden.

Tyr (Tyr, Týrr), asagud, Odens son med en jättekvinna, stridsmännens gud.

Töck (Þökk), den varelse i kvinnoskepnad, som vägrade att "gråta Balder ur Hel"

U.

Ulvdalarna, de tre Ivaldesönernas vistelseort efter deras brytning med gudarna.

Ulfrun, en av Heimdalls nio mödrar.

Ull, alfhövding och asagud, Egils och Sivs son, Svipdags halvbroder.

Une, en af Dvalins konstnärer.

Unn (Uðr), binamn till Njord.

Uppregin, de i underjorden hemmahörande gudomligheter, som hava tjänster att förrätta på "upphimmelen": Natt, Dag, Sol, Måne.

Urd (Urðr), den förnämsta nornan, ödets och dödens dis, syster till Verdande och Skuld. Binamn: Hel.

Urds källa (Urðarbrunnr), den sydliga av de tre världskällorna. Se Urd.

Urds måne. Så kallades i den kristna medeltiden ett tecken, som ansågs båda farsot och företedde sig som en måne på väggen.

Ure, en av Dvalins konstnärer.

Utgårda-Loke, densamme som Skrymer (Surt).

Utter, Fafners och Regins broder.

V.

Vadgelmer, underjordsälv, som lögnare måste under svåra pinor genomvada.

Vaftrudner (Vafþrúðnir), en gammal mångkunnig jätte, som Oden under namnet Gagnrad uppsöker för att tävla med honom i kunskapsprov. Då Gagnrad slutligen frågar honom, vad Oden viskade i Balders öra, måste jätten erkänna sig övervunnen.

Vafud (Váfuðr), binamn till Oden.

Vagnhöfde, kämpe av jättebörd, Haddings fosterfader, Hardgreips fader. Kallas även Vagn och Kälke (Kjálki).

Vak (Vakr), binamn till Oden.

Valand, alfhöfding och urtidskonstnär, därefter jättarnas konung och "jordens värste fiende". Ivaldes son, Egils och Slagfinns broder, Iduns halvbroder. Hans namn förekommer hos olika germanska folk i olika former. De äldsta handskriftligt dokumenterade formerna äro Valand och Veland. Andra äro Valland, Vallande, Galan, Vayland, Wieland, Verland, Völund och Velint. Völund (Volundr), är ett till isländska litteraturen inskränkt ljudlekande epitet, som betyder den "vehugade", "den vesinnade". I de andra nordiska landen har han aldrig varit kallad så, och ännu på l200-talet var formen Völund icke ens på Island allmänt antagen.

Myten om de tre konstnärsbröderna, som först äro gudarnas vänner och smycka jorden med växtlighet och gudaborgarna med klenoder, men därefter, på grund av en tävlan mellan dem och en annan urtidskonstnär, varda gudarnas fiender och söka fördärva världen, är, så långt som undersökningarna i detta ämne kunna gå tillbaka, det första eposbildande momentet i den germanska mytologien. Den är av forn-arisk börd och återfinnes i Rigveda, samlingen av de indiska ariernas heliga sånger.

Valand har följande binamn: Tjase (Þjazi), Ajo, Anund (Önundr) och Rögner, och han uppträder dessutom i dikterna med epiteten Brunne, Asolf, Varg, Fjallgylder, Lebard (Hlébardr), Byr, Gust, Lopt. Af dessa binamn äro Tjase, Ajo och Anund urgamla. Epiteten, som det stod skalderna fritt att bilda så många som de ville, hänvisa på olika moment i myten om honom.

Valaskjalf, en med silver taklagd borg i Asgård.

Vale, asagud, Odens och Rinds son, Balders hämnare.

Valfader, benämning på Oden.

Valgaut, benämning på Oden.

Valhall, Odens sal i Asgård.

Valkyrior. Nornor, som å Odens eller Fröjas vägnar utvälja kämpar på slagfälten till vapendöd och föra dem genom underjorden till Asgård.

Vanadis, benämning på Fröja.

Vanaheim, vanagudarnes land på underjordens västra randbälte.

Vaner, den förnämsta gudasläkten jämte asarnas.

Var (Varr), en av Dvalins konstnärer.

Var (Vár), asynja, löftets gudinna, vars namn åkallades, då brudgums och bruds händer lades i varandra. Hon vakar också över löftenas helighållande.

Varnerna, aftonrodnadens stridsmän, Billings salkämpar, som vaka över Sols vila.

Vee (Véi Vé), binamn till Odens broder Höner.

Vegdrasil, en av Dvalins konstnärer.

Vegtam, benämning på Oden.

Veor (Véorr), binamn till Tor.

Veratyr, binamn till Oden.

Verdande, Urds och Skulds syster, en av de tre stora nornorna.

Vid, binamn till Oden.

Vidar, asagud, Odens son med jättinnan Grid.

Vidblain (Vidbláinnn), en av himlarna.

Vidblinde, jätte, valfångare.

Vide, Vidars gräs- och risbevuxna land.

Vidfinn, binamn till Ivalde.

Vidga, son av Valand och nattdisen Baduhild. Hjälte, kämpande på Ivaldesläktens (niflungarnes) sida.

Vidofner, gyllene hane i världsträdet, densamme som Gullenkamme och Salgofner. Tillika symbol av stjärnhimlen och luftkretsen. I dikten Fjölsvinnsmal, som skildrar Svipdags ankomst till Asgård, frågar Svipdag väktaren vid porten, på vilka villkor det är möjligt att förmå underjordsdisen Sinmara ("senskärerskan", Mimer-Nidhards drottning) utlämna det av henne förvarade svärdet. Väktaren upplyser, att Sinmara är gripen av en svår sorg, med vilken Vidofner har medlidande, men att hon kan varda glad igen, om en ljus skära, som ligger bland Vidofners völur, överlåtes till henne.

Till den, som gör det, utlämnar hon svärdet. Völur betyder runda kotor, som islänningarna än i dag nyttja, att nysta trådar eller garn omkring. Nornorna, som tvinna, nysta, avnysta och utspänna de levande väsendenas ödestrådar, framställdes i den nordiska, såväl

253

som i den helleniska mytologien som försedda med samma redskap för sådana ändamål som voro brukliga i hemmen, således även med völur, nystkotor.

Åtminstone när det gällde personer, som Urd utkorat till att varda mäktiga och ryktbara, föreställde man sig, att denna nornornas verksamhet hade luftkretsentill sitt område, att det var i den, som de från sina völur, nystkotor, avnystade och utspände ödenas trådar. I de första stroferna av Helgakvida Hundingsbana I berättas, att nornorna under en nattlig storm kommo till borgen, där Halfdan föddes, och tvinnade hans ödes trådar, redde vävens varp av guld, fäste den mitt under månens sal och gömde trådarnas ändar i öster och väster. (Geijer har således riktigt återgivit en fornnordisk föreställning, då han låter sin viking höra nornorna reda sin väv i stormen, som far genom rymden.)

"Vidofners nystkotor" befinna sig fördenskull i rymden, "under månens sal",vars symbol Vidofner i själva verket är, och de som nyttja dem äro nornorna, som där avnysta och utspänna ödesträdarna. Det bör således vara på ödesträdarnas nystkotor (stjärnorna) som Fjölsvinnsmal med sitt dubbeltydiga uttryck "Vidofners völur" (Vidofners kotor, Vidofners trådrullar) hänsyftar. Där dessa äro, där – säges det – finns även den lysande skära, som kan befria Sinmara från hennes sorg. Att skäran kommit i Svipdags hand och av honom överlåtits till Sinmara följer med bestämdhet därav, att Svipdag återkommer från Sinmara och då har svärdet med sig.

Av Saxo och av Romund Greipssons saga erfar man, att det var månguden och luftkretsväktaren (hos Saxo kallad Gevar, i Romunds saga Måne karl), som satte en hjälte i stånd att bemäktiga sig mytens ryktbaraste svärd. Det måste således vara månguden och luftkretsväktaren, som förlänar Svipdag den lysande, bland luftkretsens nystkotor befintliga skäran. Denna, som ställes i så nära samband med ödesdisernas trådrullar, har otvivelaktigt själv varit ett redskap, som haft avseende på ödesträdarna.

Frågar man nu, vilken den sorg är, som trycker Sinmara och som skäran kan avhjälpa, så veta vi från annat håll, att Sinmaras dotter Baduhild mot sin vilja fött med Valand en son, att Valand blivit dödad i sin kamp med gudarna, och att sonen har att på gudarna hämnas sin faders död. Det är denna dottersonens förutbestämmelse, som vållar Sinmaras sorg. Att den lysande skäran mäktar upphäva denna sorg, kan, synes mig, omöjligen innebära annat, än att denna bland ödesdisernas nystkotor befintliga skära är den enda, varmed en av dem utspänd ödestråd kan avskäras.

Sinmara varder glad igen, när den åt Vidga Valandsson tvinnade blodshämnds-tråden är genomskuren av skärans egg. Att Svipdag utsetts att bringa henne skäran förklaras därav, att blodshämnden åligger honom, som är Valands brorson, om den icke längre åligger Vidga, och att plikten ej kan avvältras från denne, om icke närmaste frände frivilligt åtager sig den.

Vidolf, jätte, trollkarl, de mystiska völvornas upphov.

Vidrer, binamn till Oden.

Viður, binamn till Oden.

Vigrids slätt (Vígríðr). Ragnarökstriden hålles där. Jämför Oskopner.

Vile, Odens broder Lodur.

Vilmeid, jätte, trollkarl.

Vimur, ett av namnen på Elivågor (Gandvik, Raun).

Vindheim, världen, så långt vindarna fara.

Vindsval, symbolisk beteckning för vinterns fader. Jämför epiteten Vindkall, Vårkall och Hårdkall, varmed Svipdag i Fjölsvinnsmal betecknar sig själv, sin fader Egil och sin farfader Ivalde.

Vingner, jätte, Tors fosterfader, dödad av honom.

Vingolf, **Vängolf**, en borg i Asgård, enligt pros. eddan särskildt Asgårdsdisernas.

Vingtor, benämning på Tor.

Von, den ström, som flyter ur den fängslade Fenrers gap.

Vågaskär, även kallat Singastein, skäret där Heimdall och Loke kämpade om Brisingamen.

Vårdträd, var i svensk folktro det stora dominerande trädet invid släktens gård, som troddes bära släktens lycka och välgång. Att skada trädet eller ens bryta löv av det ansågs medföra säker olycka och sjukdom.

Väderfölner, hök, som sitter mellan ögonen på örnen i världsträdet. Symboliskt djur.

Vän, en av Fröjas diser.

Vätt, vättar, lägre mytiska väsen, dels goda, dels onda.

Völund, se Valand.

Vör, asynja, omtalad som mycket klok.

Y.

Ydalarna (Ydalír"bågarnes dalar"), ett söder om Elivågor beläget land, där Egils borg var belägen. Landet är Egils son Ulls arvland.

Ygg, Odensnamn.

Yggdrasil, världsträdet.

Ylfingarne, mytisk hövdingeätt, närmast besläktad med hildingarna.

Ylg, underjordsflod.

Ymer (Ýmir), kaosjätten.

Ynglingarna, desamma som skilfingarna, svearnas hövdingeätt av mytiskt ursprung, bestående av två slutligen sammansmälta släkter, Ivaldesläkten (de egentlige och äldste ynglingarna, "niflungarna") och Sköld-Borgars släkt (sköldungarna). Ättens äldsta hövdingar utgjordes i myten av Ivalde-Svigder, hans son Valand (Vallande, Vanlande), dennes bröder Egil och Slagfinn (som blev gjukungarnas stamfader), samt Egils son Svipdag (Ynglingasagas "Dag den vise").Mellan Valand och Svipdag kommer Halfdan, den förste med konunganamn (Ynglingasagas Dyggve), som vid fimbulvinterns upphörande tog den skandiska halvön i besittning.

Framför honom har Ynglingasaga insatt hans fader Domare (Jarl, Sköld-Borgar), och framför denne två rent allegoriska figurer, Visbur (helgedomssonen, prästen) och Domald, som representerar den av fimbulvintern förorsakade nöden. Saxo har bevarat minnet av att dessa båda ätter under Halfdans son Haddings tid förenades genom släktskapsband och vänskap. Genom Svipdags giftermål med Fröja förbindes ynglingaätten med vanernas gudastam, och Svipdags son, sveakonungen Asmund, är hans och Fröjas son, Fröjs systerson.

Därifrån benämningen "Fröjs ätteman" för en konung av ynglingaätten."Yngves ätt" kallas denna även. Vad vidkomner namnet Yngve, meddelar Heimskringla en riktig tradition, när den säger, att Yngve har varje huvudman i den ätten kallats. I den mytiska herosagan har Svipdag burit detta namn. Jämför Ivalde.

Yngve, se Ynglingarna.

Ysäter (Ýsetr),"bågarnas säter", den borg i Ydalarna vid Elivågor, där gudarna hade sin åt Ivalde och hans söner anförtrodda utpost mot jättarna. Borgen kallas även Geirvandils eller Geirvadils, d. v. s. Ivaldes säter.

Ä

Ägir, se Öger.

Ännebrant (Ennibrattir), binamn till Oden.

Ö

Öger, havsjätte.

Ökin, å.

Ölmod, binamn till Ivalde.

Ölrun, binamn till Siv.

Ölvalde, binamn till Ivalde.

Örvandil ("pilskötaren"), binamn till Egil.

www.ingramcontent.com/pod-product-compliance
Ingram Content Group UK Ltd.
Pitfield, Milton Keynes, MK11 3LW, UK
UKHW032042030225
454636UK00012B/147/J